Der Stern und das Schwert

WAYNE MADSEN

DER STERN UND DAS SCHWERT

Die israelische und saudische Beteiligung an den 9/11-Anschlägen

KOPP VERLAG

1. Auflage März 2015

Titel der amerikanischen Originalausgabe:
The Star and the Sword

Übersetzung: Andreas Model
Lektorat: Klaus-Peter Kubiak
Umschlaggestaltung: Nicole Lechner
Satz und Layout: opus verum, München
Druck und Bindung: GGP Media GmbH, Pößneck
ISBN: 978-3-86445-182-9

FSC
www.fsc.org
MIX
Papier aus verantwortungsvollen Quellen
FSC® C014496

Gerne senden wir Ihnen unser Verlagsverzeichnis
Kopp Verlag
Bertha-Benz-Straße 10
D-72108 Rottenburg
E-Mail: info@kopp-verlag.de
Tel.: (074 72) 98 06-0
Fax: (0 74 72) 98 06-11

Unser Buchprogramm finden Sie auch im Internet unter:
www.kopp-verlag.de

Inhalt

Vorwort zur deutschen Ausgabe ... 8

Einführung ... 20

KAPITEL 1 | Die unwiderlegbaren Beweise ... 26

KAPITEL 2 | Der saudische Drogenschmuggel und die Verbindung zum 11.9. ... 40

KAPITEL 3 | Die »tanzenden Israelis« ... 58

KAPITEL 4 | Der israelische Druck auf die Medien ... 84

KAPITEL 5 | Überwachung der amerikanischen Telekommunikation durch den Mossad ... 110

KAPITEL 6 | Die Verbindung nach Florida ... 124

KAPITEL 7 | Das israelische Vorabwissen über die Geschehnisse des 11. Septembers ... 136

KAPITEL 8 | Weltweite Operationen des Mossad und gefälschte Pässe ... 170

KAPITEL 9 | Weitere unwiderlegbare Beweise der israelischen Beteiligung ... 224

KAPITEL 10 | Ein Mossad-Ziel: Der Hafen von Houston ... 244

KAPITEL 11 | Erfahrungen und Lehren ... 256

Register ... 270

Vorwort
zur deutschen Ausgabe

Die Vorstellung einer engen politischen, militärischen und geheimdienstlichen Zusammenarbeit zwischen dem jüdischen Staat Israel und dem radikal wahhabitischen Königreich Saudi-Arabien erscheint vielen uninformierten Beobachtern der sich ständig verändernden Nahostpolitik als sehr unwahrscheinlich. Doch die Verbindungen zwischen Israel und – vor der Staatsgründung – der weltweiten zionistischen Bewegung, die für ein jüdisches Heimatland im Nahen Osten kämpfte, und dem saudischen Königshaus bestehen bereits seit langer Zeit.

Man kann indes die Verbindungen zwischen Israel und Saudi-Arabien nicht in angemessener Weise bewerten, wenn man nicht die Beziehungen zwischen diesen beiden Ländern und anderen Staaten in der Region, vor allem der Türkei, berücksichtigt. Obwohl Historikern und Religionsexperten schon seit langem bekannt, ist der jahrhundertealte politische und wirtschaftliche Einfluss einer Gruppe, die von den Türken »Dönme« genannt wird, lange Zeit von den Türken, Arabern und Israelis verschwiegen worden. Sie zögerten, über die Existenz einer Sekte der Türken in der Türkei und an anderen Orten zu sprechen, die von einer Gruppe sephardischer Juden abstammten, die während der spanischen Inquisition im 16. und 17. Jahrhundert aus Spanien vertrieben wurden. Diese jüdischen Flüchtlinge aus Spanien wurden als neue Siedler im Osmanischen Reich willkommen geheißen. Im Laufe der Jahre entwickelten sie eine mythische Glaubensausrichtung des Islam, die religiöse Aspekte der jüdischen Kabbala und der islamischen Sufi zu einer Lehre vereinigten, die schließlich den Säkularismus in der Türkei nach dem Ende des osmanischen Reiches begründete. Es ist interessant, dass sich »Dönme« nicht nur auf den jüdischen Begriff der »nicht vertrauenswürdigen Konvertiten« in der Türkei bezieht. Es ist überdies eine abfällige türkische Bezeichnung für einen Transvestiten, oder für jemanden, der behauptet, etwas zu sein, was er nicht ist.

Später schlossen sich ihnen im Osmanischen Reich sephardische Kryptojuden, die den Islam nur oberflächlich angenommen hatten, sowie die Aschkenasi und Chasaren, Juden aus den Steppen Zentralasiens, an, von denen viele von ihrem heidnischen Glauben zum Judentum konvertierten.

Die Dönme-Sekte des Judentums wurde im 17. Jahrhundert von Rabbi Schabbatai Zwi gegründet. Dieser war ein Kabbalist, der glaubte, er sei der Messias Er wurde durch den osmanischen Herrscher Sultan Mehmed IV. gezwungen, zum Islam zu konvertieren. Viele seiner Anhänger, die als Sabbatianer bekannt waren, aber auch »Krypotjuden« verkündeten öffentlich ihren islamischen Glauben, betrieben aber insgeheim ihre eigene Form des Judentums, die von den jüdischen rabbinischen Autoritäten nicht anerkannt wurde. Denn es war gegen ihre Überzeugung, sich außerhalb ihrer Sekte zu verheiraten, und so entwickelten sich die Dönme zu einem geheimen jüdischen Clan. Zwi wurde 1626 in Smyrna, dem heutigen türkischen Izmir, in einer jüdischen Familie geboren, die aus Griechenland stammte. Am Ende etablierte Schabbatai den örtlichen Mittelpunkt seiner Abspaltung des islamisch geprägten Judentums im griechischen Thessaloniki. Diese Stadt sollte später besondere Bedeutung erlangen, da sie auch die Geburtsstätte des Begründers des modernen türkischen Staates war.

Viele Dönme wurden gemeinsam mit traditionellen Juden zu wichtigen politischen und wirtschaftlichen Führern in Saloniki. Es war diese Kerngruppe der Dönme, die die geheime Gruppe der Jungtürken organisierte, die auch als *Komitee für Einheit und Fortschritt* bekannt war, jene Säkularisten, die bei der Revolution von 1908 den osmanischen Sultan Abdülhamid II. absetzten, die post-osmanischen Republik Türkei nach dem Ersten Weltkrieg proklamierten und eine Politik einleiteten, die der Türkei einen großen Teil ihrer islamischen Identität nach dem Untergang des Osmanischen Reiches nahm. Abdülhamid II. wurde von den Jungtürken als Tyrann geschmäht, aber sein einziges wirkliches Verbrechen scheint darin bestanden zu haben, sich zu weigern, den Zionistenführer Theodor Herzl bei dessen Besuch in Konstantinopel im Jahre 1901 zu treffen und das Geld der

Zionisten und der Dönme als Gegenleistung für die Kontrolle der Zionisten über Jerusalem zurückzuweisen.

Wie andere Führer, die den Zionisten entgegentraten, scheint auch Sultan Abdülhamid II. sein Schicksal durch diese Aussage vor seinem osmanischen Hof besiegelt zu haben: »Raten Sie Dr. Herzl, keine weiteren Schritte bei seinem Projekt zu unternehmen. Ich kann nicht einmal eine Handvoll Boden dieses Landes abgeben, denn es ist nicht mein eigenes Land, es gehört der gesamten islamischen Nation. Die islamische Nation hat den Dschihad zum Wohle dieses Landes gekämpft und es mit ihrem Blut getränkt. Die Juden können ihr Geld und ihre Millionen behalten. Wenn die islamischen Kalifate eines Tages zerstört sein werden, dann werden sie Palästina bekommen, ohne dafür zahlen zu müssen! Aber solange ich am Leben bin, würde ich lieber ein Schwert in meinen Körper stoßen, als ansehen zu müssen, wie das Land Palästina geteilt und vom islamischen Staat abgetrennt wird.« Nach seiner Amtsenthebung durch Atatürks jungtürkischen Dönme im Jahr 1908 wurde Abdülhamid II. in deren Zitadelle in Saloniki eingesperrt. Er starb 1918 in Konstantinopel, drei Jahre nachdem Ibn Saud einer jüdischen Heimstätte in Palästina zugestimmt hatte, und ein Jahr nachdem Lord Balfour in seinem Brief an Baron Rothschild die Erklärung abgegeben hatte, dass Palästina den Zionisten übergeben werde.

Einer der jungtürkischen Führer in Saloniki war Mustafa Kemal Atatürk, der Gründer der Republik Türkei. Als Griechenland 1913 die Herrschaft über Saloniki erlangte, zogen viele Dönme, denen es nicht gelang, als Juden eingestuft zu werden, nach Konstantinopel, das später in Istanbul umbenannt wurde. Andere gingen nach Izmir, Bursa oder in Atatürks neue Hauptstadt Ankara.

Einige Texte deuten darauf hin, dass die Zahl der Dönme nicht mehr als 150 000 Personen betrug, aber sie dominierten die Armee, die Regierung und die Wirtschaft. Andere Experten vertreten dagegen die Auffassung, dass die Dönme etwa für 1,5 Millionen Türken standen und noch viel mächtiger waren, als viele glaubten, und diese beherrschten jeden Bereich des türkischen Lebens. Einer dieser einflussreichen Dönme war Tevfik Rüstü Aras, ein enger Freund und Berater Atatürks, der von 1925 bis 1938 der Türkei als Außenminister diente.

Atatürk, der den Berichten zufolge selber ein Dönme gewesen sein soll, ordnete an, dass die Türken ihre alten muslimisch-arabischen Namen ablegen sollten. Die größte Stadt der Türkei, Konstantinopel, verlor ihren alten Namen, der auf den ersten christlichen Kaiser von Rom, Konstantin I., zurückging. Aus ihr wurde Istanbul, nachdem die Regierung von Atatürk im Jahr 1923 Einspruch gegen den traditionellen Namen erhoben hatte. Es gab zudem viele Fragen im Hinblick auf Atatürks eigenen Namen, denn »Mustafa Kemal Atatürk« war ein Pseudonym. Einige Historiker glauben, dass Atatürk diesen Namen angenommen hatte, weil er ein Nachkomme von keinem Geringeren als Rabbi Zwi war, dem selbsternannten Messias der Dönme! Atatürk schaffte auch die Verwendung der arabischen Schrift in der Türkei ab, und setzte die lateinische Schreibweise durch.

Die Hinweise auf die starken jüdischen Wurzeln Atatürks, die jahrzehntelang von der türkischen Regierung bei ihrem Bemühen, jegliche Kritik an dem Begründer der modernen Türkei zu verbieten, unterdrückt wurden, kamen dennoch allmählich an die Oberfläche, zunächst vor allem außerhalb der Türkei und durch die Veröffentlichungen einiger jüdischer Autoren. In dem 1973 erschienen Buch *The Secret Jews* von Rabbi Joachim Prinz wird behauptet, dass Atatürk und sein Finanzminister Djavid Bey engagierte Dönme waren und sich dabei in guter Gesellschaft befunden hätten, denn »viel zu viele Jungtürken in dem neu zusammengestellten revolutionären Kabinett beteten offiziell zu Allah, folgten aber insgeheim ihrem wahren Prophet [Schabbatai Zwi, dem Messias von Smyrna]. Hillel Halkin schrieb am 28. Januar 1994 in *The New York Sun,* dass Atatürk das jüdische Schma Jisrael (»Höre Israel«) rezitierte und dazu bemerkte, dass es »auch mein Gebet« sei. Diese Information stammt aus einer

Autobiographie des Journalisten Itamar Ben-Avi, der behauptet, dass ihm Atatürk, der damals ein junger Hauptmann in der türkischen Armee gewesen war, in einer regnerischen Nacht im Winter 1911 in der Bar eines Hotels in Jerusalem offenbart habe, dass er ein Jude sei. Darüber hinaus hatte Atatürk die Grundschule Semsi Effendi in Thessaloniki besucht, die von einem Dönme namens Simon Zwi geleitet wurde. Halkin schrieb in seinem Artikel für die *New York Sun* von einer Mitteilung, die er von einem türkischen Kollegen erhalten hätte: »Ich weiß jetzt (und ich habe nicht den geringsten Zweifel daran) – dass die Familie von Atatürks Vater tatsächlich jüdischer Abstammung war.«

Es war die Unterstützung Atatürks und der Jungtürken für den Zionismus, die Schaffung einer jüdischen Heimstätte in Palästina nach dem Ersten Weltkrieg und während der nationalsozialistischen Herrschaft in Europa, die zu einer engen beiderseitigen Beziehung der Türkei und Israel führte. Ein Artikel in *The Forward* vom 8. Mai 2007 enthüllte, dass die von den Dönme dominierte türkische Führung »– der Präsident, die wichtigsten Diplomaten und und ein großer Teil der türkischen militärischen, kulturellen, wissenschaftlichen und wirtschaftlichen Eliten –«, dafür gesorgt hätte, dass die Türkei im Zweiten Weltkrieg keine Allianz mit Deutschland einging und Hitler damit den Zugang zu den Ölfeldern von Baku über die Türkei versperrte.« In seinem Buch *The Donme: Jewish Converts, Muslim Revolutionaries and Secular Turks* schrieb Professor Marc David Baer, dass viele von ihnen höhere Positionen innerhalb der religiösen Bewegung der Sufis erreichten.

Israel war immer ein wenig zurückhaltend, das Massaker an den Armeniern durch die Türken im Jahre 1915 als »Völkermord« zu bezeichnen. Man ging immer davon aus, dass der Grund für Israels Zurückhaltung darin bestand, nicht die engen militärischen und diplomatischen Beziehungen zur Türkei zu gefährden. Doch in der Zwischenzeit sind immer mehr Beweise aufgetaucht, die darauf hindeuten, dass der Völkermord an den Armeniern größtenteils das Werk der von den Dönme geprägten Führung der Jungtürken gewesen war. Historiker wie Ahmed Refik, der als Nachrichtenoffizier in der osmanischen Armee diente, behaupteten, dass die Jungtürken das Ziel verfolgten, die überwiegend christlichen Armenier zu vernichten. Unter der Führung von Atatürk vertrieben die Jungtürken auch griechische Christen aus türkischen Städten, und versuchten eine ähnlichen Völkermord an den ebenfalls mehrheitlich christlichen Assyrern zu begehen.

Ein Jungtürke aus Saloniki namens Mehmet Talat war der Beamte, der den Völkermord an den Armeniern und Assyrern organisierte. Rafael de Nogales, ein venezolanischer Söldner, der in der osmanischen Armee diente, bemerkte in seinem historischen Bericht über den armenischen Völkermord, dass Talat als der »abtrünnige Hebräer aus Saloniki« bezeichnet wurde. Talat wurde 1921 in Deutschland von einem Armenier, dessen gesamte Familie bei dem Genozid umgekommen war, ermordet. Einige Historiker, die sich mit dem Völkermord an den Armeniern befasst haben, vertreten die Auffassung, dass die Armenier, die als gute Geschäftsleute bekannt waren, ins Visier der geschäftstüchtigen Dönme gerieten, weil sie jene als Konkurrenten betrachteten.

Daher hat nicht das Bestreben, die israelisch-türkische Allianz zu schützen, dazu geführt, dass Israel kein Interesse an der Darlegung der Gründe für den Völkermord an den Armeniern hatte, sondern das Wissen der Israelis und der Dönme, dass es die von den Dönme dominierte Führung der Jungtürken war, die nicht nur Hunderttausende Armenier und Assyrer ermordete, sondern auch alle traditionellen muslimischen Sitten und Gebräuche der Türkei ausmerzte. Die Erkenntnis, dass es die Dönme im Einvernehmen mit den Zionisten Europas waren, die für den Tod von armenischen und assyrischen Christen, die Vertreibung der griechisch-orthodoxen Christen aus der Türkei und die kulturelle und religiöse Auslöschung der türkischen islamischen Traditionen verantwortlich wären, würde der gesamten Region einen ganz neuen Charakter verleihen. Anstatt dass griechische und türkische Zyprioten auf einer geteilten Insel leben, die Armenier einen Rachefeldzug gegen die Türken durchführen und Griechen und Türken sich über das Territorium streiten würden, würden all die von den Dönme angegriffenen Völker erkennen, dass sie einen gemeinsamen Feind hätten, der ihnen nachstellte und für ihr Schicksal verantwortlich war.

Dieses Buch weist darauf hin, dass es bei den Terroranschlägen vom 11. September eine enge Kooperation auf staatlicher Ebene zwischen Israel und Saudi-Arabien gab. Diese Informationen waren wahrscheinlich direkt oder indirekt Bestandteil der fehlenden 28 Seiten des Berichts des vom amerikanischen Senat eingesetzten Geheimdienstausschusses über das Versagen der Geheimdienste in der Zeit vor den Terrorangriffen. Nach dem 11. September kamen sich die Saudis und Israelis bei dem Kampf gegen ihren gemeinsamen Feind Iran noch näher, und die Allianz zwischen Jerusalem und Riad verstärkte sich nach der dubiosen Behauptung der amerikanischen Strafverfolgungsbehörden, der Iran plane, den saudischen Botschafter in den Vereinigten Staaten auf amerikanischem Boden zu ermorden. Die israelisch-saudische Verbindung, die auch durch die Operation *Desert Storm,* zusätzlich verstärkt wurde, als beide Länder Ziel der Scud-Raketen von Saddam Hussein waren, wurde dadurch wieder intensiviert.

Die Dönme sind nicht nur mit dem Zionismus und dem modernen Staat Israel verbunden, sondern haben auch Verbindungen zum saudischen Königshaus. Ein streng geheimer Bericht des irakischen Geheimdienstes Mukhabarat mit dem Titel »Die Entstehung des Wahhabismus und seine historischen Wurzeln« vom September 2002, der am 13. März 2008 von der *US Defense Intelligence Agency* in einer englischen Übersetzung freigegeben wurde, verweist auf die von Dönme beeinflussten Wurzeln des Gründers der saudischen

Wahhabiten-Sekte des Islams, Muhammad ibn Abdul Wahhab. Viele der Informationen stammen aus den Memoiren eines gewissen »Mr. Humfer« (im DIA-Bericht wird er »Mr. Hempher« genannt), eines britischen Spions, der den Namen »Mohammad« verwendete, und behauptete ein Azeri zu sein, der türkisch, persisch und arabisch sprach. In der Mitte des 18. Jahrhunderts nahm er mit dem Ziel Kontakt zu den Wahhabiten auf, eine islamische Sekte zu gründen, die schließlich zu einem arabischen Aufstand gegen die Osmanen führen und den Weg zur Gründung eines jüdischen Staates in Palästina ebnen würde. Humfers Leben wurde von dem osmanischen Schriftsteller und Admiral Ayyub Sabri Pascha in seiner Abhandlung aus dem Jahre 1888 mit dem Titel *The Beginning and Spreading of Wahhabism* noch einmal in Erinnerung gebracht.

In seinem Buch *The Dönmeh Jews* schreibt D. Mustafa Turan, der Großvater von Wahhab, Tjen Sulayman, hieße in Wirklichkeit Tjen Shulman und sei Mitglied der jüdischen Gemeinde im irakischen Basra gewesen. Ein irakischer Geheimdienstbericht weist überdies darauf hin, dass Rifat Salim Kabar in seinem Buch *The Dönmeh Jews and the Origin of the Saudi Wahhabis* enthüllt, dass sich Shulman schließlich in den Hedschas in der Ortschaft al-Ayniyah niederließ, die heute zu Saudi-Arabien gehört, wo sein Enkel die wahhabitische Sekte des Islam begründete. In dem Bericht des irakischen Geheimdienstes heißt es weiter, dass Shulman wegen »Quacksalberei« aus Damaskus, Kairo und Mekka verbannt worden war. Shulman zeugte Abdul Wahhab In dieser Ortschaft. Muhammed, der Sohn von Abdul Wahhab begründete den modernen Wahhabismus.

Der irakische Bericht enthält auch einige erstaunliche Aussagen über die Königsfamilie der Saudis. Er zitiert aus dem Buch von Abdul Wahhab Ibrahim al-Shammari *The Wahhabi Movement: The Truth and Roots,* in dem erklärt wird, dass König Abdul Aziz Ibn Saud, der erste Monarch des Königreichs von Saudi-Arabien, von Mordechai bin Ibrahim bin Moishe, einem jüdischen Kaufmann aus Basra, abstamme. Im Nadschd [einer Region im Inneren Saudi-Arabiens] schloss sich Moishe dem Stamm der Aniza an und änderte seinen Namen in Markhan bin Ibrahim bin Musa. Schließlich verheiratete Mordechai seinen Sohn Jack Dan, aus dem al-Qarn wurde, mit einer Frau aus dem Stamm der Anzah. Aus dieser Verbindung entstand die zukünftige saudische Königsfamilie.

Das Dossier des irakischen Geheimdienstes enthüllt auch, dass der Forscher Mohammad Sakher aufgrund seiner Recherchen über die jüdischen Wurzeln der Saudis Opfer eines Auftragsmordes der Saudis wurde. In Said Nasirs Buch *The History of the Saud Family* wird behauptet, dass Abdullah bin Ibrahim al-Muffadal, der saudische Botschafter in Ägypten, im Jahr 1943 Muhammad al-Tamami dafür bezahlte, einen Stammbaum zu fälschen, der belegen sollte, dass die Saudis und Wahhabiten eine einzige Familie wären, die direkt vom Propheten Mohammed abstamme.

Zu Beginn des Ersten Weltkrieges traf sich ein jüdischer britischer Offizier aus Indien namens David Shakespeare mit Ibn Saud in Riad. Später führte er eine saudische Armee, die einen Stamm besiegte, der sich Ibn Saud widersetzt hatte. Im Jahr 1915 traf sich Ibn Saud mit dem britischen Gesandten in der Golfregion Bracey Cocas. Dieser unterbreitete ihm folgendes Angebot: »Ich denke, es ist ein Beweis für Ihre Hartnäckigkeit, und auch im Interesse Großbritanniens, dass die Juden eine Heimatstätte und ein Existenzrecht haben, und die britischen Interessen sind in jedem Fall auch in Ihrem eigenen Interesse.« Ibn Saud, der Nachkomme der Dönme von Basra entgegnete: »Wenn Ihnen meine Zusage so viel bedeutet, dann sage ich Ihnen fest zu, den Juden eine Heimat in Palästina oder an einem anderen Ort zu gewähren.« Zwei Jahre später erklärte der britische Außenminister Lord Balfour in einem Brief an Baron Walter Rothschild, einen der Führer der britischen Zionisten: »Die Regierung Seiner Majestät steht der Errichtung einer nationalen Heimstätte für das jüdische Volk in Palästina sehr positiv gegenüber.« Der Vorgang hatte die stillschweigende Unterstützung von zwei der wichtigsten Akteure in der Region, von Kemal Atatürk und Ibn Saud, die beide Nachkommen der Dönme waren und das Anliegen der Zionisten unterstützten. Die gegenwärtige Situation im Nahen Osten sollte vor diesem Hintergrund betrachtet werden, doch diese Geschichte wurde aus offenkundig religiös und politisch geprägten Gründen vertuscht.

Nach dem Ersten Weltkrieg förderten die Briten die Übernahme der Macht durch das saudische Regime in den Provinzen Hedschas und Nadschd des ehemaligen Osmanischen Reiches. Die Saudis etablierten den Wahhabismus als Staatsreligion des neuen Königreichs Saudi-Arabien, und wie die kemalistischen Dönme in der Türkei gingen auch die Saudis gegen andere islamische Glaubensrichtungen und Sekten, einschließlich der Sunniten und Schiiten, rücksichtslos vor. Die saudischen Wahhabiten sind, ebenso wie die kemalistischen Dönme in der Türkei, für die Zerrissenheit des Nahen Ostens verantwortlich, der für die westlichen imperialistischen Bestrebungen und somit für die Gründung des zionistischen Staates Israel reif war.

Israel, Saudi-Arabien und die Türkei arbeiteten, wenn auch auf eine verdeckte Weise, ebenfalls Hand in Hand bei der Unterstützung der syrischen Rebellen, die den syrischen Präsidenten Bashar al-Assad stürzen wollen. Diese Rebellen wurden zum Islamischen Staat im Irak und der Levante (ISIL), zur Jabhat al-Nusra (der Al-Nusra-Front) und zur Khorasan-Gruppe. Assad und sein Verbündeter, der Iran, sind die eigentlichen Ziele dieser drei Verbündeten, zu denen noch Katar und die anderen Emirate und Königreiche am Golf hinzukommen. Es gab regelmäßige Treffen zwischen den Verantwortlichen des saudischen Geheimdienstes und des israelischen *Mossad*. Israel hat angeblich sogar die Erlaubnis, für den Fall eines israelischen Angriffs auf iranische Nuklearziele Ausrüstungen in Saudi-Arabien vorzuhalten. Was als geheime Beziehung zwischen Jerusalem und Riad begann, ist inzwischen allgemein bekannt geworden.

Dennoch waren die israelisch-saudischen Beziehungen, wie Ihnen die folgenden Seiten deutlich zeigen werden, auch in den Monaten und Wochen vor dem Angriff am 11. September auf Amerika sehr lebendig.

Wayne Madsen
November 2014

Einführung

Die Anwesenheit einer Reihe junger Israelis in den Vereinigten Staaten, von denen die meisten über spezielle militärische und geheimdienstliche Erfahrungen verfügten, wenige Monate vor dem 11. September ist eine Tatsache, der die großen amerikanischen Medien und die Ermittlungsbeamten der Regierung nicht die erforderliche Aufmerksamkeit schenkten. Entweder ignorierten viele Herausgeber, Redakteure und Verleger diese Tatsache oder betrachteten sie lediglich als unwichtigen Zwischenfall, bei dem Israelis nur deswegen erwischt worden waren, weil sie ohne gültige Visa in den Vereinigten Staaten lebten und arbeiteten.

Jene Reporter, die versuchten, die israelisch-saudische Verbindung zum 11. September aufzudecken, sahen sich mit einem anderen Problem konfrontiert. Ein erfahrener Reporter der *Associated Press* (AP) berichtete, wie seine Recherchen über die israelischen »Kunststudenten« dazu führten, dass eine israelische Lobbygruppe namens CAMERA – *Committee for Accuracy in Middle East Reporting in America* [deutsch: Komitee für korrekte Berichterstattung über den Nahen Osten in Amerika], seinen Chefredakteur kontaktierte, um sich über einen Artikel der *AP* über die Festnahme der Israelis durch die amerikanischen Behörden zu beschweren. In anderen Fällen, in die CAMERA nicht involviert war, wurden die investigativen Reporter einfach beschuldigt, »antisemitisch« zu sein.

Die Aktivitäten der Israelis betrafen zwei wichtige Bereiche: das Auskundschaften von Büros und Privatwohnungen von Bundesvollstreckungsbeamten, US-Militärstützpunkten und anderer wichtiger Standorte durch die angeblichen israelischen »Kunststudenten« in den Jahren 2000 und 2001, sowie die ungewöhnlichen Aktivitäten von israelischen Möbelpackern in sensitiven Bereichen während und nach dem 11. September. Diese Vorfälle erfolgten gemeinsam mit verdächtigen Aktivitäten anderer ehemaliger israelischer Militär- und Geheimdienstangehöriger in den Nachbarländern Kanada und Mexiko in der Zeit kurz nach den Anschlägen. Außerdem wurde eine Reihe israelischer Geheimdienstagenten im Ausland wegen Passvergehen und anderer illegaler Aktivitäten festgenommen. Es gilt heute als sicher, dass die Kunstfirmen und Möbelpacker, die die Israelis beschäftigten, Tarnfirmen des israelischen Geheimdienstes waren.

Die Tatsache, dass die verdächtigen israelischen Aktivitäten direkt mit den Aktionen der Al-Qaida-Zellen in den Vereinigten Staaten zusammenhingen, kann nicht als reiner Zufall betrachtet werden. So war zum Beispiel eine ganze Anzahl von Israelis, die wegen verdächtiger Aktivitäten wie dem Verkauf gefälschter israelischer Kunst festgenommen wurden, an denselben Orten konzentriert, wo auch einige der saudischen Entführer des 11. Septembers lebten und ihre Flugausbildung absolvierten. Sie verwendeten dieselben Deckadressen und besuchten dieselben Videotheken und Bars. Mit anderen Worten: Die Israelis schienen die Flugzeugentführer genau zu beobachten, entweder um sie zu unterstützen oder um sie im Rahmen einer Antiterroroperation zu beschatten.

Sprecher der israelischen Regierung und deren Sprachrohre in den gleichgeschalteten Medien behaupteten, dass die Verhaftung von verdächtigen Israelis in den Vereinigten Staaten vor und nach dem 11. September keinerlei Bedeutung besäßen.

Doch dabei wurde die lange Geschichte der israelischen Spionage in Amerika völlig ignoriert. Obwohl die israelischen »Kunststudenten« und kleinen Ladenbesitzer in den Einkaufszentren, die in den Monaten und Jahren nach dem 11. September in den Vereinigten Staaten äußerst aktiv waren, wegen ihrer Verbindung zum israelischen Geheimdienst-von verschiedenen Behörden überprüft wurden, haben diese stets behauptet, dass es sich hierbei nur um israelische Staatsbürger handelte, die nach der Beendigung ihres Militärdienstes ein wenig herumreisen und »die Welt sehen« wollten. Doch im Grunde arbeitete jeder Israeli, der als Kunstverkäufer und Ladenbesitzer in den Einkaufszentren in den Vereinigten Staaten tätig war, illegal und verletzte damit die Auflagen seines Touristenvisums.

Nachdem über die Festnahme der israelischen Kunststudenten durch die amerikanischen Behörden Anfang 2002 in den Medien be-

Zeitungsinserat für die Anwerbung von israelischen Studenten für eine Spionagetätigkeit in den Vereinigten Staaten. Quelle: Covert Action Information Bulletin *[ein amerikanisches Magazin, gegründet von ehemaligen CIA-Offizieren], Dezember 1980.*
Die Anzeige lautete:

GESUCHT: STUDENTEN FÜR TÄTIGKEITEN IN DEN VEREINIGTEN STAATEN

Erforderliche Qualifikationen:

- Beendigung des Militärdienstes in einer Kampfeinheit (mit Befehlsgewalt)
- Guter Gesundheitszustand, mit einem Profil von mindestens 82.
- Studium in den USA und/oder Absicht im Sommer 1979 oder Anfang 1980 dorthin zu gehen. Die Kandidaten müssen von einer Bildungsstätte in den Vereinigten Staaten angenommen worden sein.
- Die Kandidaten müssen ihre Reiseausgaben selbst bestreiten.
- Interessenten werden aufgefordert sich schriftlich zu melden und einen Lebenslauf, persönliche Informationen und ihre Personalausweisnummer anzugeben.

Anschrift in Israel: Postfach 39351, Tel Aviv (z. Hd. von M.M.)

Anschrift in den USA: Israelisches Generalkonsulat in New York, 800 Second Avenue New York, NY 10017

– Nur qualifizierte Personen werden eine Antwort erhalten –

richtet wurde, leugnete Mark Regev, der damalige Sprecher der israelischen Botschaft in Washington, der später zum Regierungssprecher des israelischen Premierministers Benjamin Netanyahu aufstieg, dass die in den Vereinigten Staaten festgenommenen Israelis Agenten des Geheimdienstes gewesen wären. Regev stellte kategorisch fest, dass »Israel nicht in den Vereinigten Staaten spioniert«, so als ob der bereits verurteilte Jonathan Pollard, der für Israel spionierte, nie existiert hätte. Die israelischen Sympathisanten und Propagandisten innerhalb der amerikanischen Medien vertraten alle dieselbe Auffassung in Bezug auf die Vermutung, dass die israelischen Kunststudenten Spione wären: »Dies ist ein reiner Mythos«, beteuerten sie pflichtbewusst und unaufhörlich.

Doch aus den Stellenanzeigen, die schon im Jahre 1979 in israelischen Zeitungen erschienen waren, ging eindeutig hervor, dass das Anheuern israelischer Studenten nach ihrem Wehrdienst und ihre anschließende Entsendung in die Vereinigten Staaten eine Operation des *Mossad* war, an der die israelische Regierung direkt beteiligt war. Dabei wurde angeordnet, dass jene Personen, die an einer Spionagetätigkeit für den *Mossad* in den Vereinigten Staaten interessiert wären, ihre Angaben zur Person an ein Postfach in Tel Aviv oder an das israelische Generalkonsulat in New York schicken sollten. Dieses Konsulat ist die größte Basis des *Mossad* in den USA. Die diplomatischen Vertretungen in Washington, D.C. und Houston folgen an zweiter und dritter Stelle.

Kapitel 1

Die unwiderlegbaren Beweise

Zwei interne Dokumente der US-Regierung, die eigentlich nicht für die Öffentlichkeit bestimmt waren, enthüllten, dass sich unter den 120 israelischen »Kunststudenten, die in den Jahren 2000 und 2001 die Sicherheitsmaßnahmen von Dutzenden Gebäuden der Bundesbehörden überwinden und die Häuser einer großen Anzahl von amerikanischen Vollstreckungsbeamten aufsuchen wollten, einige befanden, die Postanschriften und Emailadressen im südlichen Florida und Texas, ganz in der Nähe der Flugzeugentführer vom 11. September benutzten. Die Informationen stammten aus einem Bericht der *Drug Enforcement Administration* (DEA) [Drogenvollzugsbehörde] aus dem Juni 2001 über die Aktivitäten der Kunststudenten, sowie einer von der amerikanischen Bundespolizei FBI zusammengestellten Liste der Flugzeugentführer und anderer Terrorverdächtiger, und wurde aus Versehen Anfang Oktober 2011 auf einer Website der finnischen Regierung veröffentlicht. Das Memorandum der DEA erklärte ausdrücklich, dass die Israelis Verbindungen zu einer »Gruppe islamischer Fundamentalisten« unterhalten haben könnten.

Als Journalist wurde es nach dem 11. September 2001 zunehmend schwieriger, die geheimen Aktivitäten der amerikanischen Geheimdienst- und Strafverfolgungsbehörden zu enthüllen. Viele Regierungsbeamte machten sich die berühmte Losung aus dem zweiten Weltkrieg » Loose Lips Sink Ships « [im Deutschen würde man sagen: Reden ist Silber, Schweigen ist Gold] zu eigen, und lehnten jeglichen Kommentar über Dinge ab, die als sensibel erachtet wurden. Auch jene Journalisten, die sich auf den Freedom of Information Act [ein Gesetz, das jedem Bürger das Recht auf Einblick in Dokumente der Regierung der Vereinigten Staaten gibt] beriefen, um Dokumente einzusehen, sahen sich beispiellosen Behinderungen ausgesetzt.

Nach dem 9. September veröffentlichte der Justizminister John Ashcroft ein Memorandum, in dem er erklärte, sein Justizministerium werde seine weitreichenden legalen Möglichkeit nutzen, um eine Veröffentlichung unter Berufung auf den Freedom of Information Act zu verhindern.

Daher war die Veröffentlichung des sensitiven Berichts der Drogenvollzugsbehörde über die Aktivitäten der israelischen »Kunststudenten« eine ziemliche Überraschung. Die DEA, die wichtigste Regierungsbehörde im Kampf gegen Drogenkartelle (eine äußerst gefährliche Arbeit), ist, was ihre Untersuchungen betrifft, traditionell sehr verschwiegen. Dennoch entschieden allem Anschein nach einige Nitarbeiter der Behörde, die darüber frustriert waren, dass ihre Befürchtungen von einigen höheren Beamten des FBI und des Justizministeriums nicht ernst genommen wurden, den Bericht durchsickern zu lassen. Ihre Entscheidung wurde vom *Immigration and Naturalization Service* (INS) [eine Behörde der Vereinigten Staaten, die bis 2003 für die Ein- und Ausreise, Zuwanderung sowie Einbürgerung zuständig war], einer weiteren Behörde, die gemeinsam mit der DEA eingesetzt worden war, um die Angelegenheit mit den israelischen »Studenten« zu untersuchen, unterstützt.

Die Präsentation eines Dokuments wie des DEA-Berichts, das den Titel »Verdächtige Aktivitäten von israelischen Kunststudenten in Einrichtungen der DEA« trug, stellte ein ganz besonderes Problem dar. So musste beispielsweise überprüft werden, ob das Dokument authentisch war, und keine Fälschung. Oft beschränkten sich die Regierungsbehörden auf die Erklärung, dass sie die Echtheit der Dokumente »weder bestätigen noch bestreiten können«. Doch im Falle des DEA-Berichts wurde die Echtheit durch die Drogenvollzugsbehörde relativ schnell bestätigt.

Ein erstaunlicher Aspekt dieser Geschichte betrifft die Tatsache, dass eine Reihe von Agenten der DEA, des INS und des FBI aufgedeckt hatten, dass einige der israelischen Studenten ganz in der Nähe der Al-Qaida-Terroristen und ihrer Unterstützer wohnten, z. B. in Hollywood, Florida ; Miami, Florida und Irving, Texas. Einige Agenten berichteten mir hinter vorgehaltener Hand, dass der Umstand, dass die Israelis und die Al-Qaida-Mitglieder in denselben Gegend zur gleichen Zeit, von Januar bis Mai 2001, lebten, die Agenten zu der Über-

Die Firma Urban Moving Systems *in Weehawken im US-Bundesstaat New Jerseey mit der Lagerhalle, in der Bomben gebaut und Anthrax hergestellt wurde.*

zeugung gebracht hätte, dass der wirkliche Auftrag der Israelis nicht darin bestand, Kunst an Bundeseinrichtungen zu verkaufen, sondern die Al-Qaida-Mitglieder auszuspionieren.

So zuverlässig die Geschichte über die wahre Natur der Kunststudenten auch war, so gab es noch ein weiteres, geradezu unüberwindliches Problem zu lösen, das noch komplizierter war, als einige Agenten der Bundesbehörden zu Aussagen zu bewegen. Unmittelbar nachdem die Geschichte auf *Intelligence Online*, in *Le Monde* und der *Associated Press* erschien, begann sich die einflussreiche pro-israelische Lobby, in den Vereinigten Staaten auf einen Gegenschlag vorzubereiten. Sie begann damit im Dezember 2001, als der Fernsehsender *Fox News* in einer vierteiligen Serie von Carl Cameron über die Festnahme und Inhaftierung von Israelis aufgrund des Vorwurfes der Spionage berichtete. Cameron erklärte: »Es gibt Beweise einer Verbindung dieser Israelis zu den Anschlägen von 9/11. Ich kann nichts zu den Beweisen sagen, die gesammelt worden sind.

Sie sind geheim.« Sobald *Fox* die Geschichte auf ihrer Website veröffentlichte, wurde sie ohne eine Erklärung wieder gelöscht. Der Lokalsender KHOU-TV, ein *CBS*-Tochterunternehmen, berichteten von einem ähnlichen Ereignis:

10. 02. 2001 – Festnahme von fünfzehn Personen im März in Dallas aufgrund des Verdachtes des Auskundschaftens von Gebäuden der Bundesbehörden. 11 News *berichtete, dass Personen, die behaupteten, »israelische Kunststudenten« zu sein, versuchten, in Gebäude der Bundesbehörden und Militäreinrichtungen einzudringen und diese auszukundschaften. In Dallas wurden die sogenannten Studenten zuvor in diesem Jahr im FBI Gebäude der Stadt, der Verwaltung der Drogenbekämpfung und im Earle Cabell Bundesgebäude, wo das Wachpersonal einen Studenten festnahm, der in den Gängen mit einem Gebäudegrundriss entlang wanderte.*[1]

Wenn man versucht, diesen Bericht auf der Website des Fernsehsenders zu finden, erhält man die folgende Meldung: »Die angeforderte Seite konnte nicht gefunden werden.« Dennoch meinte der Terrorismusexperte von *Channel 11 News* und ehemalige Analytiker des Verteidigungsministerium Ron Hatchett, dass die israelischen Aktivitäten »offensichtlich dem Zwecke der Überwachung dienten« und »es sich nicht um eine Gruppe von Kindern handelte, die Kunstwerke verkaufen.« *KHOU* gelangte in den Besitz eines Memorandums des *Federal Protective Service* [Bundesschutzdienst, der die Bundeseinrichtungen, ihre Angestellten und die Besucher schützen soll], nachdem Israelis entdeckt worden waren, die das Leland Bundesgebäude ausspionierten. Darin wurde erklärt, »Einrichtungen der Bundesbehörden wurden regelrecht überschwemmt von Offerten

1 Anna Werner, »Mögliche Gefährdung der Bundesbehörden – in Houston und im ganzen Land ist das Wachpersonal in Regierungsgebäuden auf sogenannte Studenten gestoßen, die versucht hatten, in geschützte Einrichtungen einzudringen, KHOU-TV 11 News, 1. Oktober 2001.

durch Studenten, die behaupten, israelische Kunstwerke zu verkaufen.«[2]

Auch die Agenten der Bundesbehörden in Dallas hatten die Sorge, dass die israelischen Kunststudenten andere Absichten verfolgten. Die Büromanagerin eines Arztes in Plano [ein Vorort von Dallas] erzählte, dass die Israelis, nachdem sie aufgefordert worden waren, das Gebäude zu verlassen, kurz darauf erneut versuchten, sich Zutritt zu verschaffen. *Channel 8* in Dallas berichtete, dass einige Israelis dabei erwischt wurden, Gebäude der Bundesbehörden in Dallas auszukundschaften und durch verdächtige Handlungen im nördlichem Texas auffällig wurden.[3]

Kollegen berichteten mir, dass aggressiv auftretende israelische Kunststudenten im Zeitraum von Ende 2000 und Anfang 2001 für die Besuche der Büros des *Electronic Privacy Information Center* (EPIC) [ein unabhängiges gemeinnütziges Forschungszentrum in Washington, DC, das sich für den Schutz der Privatsphäre, die Meinungsfreiheit und die Wahrung der demokratischen Werte im Internet einsetzt] und im Hauptquartier des *National Defense Industrial Association* (NDIA) [ein Zusammenschluss der Rüstungsindustrie zur Förderung der nationalen Sicherheit] in Arlington, Virginia bezahlten.

Eine weitere verdächtigte israelische Spionagetätigkeit um den 11. September herum betraf die Verhaftung von fünf Israelis durch die Polizei in New Jersey in der Nähe des Giants-Stadion. Die fünf Männer waren dabei beobachtet worden, wie sie feierten, johlten, vor Freude herumsprangen und Videoaufnahmen vom Zusammensturz des World Trade Centers machten. Die Bewohnerin eines Appartements in New Jersey mit dem Namen Maria, die ihren Familiennamen nicht angeben wollte, berichtete *ABC News* von mehreren Israelis, die sie dabei beobachtete, wie sie auf dem Parkplatz lautstark die

2 Ebd.
3 Brett Shipp, »News 8 überprüft ›Kunststudenten‹«, 3. Oktober 2001.

Angriffe auf die Zwillingstürme feierten. Die Israelis wurden später mit einer Büroumzugsfirma namens *Urban Moving Systems* in Verbindung gebracht, die in israelischem Besitz war und deren Zentrale sich in Weehawken, New Jersey, 3 West 18. Straße befand. Ein weiteres Büro von *Urban Moving Systems* befand sich in der 50. Straße West in Manhattan. Ihr Besitzer, Dominik Otto Suter, floh am 14. September nach Israel, kurz bevor er noch einmal vom FBI befragt werden sollte.[4] Einer der fünf Israelis besaß ein Flugticket für Bangkok und wollte am 13. September dorthin fliegen.[5] Die New Yorker Behörde für Verkehr und Infrastruktur widerrief die Genehmigung für *Urban Moving Systems,* nachdem entdeckt worden war, dass die Geschäftsadresse des Unternehmens in Manhattan nur ein Postfach war. Suters Name erschien auf einer Verdächtigenliste des FBI von Personen und Gesellschaften, von denen vermutet wurde, dass sie in die Anschläge vom 11. September verwickelt sein könnten. Suters Geburtsjahr wird mit 1970 angegeben, und seine Sozialversicherungsnummer lautete 129-78-0926. Seine Adresse am 11. September wurde mit 28 Harlow Crescent Road, Fair Lawn, NJ 07410 angegeben. Seine früheren Adressen lauteten 312 Pavonia Avenue, Jersey City, NJ 07302 und 15000 Dickens, Suite 11, Sherman Oaks, Kalifornien.[6]

Um 15:31 löste das FBI wegen der Israelis einen landesweiten Alarm mit der Bezeichnung »Be On Lookout [Ausschau halten nach]« oder »BOLO« aus. Er wurde von dem FBI-Agenten Dave O'Brien formuliert und lautete:

---

4 Neil Mackay, »Fünf Israelis wurden am 11. September 2011 dabei beobachtet, wie sie von ihrem Lieferwagen aus genau in dem Moment Filmaufnahmen machten, als die Passagiermaschinen in die Zwillingstürme stürzten. Waren sie Teil eines umfangreichen Spionagerings, der die Attentäter von 9/11 beschattete, und wussten sie, dass al-Qaida einen furchtbaren terroristischen Angriff auf die USA durchführen wollte?« *Sunday Herald,* 3. November 2003, S.1.

5 Jim Galloway, »Unschuldige Israelis inhaftiert,« *Palm Beach Post,* 18. November 2001. S. 21A.

6 FBI-Verdächtigenliste vom 22. Mai 2002.

Fahrzeug, das möglicherweise mit dem New Yorker Terroranschlag in Verbindung steht. Ein weißer Chevrolet, Baujahr 2000, mit Zulassung aus New Jersey (JYJ 13 Y) mit der Aufschrift ›Urban Moving Systems‹ auf der Rückseite wurde im Liberty State Park in Jersey City, NJ, zum Zeitpunkt des Aufpralls der ersten Passagiermaschine in das World Trade Center beobachtet.[7]

Laut FBI Quellen kam dem FBI-Beamten Michael Dick, einem Mitglied der *New Yorker Joint Terrorism Task Force* (JTTF) [einer Arbeitsgruppe verschiedener amerikanischer Strafverfolgungsbehörden zur Verfolgung von Terrorismus, Betrug und ähnlicher Verbrechen], die Firma Urban Moving Systems und die Aktivitäten ihrer Angestellten am 11. September verdächtig vor. Dick war ein Kollege von John O'Neill, dem früheren Chef der Abteilung für Spionageabwehr beim FBI, und er beschäftigte sich nach dem 11. September intensiv mit diesem israelischen Spionagering. Aber wie O'Neill wurde auch er bald auf Anweisung des damaligen Leiters der *Justice Department's Criminal Division* [einer übergeordneten Strafverfolgungsbehörde des Justizministeriums] Michael Chertoff von seinen Aufgaben entbunden. Dick empfand es als sehr verdächtig, dass die israelischen Möbelpacker in aller Eile ihre Firma *Zim American Israeli Shipping Company* im 900 Quadratmeter großen Büro im 17. Stock des nördlichen Turms vom World Trade Center räumten. Die zum Teil im israelischen Staatsbesitz befindliche Firma verlor eine Kaution in Höhe von 50 000 Dollar, als sie eine Woche vor dem 11. September ihren Mietvertrag auflöste und aus dem Gebäude auszog. Laut dem Bericht einer inoffiziellen Quelle der CIA, die mit Dick zusammen arbeitete, brachten israelische Möbelpacker Sprengstoff in das Büro im 17. Stock, nachdem die Firma ausgezogen war.[8]

Dick verfolgte die Spur der israelischen Verbindung weiter, doch

7 Information des Polizeibehörde East Rutherford.

8 2. Oktober 2005,. »Die Vorbereitungen für 9/11 sind getroffen,« WayneMadsen-Report.com

er wurde bald darauf nach Karatschi in Pakistan versetzt, um dabei zu helfen, den Reporter des *Wall Street Journal* Daniel Pearl zu retten, der von Mitgliedern der al-Qaida entführt worden war. Es gab nur einen Haken an der Sache: Das FBI wusste, dass Pearl von seinen Kidnappern bereits brutal ermordet worden war.

Kurz nachdem Maria gespürt hatte, wie die Erde nach dem Einschlag des ersten Flugzeugs in das World Trade Center bebte, erhielt sie einen Telefonanruf von einem Nachbarn, der sie aufforderte, aus ihrem Fenster in Richtung der Skyline des südlichen Manhattan zu schauen. Sie sah einen weißen Chevrolet, der auf einem Parkplatz stand. Drei der fünf Männer sprangen auf das Dach des Fahrzeugs und machten Videoaufnahmen voneinander mit dem Massensterben im Hintergrund. Maria war auch schockiert davon, dass die Männer die entsetzlichen Szenen jenseits des Hudson River geradezu feierten. Nachdem sie das Nummernschild des Wagens notiert hatte, rief sie gemeinsam mit ihrem Mann Pat bei der Polizei an.[9]

Kurz darauf übernahm die Firma *Information Spectrum, Inc.* (ISI) aus Cherry Hill in New Jersey, eine Tochtergesellschaft des in Fairfaxs in Virginia ansässigen Rüstungsunternehmens *Anteon,* die Kontrolle über das Computersystem der Polizei von Jersey City, das alle eingehenden Notfallanrufe am 11. September verarbeitet hatte. Das System war von *Larimore Associates* eingerichtet worden, einem Unternehmen, das sich darauf spezialisiert hatte, Polizeinotrufe zu speichern. Der Vertrag mit Larimore wurde dann jedoch von der Verwaltung von Jersey City überraschend storniert. Stattdessen wurde *Information Spectrum* mit dieser Aufgabe betraut. Die geschah nach dem plötzlichen Tod durch Herzinfarkt des ersten afroamerikanischen Bürgermeisters von Jersey City und Demokraten, Glenn D. Cunningham, der selbst ein ehemaliger Polizeibeamter in Jersey City

9 John Miller, »Fünf Israelis, die kurz nach dem 11. September verhaftet worden waren, waren wohl für den israelischen Geheimdienst tätig, aber wahrscheinlich wussten sie nicht im Voraus von den Angriffen,« ABC News, 20/20, 21. Juni 2002.

gewesen war. Laut der Angabe von Polizeibeamten aus Jersey City waren, nachdem das Notrufsystem von Wang in eine Windows-Umgebung umgestellt worden war, 8000 Notfallanrufe, die am 11. September registriert worden waren, aus dem Speicher gelöscht worden. Tatsächlich waren auch die Dateien bis zurück zum Jahre 1989, darunter auch die aus dem Jahre 1993 von dem Bombenattentat auf das World Trade Center in gleicher Weise betroffen. Die Betreuung der Computersysteme durch *Information Spectrum* führte zu einer Reihe von Systemabstürzen der Server. Als Larimore sich anbot, dabei zu helfen die gelöschten Dateien wiederherzustellen, erhielten sie keine Antwort von der Polizeibehörde.[10] Einige Quellen der Polizei aus Jersey City vermuteten, dass der Wechsel von Larimore zu *ISI/Anteon* durch Anweisungen aus Trenton und durch den Regierungsapparat des Gouverneurs James McGreevey veranlasst worden war. Sie gaben »politische Gründe« für die Umstellung an. Gouverneur McGreevey trat im Jahr 2004 von seinem Amt zurück, nachdem bekannt worden war, dass er angeblich eine homosexuelle Beziehung zu Golan Cipel vom *Homeland Security* [dem Ministerium für Innere Sicherheit der Vereinigten Staaten, auch: Heimatschutzministerium] unterhalten hatte. Viele Geheimdienstexperten glaubten, dass Cipel, der israelischer Staatsbürger und als Diplomat in Israels Generalkonsulat in New York City tätig gewesen war, zudem für den *Mossad* arbeitete, der McGreevey in eine Falle gelockt hatte.

Noch gravierender war der Umstand, dass später entdeckt wurde, dass die Firma *Urban Moving Systems* eine Subvention von der US-Regierung erhalten hatte. Den vorhandenen Unterlagen zufolge erhielt die Tarnfirma des *Mossad* im Jahr 2001 498 750 Dollar als Unterstützung von der Regierung. Dies berichtete *FedSpending.org,* eine Website der gemeinnützigen Organisation *OMB Watch,* die die Ver-

10 Vertrauliche Quelle von Larimore Associates.

wendung von Bundesmitteln untersuchte.[11] Es gab von Seiten der Regierung nie eine Erklärung, warum eine bekannte Tarnfirma des *Mossad* beinahe eine halbe Million Dollar auf Kosten der Steuerzahler erhielt. Später wurde seltsamerweise dieser Eintrag aus der Datenbank entfernt.

Weitere Informationen von der OMB-Internetseite *Federal Spending* deuten darauf hin, dass *Urban Moving Systems,* die israelische Tarnfirma des *Mossad,* im Juni 2001 neben den 498 750 Dollar von der *Small Business Administration* (SBA) [eine Behörde der amerikanischen Regierung für die Unterstützung von Kleinunternehmen] weitere 166 250 Dollar aus »bundesfremden Mitteln« erhielt.

Suters Name tauchte auch auf einer Terrorverdächtigenliste des FBI auf, die über italienische Finanzregulierungsbehörden durchsickerte. Sein Name erschien dort gemeinsam mit sämtlichen arabischen Entführern vom 11. September. Auf einer ähnlichen Liste, die ebenfalls auf FBI-Informationen beruhte und über eine finnische Finanzregulierungsbehörde den Weg in die Öffentlichkeit fand, findet sich Suters Name nicht. Die Liste aus Italien führte folgende Adressen für Suter auf:

- 28 Harlow Crescent Road, Fair Lawn, NJ 07410;
- 312 Pavonia Avenue, Jersey City, NJ 07302;
- 15000 Dickens Suite 11, Sherman Oaks, CA

Zudem wird das Geburtsjahr 1970 angegeben, sowie die Sozialversicherungsnummer 129-78-0926.

Eine Recherche mit Hilfe von *Veromi* [einer Website für die weltweite Suche nach Personen unter veromi.net] erbrachte für Suter den vollständigen Namen Dominick Otto Suter mit Adressen in Fair

11 20.–22. Juni 2008, »Die US-Regierung finanzierte eine Firma des *Mossad*, die in Verbindung zu den Anschlägen vom 11. September steht,« *WayneMadsenReport.com*

Lawn, New Jersey; Jersey City, NJ; und New York City. Weehawaken wird als die Geschäftsadresse für die Firma *Urban Moving Systems* angegeben. Eine weitere Suchanfrage bei *Veromi* ergab eine weitere Geschäftsadresse für *Urban Moving Systems* in New Rochelle, New York. Vor dem 11. September hatte die Firma also insgesamt vier Adressen: in New York City, Bayonne, Weehawken und New Rochelle.

Veromi führte auch zu Omit Levinson als einem möglichen Verwandten von Suter mit Adressen in New York City, Fair Lawn, New Jersey, Jersey City, Sherman Oaks, Kalifornien, New Rochelle und Van Nuys in Kalifornien. Zwei Firmen werden mit Levinson in Verbindung gebracht: *1 Stop Cleaning LLC* aus Royal Palm Beach und Wellington, Florida, und *INVSUPPORT Inc.*, ebenfalls in Wellington, Florida. Auf der italienischen Beobachtungsliste findet sich der Name Omit Levinson, alias Omit Suter, geboren 1971, sowie die Sozialversicherungsnummer 122-78-0232. Die Adressen für Levinson werden folgendermaßen aufgelistet:

- 28 Harlow Crescent Road, Fair Lawn, NJ 07410
- 312 Pavonia Avenue, Jersey City, NJ 07302
- 15000 Dickens Suite 11, Sherman Oaks, CA

Auf der Gründungsurkunde der Firma *INVSUPPORT* in Florida wird Levinson als Geschäftsführer unter der Adresse 11924 Forest Hill Boulevard, Suite 22, #372, Wellington, Florida 33414 aufgeführt. Der Staat New Jersey strengte im Jahr 2005 eine Zivilklage gegen Suter und die Firma *Urban Moving Systems* in Florida an. Hierbei wurde für Suter eine Adresse in West Palm Beach, Florida, aufgeführt.

Unterstützung für URBAN MOVING SYSTEMS INC in NJ (Haushaltsjahr 2001)

Die ausführlichen Details der einzelnen Transaktionen im Geschäftsjahr 2001

Vergabe oder Zuschlag #1

Empfängerinformation	
Name des Empfängers	URBAN MOVING SYSTEMS INC
Empfänger Stadt	BAYONNE
Empfänger Bezirk	HUDSON
Empfänger Bundesstaat	New Jersey
Empfänger Postleitzahl	07002
Empfänger Bezirk	NJ90: New Jersey unbekannte Distrikts
Empfänger Kategorie	Einzelunternehmer
Empfänger Typ	Einzelunternehmer

Projekt und Vergabeinformationen	
Hauptagentur	Small Business Administration
Code der Agentur	7300: Small Business Administration
Name der Agentur	SMALL BUSINESS ADMINISTRATION
ID der Bundesagentur	45966540
ID des Bundesprogramms	SAI BEFREIUNG
CFDA Programmnummer	59012: Darlehen für Kleinunternehmen
CFDA Programmtitel	DARLEHEN FÜR KLEINUNTERNEHMEN
Unterstützungskategorie	Darlehens (direkt sowie gewährt)
Unterstützungstyp	gewährtes/abgesichertes Darlehen

Projektbeschreibung	UNTERSTÜTZUNG VON KLEINUNTERNEHMEN, DENEN KEINE PRIVATKREDITE GEWÄHRT WURDEN
Aktion	(Vergabe oder Zuschlag #1)
Geschäftsjahr	2001
Aktionstyp	neue Unterstützung
Summe der Bundesmittel *	498 750 Dollar
Summe bundesfremden Mittel	166 250 Dollar
Gesamtsumme der Mittel	665 000 Dollar
Fälligkeit / Datum	22.06.2001
Startpunkt	22.06.2001
Endpunkt	22.06.2004
Datensatztyp	individuelle Aktion

* Anmerkung: Die *Small Business Adminstration* scheint auch Darlehen zu vergeben, die autorisiert worden sind, deren Auszahlung aber nicht bei ihren an das U.S. *Census Bureau* [die amerikanische Volkszählungsbehörde, die auch allgemeine Statistiken erstellt] übermittelten Vergabedaten auftauchen. Wir haben die SBA auf dieses Problem mit ihren Daten hingewiesen und arbeiten mit ihnen an einer gemeinsamen Lösung.

Hauptgeschäftssitz	
Hauptgeschäftssitz Kennzahl	3403580
Hauptgeschäftssitz Bundesstaat	NEW JERSEY
Hauptgeschäftssitz Bezirk oder Stadt	BAYONNE

Kapitel 2

Der saudische Drogenschmuggel und die Verbindung zum 11. 9.

Es ist schon bemerkenswert, dass die DEA die erste Bundesbehörde war, die die israelischen »Kunststudenten« verdächtigte, in andere Delikte als nur dem Rauschgifthandel verwickelt zu sein. Es gibt zudem bemerkenswerte Verbindungen zwischen der Regierung von Saudi-Arabien und dem 11. September, die von der DEA aufgedeckt wurden.

Im Jahre 1999 deckte die Drogenvollzugsbehörde eine große Verschwörung auf, bei der ein saudischer Prinz mit dem Kokainschmuggel aus Venezuela in Verbindung gebracht wurde. Die Operationen der DEA wurden in einem Memorandum mit dem Titel »Freigabe eines geheimen Berichts des Pariser Auslandsbüro der DEA« zusammengestellt. Es trug das Datum des 26. Juni 2006, ein Datum, an dem die israelischen Kunststudenten und die Entführer vom 11. September besonders aktiv waren. Im Juni 1999 wurden 808 Kilogramm Kokain beschlagnahmt Zur selben Zeit führte die Drogenvollzugsbehörde eine größere Untersuchung des Medellín-Kartells mit dem Titel OPERATION MILLENNIUM durch.

Durch ein abgefangenes Fax erfuhr das Auslandsbüro der DEA in Bogotá von der Beschlagnahmung des Kokains in Paris und brachte den Drogenschmuggel mit den Saudis in Verbindung. Die Untersuchung der Drogenvollzugsbehörde konzentrierte sich auf den saudischen Prinz Nayif Al Saud, dessen Deckname *El Príncipe* (der Prinz) war. Nayifs voller Name lautet Nayif (oder Nayef) bin Fawwaz al-Shaalan Al Saud. Für die Durchführung seines internationalen Drogenhandels reiste Nayif in seiner eigenen Boeing 727 und nutzte seinen Diplomatenstatus, um Zollkontrollen zu vermeiden. Im Bericht der DEA ist zu lesen, dass Nayif an der Universität von Miami in Florida studiert hatte, eine Bank in der Schweiz besaß, acht Sprachen beherrschte, erheblich in Venezuelas Erdölindustrie investiert hatte und regelmäßig die Vereinigten Staaten besuchte, wobei er stets Millionen von Dollars mit sich führte. Nayif hatte zudem auch in die Erdölindustrie Kolumbiens investiert.

Es wurde ebenfalls berichtet, dass Prinz Nayif Mitglieder des Drogenkartells im spanischen Marbella getroffen hatte, wo der verstorbene saudische König Fahd und die saudische Königsfamilie eine riesige palastartige Residenz unterhielten. Als eine Gruppe von Mitgliedern des Kartells nach Riad reiste, um Nayif zu treffen, »wurde sie mit einem Rolls Royce, der Nayif gehörte, abgeholt und ins *Riad Holiday Inn*-Hotel gebracht. Am nächsten Tag trafen sie den saudischen Prinz und dessen Bruder (dessen Name wohl Saul lautete [sein Zwillingsbruder ist Prinz Saud. Nayifs älterer Bruder, Prinz Nawaf ist mit König Abdullahs Tochter verheiratet]) … Am zweiten Tag fuhren sie alle in Geländewagen [des Typs Hummer] in die Wüste. Während dieser Wüstenfahrt sprachen sie über den Drogenschmuggel. UN [der DEA Informant] und Nayif stimmten zu, die 2000 Kilogramm Kokain mit dem Schiff durch die Leute von UN nach Caracas in Venezuela zu bringen, wo Nayif den Transport des Kokains nach Paris organisieren würde. Der Prinz erklärte, dass er seine Boeing 727 und seinen Diplomatenstatus nutzen würde, um das Kokain zu transportieren. Die Boeing gehörte zur Skyways International, einer im Besitz der Saudis befindlichen Fluggesellschaft, die langjährige Verbindungen zu dem mysteriösen James Bath hatte. Dieser war ein Freund von George W. Bush aus dessen Zeit bei der Nationalgarde in Texas und vermittelte später zwischen den Saudis und Bush bei den Investitionen für *Arbusto* und *Harken Energy*. Zu den Investoren gehörte auch Salem Bin Laden, der ältere Bruder Osama Bin Ladens, der im Jahre 1988 bei in einem Flugzeugabsturz in Texas ums Leben kam. Bath war der amtlich eingetragene Bevollmächtigte für Salem Bin Laden.

Nayif teilte UN mit, dass er bis zu 20 000 Kilogramm Kokain in seiner Boeing transportieren könnte und unterbreitete UN das Angebot ›künftig Lieferungen von 10 bis 20 000 Kilogramm durchzuführen.‹

UN wunderte sich, warum Nayif, der angeblich ein gläubiger Moslem war, mit Drogen handelte. Angesichts dessen, was heute über die saudische Finanzierung des Terrorismus bekanntgeworden ist, lohnt es sich, Nayifs Antwort näher zu betrachten. Während der Besprechung im Riad antwortete Nayif auf die Frage von UN, ›dass er ein strenger Gläubiger des Korans sei.‹ UN erzählte, dass ›Nayif nicht trinkt, raucht oder irgendein anderes Gebot des Korans verletzt.‹ Dann fragte UN Nayif, warum er [Nayif] mit Kokain handeln würde, und Nayif meinte, dass die Welt bereits zum Untergang verdammt sei, und dass er von Gott dazu bevollmächtigt worden sei, Drogen zu verkaufen. Nayif sagte dann noch, dass UN später seine wahren Absichten erfahren würde, aber er machte keine näheren Angaben dazu. Die Drogenorganisation des saudischen Prinzen wurde im Oktober 1999 von der Drogenvollzugsbehörde und der französischen Polizei zerschlagen.«[1]

Am 16. Mai 1999 landete die Boeing 727 *Skyways* von Prinz Nayif auf dem Flughafen Le Bourget außerhalb von Paris (demselben Flughafen, auf dem die Familie von Bin Laden nach dem 11. September nach ihrer Ausreise aus den Vereinigten Staaten landete). An Bord der Passagiermaschine befand sich auch eine Reihe saudischer Prinzen und Prinzessinnen. Zwei Tonnen Kokain, die zuvor in Caracas ins Flugzeug gebracht worden waren, wurden als übergroßes Diplomatengepäck von zwei wartenden saudischen Wagen abtransportiert. Das Kokain wurde in den Pariser Vorort Noissy-le-Sec gebracht. Ein französisch-amerikanisches Strafverfahren gegen Nayif und seine Begleitung wurde trotz diverser Beweise und den Aussagen von Informanten eingestellt. Ein »vertrauliches diplomatisches« Telegramm von der französischen Botschaft in Saudi-Arabien nach Paris informierte darüber, dass der saudische Innenminister Prinz Naif damit gedroht hätte, dass er einen lukrativen sieben Milliarden Euro teuren Auftrag über ein Radarverteidigungssystem, das Projekt SBGDP (*Garde Frontiere*), mit der französischen Firma Thales storniert werde, wenn Frankreich das Verfahren gegen den saudischen Prinzen

1 Memorandum der Drug Enforcement Administration (DEA), Freigabe eines geheimem Berichts des Pariser Auslandsbüro, 26. Juni 2000.

nicht einstelle. Mit dem Telegramm der Botschaft übte man Druck auf das französische Innenministerium aus, die Untersuchung gegen Nayif fallen zu lassen. Die Nachricht deutete auch daraufhin, dass die Verärgerung des saudischen Innenministers Nayef über die französische Untersuchung von seinen Brüdern Abdullah (dem damaligen Kronprinz) und Sultan (dem Verteidigungsminister), sowie dem Gouverneur der Riad Provinz Prinz Salman geteilt würde. Saudische Informanten teilten mit, dass Al-Qaida-Mitglieder routinemäßig auf ihrem Weg nach Pakistan und von dort über Riad weiter zu den Taliban nach Afghanistan reisten. Diese Insider berichteten, dass das Büro von Salman die Barzahlungen, Hotels und Flugtickets für al-Qaida organisierte.

Das französische Telegramm belegte auch, dass die Saudis noch einmal in aller Deutlichkeit bekräftigten, dass sie gnadenlos gegen Drogenhändler vorgehen würden, denn zu ihren Opfern gehörten oft auch Jugendliche aus Saudi-Arabien. Die Saudis behaupteten zudem gegenüber den Franzosen, dass Saudi-Arabien im Gegensatz zu Afghanistan, Pakistan, Ägypten, Syrien und dem Libanon keine Operationsbasis für den Rauschgifthandel sei. Die Reaktion der wichtigsten Vertreter der saudischen Regierung auf die französische Drogenuntersuchung weist daraufhin hin, dass sie etwas zu verbergen hatten. Sie führten wahrscheinlich, ähnlich wie die Bush Familie, eine verdeckte Operation durch, um Hunderte von Millionen von Dollar für ihre wahhabitischen [Wahhabi ist die Bezeichnung für die Anhänger einer puristisch-traditionalistischen Richtung des sunnitischen Islams] Landsleute in Afghanistan und Pakistan, zu denen auch die Taliban und al-Qaida gehörte, zusammenzubringen. Das französische Telegramm lenkt die Aufmerksamkeit auf Geheimdienstgerüchte, das von Nayif aus Venezuela geschmuggelte Kokain stamme aus Kolumbien – demselben Land, mit dessen Hilfe George H. W. Bush und seine antiiranischen Mitverschwörer Geschäfte mit Kokain und Waffen machten, bei denen der panamaische Diktator Manuel Noriega als Mittelsmann fungierte. CIA-Quellen haben kürzlich berichtet, dass der wichtigste Flugzeugentführer vom 11. September, Mohammed Atta, bereits im Jahre 1991 dem amerikanischen, britischen und saudischen Geheimdienst als ein Heroinkurier aus dem von den Mudschaheddin kontrollierten Afghanistan bekannt war. Atta konsumierte auch selbst Kokain. Die Entdeckung der französischen und amerikanischen Strafverfolgungsbeamten im Jahr 1999 könnte somit eine wichtige finanzielle Quelle für die Terroranschläge von al-Qaida gewesen sein. Neue Enthüllungen über ein streng geheimes Spezialprogramm des *U.S. Special Operations Command/Defense Intelligence Agency* [eine Spezialtruppe der amerikanischen Streitkräfte für nachrichtendienstliche Operationen] mit der Bezeichnung *Able Danger*, welche die führenden Mitglieder von al-Qaida in demselben Jahr beschattete, in dem Nayif und seine Schmuggelaktivitäten entdeckt wurden, deuten auf hochrangige geheime Absprachen von Vertretern des Verteidigungs- und Justizministeriums der Vereinigten Staaten mit Personen hin, die die Saudis nicht in Verlegenheit bringen wollten. Ebenso wie die Ermittlungen gegen Nayif durch die DEA wurde auch *Able Danger* auf Anweisung der Anwälte des Pentagon eingestellt.

Es war durchaus möglich, dass in der großen Menge der gelöschten Daten aus der Operation *Able Danger* über das Atta-Team auch viele Gigabytes von Finanzdaten über Prinz Nayifs Aktivitäten beim Waschen der Drogengelder befunden haben könnte. Ein Flussdiagramm eines europäischen Geheimdienstes mit der Bezeichnung »OPERATION PALME« erläuterte die Verbindungen der Finanztransaktionen von Nayifs Bruder Nawwaf mit einer Unzahl anderer Organisationen. Eine große Anzahl von ihnen war in Genf ansässig, und sie standen mit Bush und den Angriffen vom 11. September in Verbindung. Zudem fand sich auch eine Geldüberweisung an mindestens einen der Entführer.

Nach dem Diagramm der Operation *Palme* ist Nawwaf bin Fawwaz al-Shaalan Vizepräsident der Bank Kanz, die sich in der Rue du

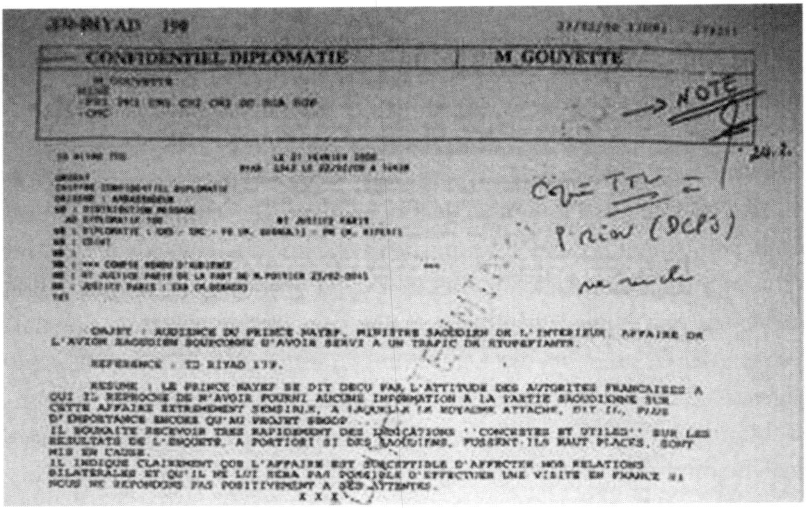

RIYAD 190

CONFIDENTIEL DIPLOMATIE | M GOUYETTE

OBJET : AUDIENCE DU PRINCE NAYEF, MINISTRE SAOUDIEN DE L'INTERIEUR. AFFAIRE DE L'AVION SAOUDIEN SOUPCONNE D'AVOIR SERVI A UN TRAFIC DE STUPEFIANTS.

REFERENCE : TD RIYAD 179.

RESUME : LE PRINCE NAYEF SE DIT DECU PAR L'ATTITUDE DES AUTORITES FRANCAISES A QUI IL REPROCHE DE N'AVOIR FOURNI AUCUNE INFORMATION A LA PARTIE SAOUDIENNE SUR CETTE AFFAIRE EXTREMEMENT SENSIBLE, A LAQUELLE LE ROYAUME ATTACHE, DIT IL, PLUS D'IMPORTANCE ENCORE QU'AU PROJET [illegible]
IL SOUHAITE RECEVOIR TRES RAPIDEMENT DES INDICATIONS ''CONCRETES ET UTILES'' SUR LES RESULTATS DE L'ENQUETE, A FORTIORI SI DES SAOUDIENS, FUSSENT-ILS HAUT PLACES, SONT MIS EN CAUSE.
IL INDIQUE CLAIREMENT QUE L'AFFAIRE EST SUSCEPTIBLE D'AFFECTER NOS RELATIONS BILATERALES ET QU'IL NE LUI SERA PAS POSSIBLE D'EFFECTUER UNE VISITE EN FRANCE SI NOUS NE REPONDONS PAS POSITIVEMENT A SES ATTENTES.
XXX

Vertrauliches französisches Telegramm

Rhone 65 in Genf befindet. Diese Bank hat Verbindungen zu der *Bammer Financial Trade Organization* in der Rue Versonnex 7 in Genf, zur *Virgin Corporation LLC* in Vessy (im Kanton Genf), zur *Maison Virgin Corporation,* ebenfalls in Vessy, zur *Degroof Luxembourg SA* aus Genf im Kanton Genf und zur *Capital Trust SA*, Avenida Diagonal 640 in Barcelona.

Eine Visitenkarte zeigt eine eindeutige Verbindung zwischen *Skyways International*, der Firma, die enge Beziehungen zur Familie Bush und den Saudis unterhält, und der *National Commercial Bank* von Saudi-Arabien. Die Visitenkarte eines Bordingenieurs namens Keith Monroe zeigt, dass *Skyways International* eine Tochtergesellschaft der *National Commercial Bank* ist.

Nach einem Bericht des *Houston Chronicle* wurde George W. Bushs Freund James Bath im Jahre 1992 vom *Financial Crimes Enforcement Network* (FINCEN) [eine Abteilung des Finanzministeriums der Vereinigten Staaten, das Informationen über Finanztransaktionen sammelt und analysiert, um Geldwäsche, Terrorismusfinanzierung und andere Finanzstraftaten zu bekämpfen] und dem FBI überprüft. Die Ermittler verdächtigten saudische Investoren, die mit Bath zusammen arbeiteten, den Versuch unternommen zu haben, illegal die amerikanische Politik während der Amtszeit von Reagan und dem älteren Bush zu beeinflussen. Bath investierte saudische Gelder in die *Arbusto '70 Ltd.*, die *Arbusto '80 Ltd.* und die *Bush Exploration Company* (die später in *Harken Energy Corporation* umbenannt wurde, in der George W. Bush als Vorstandsvorsitzender tätig war). Nach *Desert Storm* wurden Harken lukrative Bohrrechte vor der Küste von Bahrain, einem der Verbündeten bei dieser militärischen Operation gegen den Irak, zugeschanzt. Zu den Aktionären von *Harken* gehörte neben Bush der saudische Geschäftsmann Abdullah Taha Bakhsh. Laut dem *Chronicle* war Bath, der alleiniger Bevollmächtigter von Salem Bin Laden war, auch der einzige Vorstandsvorsitzende der *Skyway Aircraft Leasing Corporation,* einer der Tochterunternehmen von *Skyways International.* Bath gründete vier Gesellschaften mit dem

Die Verbindung zwischen der National Commercial Bank und Skyways International

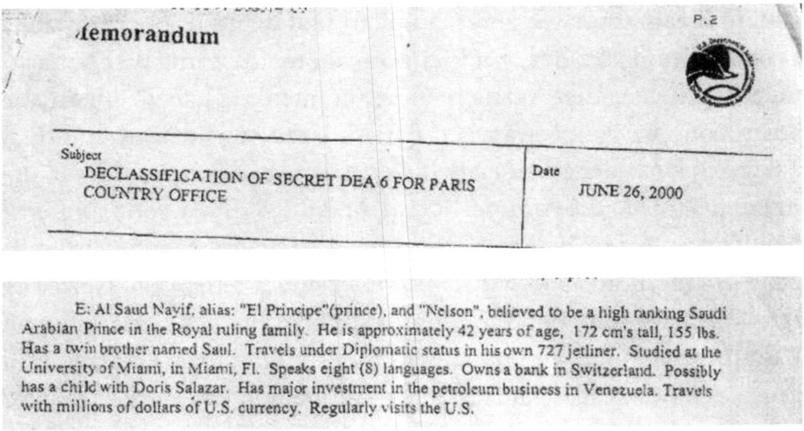

Memorandum

P.2

Subject
DECLASSIFICATION OF SECRET DEA 6 FOR PARIS COUNTRY OFFICE

Date
JUNE 26, 2000

E: Al Saud Nayif, alias: "El Principe"(prince), and "Nelson", believed to be a high ranking Saudi Arabian Prince in the Royal ruling family. He is approximately 42 years of age, 172 cm's tall, 155 lbs. Has a twin brother named Saul. Travels under Diplomatic status in his own 727 jetliner. Studied at the University of Miami, in Miami, Fl. Speaks eight (8) languages. Owns a bank in Switzerland. Possibly has a child with Doris Salazar. Has major investment in the petroleum business in Venezuela. Travels with millions of dollars of U.S. currency. Regularly visits the U.S.

Aus dem DEA-Bericht über den saudischen Drogenschmuggel

Namen »Skyway«, und das Unternehmen, das die Firma auf den Cayman-Inseln für Bath gründete, war dasselbe, das früher auf den Cayman-Inseln Oliver North bei dem Iran-Contra-Affäre als Tarnfirma für die Geldwäsche gedient hatte. Im Jahr 1977 erwarb Bath im Auftrag von Salem Bin Laden den Flughafen Houston Gulf. Die *Skyway Aircraft Leasing Corporation* gehörte nach den Recherchen des *Chronicle* Khalid Bin Mahfouz, einem Mehrheitsaktionär der heute nicht mehr existierenden *Bank of Credit and Commerce International* (BCCI), einem wichtigen Finanzinstitut für die Geldwäsche bei den von George H. W. Bush gegen den Iran gerichteten Aktivitäten. Bin Mahfouz war auch der Eigentümer der *National Commercial Bank* von Saudi-Arabien.[2]

Es gab nie eine Erklärung von den Saudis, worin Prinz Nayifs ultimative Absicht für den Drogenschmuggel bestand, und was er mit dem Geld aus den illegalen Kokainlieferungen tun wollte. Im Hinblick auf die Frage der Finanzierung der Anschläge vom 11. Septem-

2 Jerry Urban, »Die Bundesbehörden untersuchen die angeblichen Verbindungen eines Unternehmers zu den Saudis«, *The Houston Chronicle*, 3. Juni 1992.

ber und anderer terroristischer Anschläge hat der DEA-Bericht über OPERATION MILLENIUM eine wichtige Bedeutung. Trugen die Erlöse aus dem saudischen Drogenschmuggel zur Finanzierung der Angriffe vom 11. September bei? Warum wurde diese mögliche Verbindung von der 9/11-Kommission übersehen? Auf was war das *Able-Danger*-Team gestoßen, als es den Drogenschmuggel von Nayif Drogen untersuchte? War Atta ein Teil dieses saudischen Drogennetzes? Wenn ja, warum wurde Atta, einem Drogenkurier, erlaubt, bei zahlreichen Gelegenheiten in die Vereinigten Staaten einzureisen?

Es hat den Anschein, dass die Saudis in Verbindung mit Personen, die eng mit George W. Bush (möglicherweise auch mit seinem Vater) verbündet waren, jahrelang ihre Zustimmung zu illegalen Drogengeschäften und dem Waschen der damit erzielten Gelder gegeben haben. Gegenwärtig sitzen viele amerikanische Staatsbürger hohe Gefängnisstrafen wegen Drogendelikten ab und haben dabei weitaus weniger verbrochen als es die kriminelle Familie Bush, deren saudische Partner und ihr Netzwerk von Drogenschmugglern und Kurieren (einschließlich Mohammed Atta und dem saudischen Prinz Nayif) seit Jahrzehnten ungestraft getan haben. Die Statuten des *Racketeer Influenced and Corrupt Organization* (RICO)-Gesetzes [Bundesgesetz gegen Korruption und kriminelle Vereinigungen des organisierten Verbrechens] schreien geradezu nach Ermittlungen und Anklageerhebungen gegen diese Personen.

Laut gut informierter Polizeiquellen in New Jersey saßen am Abend des 10. September 2001 jene vier Männer, die am folgenden Morgen United Flug 93 auf seinem Weg vom Newark Liberty International Airport nach San Francisco entführen sollten, in einem Striplokal namens »Lace« und genossen den Abend ausgiebig.

Die vier Entführer, Ziad Jarrah (ein Libanese), der die Maschine dann als Pilot fliegen sollte, und die drei Saudis Ahmed al-Haznawi, Ahmed al-Nami und Saeed al-Ghamdi wurden später von den amerikanischen Behörden als extreme wahhabitische Anhänger Osama bin Ladens identifiziert. Doch die Videoaufnahmen aus dem »Lace« zeigten, dass sie weit davon entfernt waren, fromme Anhänger der *wahhabitischen* Lehre zu sein. Die Regierung Bush schien den Mythos aufrecht erhalten zu wollen, dass die Entführer fanatische Moslems waren, und auf ihre Anweisung hin beschlagnahme das FBI die Aufnahmen aus dem »Lace«, die im offiziellen 9/11 Kommissionsbericht niemals auch nur erwähnt wurden. Neben dieser Videokassette aus der Überwachungskamera gibt es noch weitere Aufnahmen – wie jene aus dem Bereich um das Pentagon, die den Einschlag von *American Airlines 77* in das Gebäude aufzeichnete, und eine aus einer Videothek in Jersey City von der El-Salaam-Moschee auf der anderen Seite des Kennedy Boulevards –, die vom FBI beschlagnahmt wurden. Die El-Salaam-Moschee ist jener Ort, an dem sich sowohl die Attentäter des Anschlags von 1993 auf das World Trade Center als auch die Terroristen vom 11. September 2001 trafen. Die Aufnahmen der Videothek auf dem Kennedy Boulevard zeigten, wie die saudischen Entführer und die israelischen Agenten der Firma *Urban Moving Systems* das Geschäft betraten. Die Kassetten wurden zusammen mit der Festplatte der Videothek, auf der sich die Namen, Adressen und Telefonnummern der Kunden der Videothek befanden, vom FBI als Beweis beschlagnahmt und später im Rahmen einer »Black Bag«-Operation [das verdeckte oder geheime Eindringen in Gebäude, um Informationen zu sammeln] gestohlen, von der man glaubt, dass sie vom FBI selbst durchgeführt wurde.[3]

Schnell fand sich eine weitere Verbindung durch die Veröffentlichung von FBI-Dokumenten in Bezug auf Flüge, die unmittelbar nach dem 11. September von Saudis gechartert wurden, um die Vereinigten Staaten zu verlassen. Die Dokumente wurden nach einem Antrag aufgrund des Freedom of Information Act der Organisation Judical Watch übergeben, einer politisch konservativen, überparteilichen Organisation, die sich für Ethik und Moral im öffentlichen Le-

3 Bericht vom 11. September 2006, *WayneMadsenReport.com*

ben einsetzt. In den Unterlagen finden sich Informationen über eine Reihe von Charterflügen, mit denen Saudis unmittelbar nach den Anschlägen vom 11. September das Land verließen. Dazu gehörten Angehörige der saudischen Königsfamilie und Mitglieder der Familie von Bin Laden. Es besteht sogar der schreckliche Verdacht, dass Osama Bin Laden selbst einige der Flüge charterte, mit denen seine Familienmitglieder in aller Eile aus den Vereinigten Staaten gebracht wurden.

Ein besonderes Interesse richtete sich auf ein Dokument über einen saudischen Charterflug mit einer Maschine aus Gabun, einer DC-8-73 mit der Hecknummer TR-LTZ, die am 19. September 2001 von Las Vegas nach Genf flog. Am 11. und 12. September waren die Saudis, die angeblich alle Mitglieder der königlichen Familie waren, Gäste im Hotel *Four Seasons* und im Caesar's Palace in Las Vegas.

Die Nachrichtenagentur *Associated Press* berichtete am 26. September 2001, dass das FBI Fotografien und andere Dokumente der Firma *SunCruz* beschlagnahmt hatte, die vor der Küste Florida Casinoboote [Kreuzfahrtschiffe für Glücksspiele] betrieb. Die Boote gehörten dem inhaftierten Lobbyisten der Republikanischen Partei und wichtigen israelischen Lobbyisten Jack Abramoff. Der Bericht führte aus: »*SunCruz* hat den Ermittlern des FBI Bilder und andere Dokumente ausgehändigt, nachdem Angestellte ausgesagt hatten, dass sie einige der für die Terroranschlägen verdächtigten Männer unter den Passagieren erkannt hätten. Die Namen auf der Passagierliste einer Kreuzfahrt vom 5. September passten zu denen einiger Entführer. Zwei oder drei Männer, die mit den Entführungen vom 11. September in Verbindung stehen, könnten Passagiere auf einem Schiff gewesen sein, das vom Madeira Strand an der Golfküste Floridas abgelegt hatte.

Der Enthüllungsjournalist Daniel Hopsicker aus Florida erfuhr später, dass eine jener Personen an Bord des Casinoschiffes Mohammed Atta war, der angebliche Kopf der Flugzeugentführer. Abramoff übernahm die Leitung von *SunCruz* von Gus Boulis, der am 6. Februar 2001 auf einer Straße in Fort Lauderdale in Gangstermanier abgeknallt worden war.

Die Angehörigen der saudischen Königsfamilie sind angeblich wahhabitisch orientierte, strenggläubige Moslems, die solche »dekadenten« Orte wie Spielkasinos und Bars meiden. Die Anwesenheit der Saudis in Las Vegas und Attas auf einem Casinoschiff in Florida zeigt dagegen ein ganz anderes Bild. Es war bekannt, dass die Entführer der Maschine von Flug *United 93* am Abend des 10. September 2001 in einem Striplokal in Wayne in New Jersey waren, bevor sie am nächsten Morgen zum Newark International Airport fuhren.

Abramoff war zur Zeit des Charterflugs der Maschine aus Gabun einer der wichtigsten Lobbyisten dieser ölreichen Nation in Washington. Seine Verbindungen mit den Saudis und afrikanischen Nationen wie Gabun reichen bis in die 1980er-Jahre zurück, als er und der rechtsorientierte Aktivist der Republikanischen Partei, Grover Norquist, der heute enge Verbindungen zu den Saudis hat, afghanische Mudschaheddinkämpfer durch die *International Freedom Foundation* (IFF) [eine antikommunistische Gruppe mit Sitz in Washington, die 1986 von dem Lobbyisten Jack Abramoff gegründet worden war] unterstützten. Eines ihrer Treffen mit antikommunistischen Kämpfern aus Afghanistan, Laos, Nicaragua und Angola fand im Hauptquartier von Jonas Savimbi UNITA im angolanischen Dschungel statt. Gabuns Präsident, Omar Bongo, war zum Islam konvertiert und ebenfalls ein enger Verbündeter der Saudis. Bongo und Savimbi hatten auch einen gemeinsamen Freund – Jack Abramoff. Die *International Freedom Foundation* wurde auch von einer Reihe von rechtsgerichteten Gruppen in den Vereinigten Staaten, von der südafrikanischen Apartheidregierung, sowie von zwei anderen Nationen unterstützt, die sich auf den ersten Blick feindlich gegenüber zu stehen scheinen, – Israel und Saudi-Arabien.

Die Verbindungen zwischen den Israelis und den Saudis entwickelten sich nicht nur durch ihre Zusammenarbeit bei der Unterstützung der afghanischen Mudschaheddin und anderer antikommunistischer Freiheitskämpfer immer stärker, sie blühten regelrecht auf.

Durch den *Safari Club* gab es bereits Kontakte zwischen dem saudischen Geheimdienst und dem *Mossad*. Dies war eine geheime Übereinkunft der Geheimdienste, die am 1. September 1976 zwischen Scheich Kamal Adham, dem in der Türkei geborenen Direktor des saudischen Geheimdienstes; General Nemotollah Nassiri, dem Direktor des iranischen Nachrichtendienstes SAVAK, und den Verantwortlichen des ägyptischen und marokkanischen Geheimdienstes getroffen wurde. Der *Safari Club* hatte auch die Unterstützung der britischen, französischen und türkischen Nachrichtendienste wie auch der CIA, an dessen Spitze damals George H. W. Bush stand.

Adham organisierte im Jahr 1977 hinter den Kulissen die Angelegenheiten des ägyptischen Präsident Anwar Sadat bei dessen Besuch in Jerusalem und seinem Treffen mit dem israelischen Premierminister Menachem Begin. Einige radikale Angehörige der saudischen Königsfamilie waren empört über diese Aktion, und so wurde Adham durch Prinz Turki, den zukünftigen Verbindungsmann zwischen den Mitgliedern der saudischen Königsfamilie und Osama Bin Laden ersetzt.

Im Jahr 1985 wollte Saudi-Arabien von den Vereinigten Staaten die hochentwickelten AWACS-Flugzeuge erwerben. Die israelische Lobby wollte nicht, dass die Regierung Reagan den Saudis diese Flugzeug verkaufte, nicht weil sie ihren Freunden in der saudischen Königsfamilie misstraute, sondern weil sie das saudische Regime als instabil betrachteten und die Befürchtung hatten, die Flugzeuge könnten am Ende in die Hände von Saddam Hussein, Hafiz al-Assad oder eines nationalistischen, antiwestlichen Regimes in Saudi-Arabien gelangen.

Doch die Israelis erhoben keine Einwände, als ein parallel laufendes Waffengeschäft zwischen Saudi-Arabien und Großbritannien abgeschlossen wurde, zu dem auch der Kauf von Kampfflugzeuge gehörte. Dieses Geschäft wurde als der »Yamamah Deal« bekannt, bei dem es um Waffensysteme des britischen Rüstungsunternehmen BAE ging. Die britischen Medien berichten heute über Bestechungsgelder der BAE an den saudischen Botschafter in den Vereinigten Staaten, Prinz Bandar. So sollen mit Hilfe der Riggs Bank in Washington, zu der die Bush Familie enge Verbindungen hatte, angeblich jährliche Zahlungen in Höhe von 100 Millionen Dollar an Bandar geflossen sein. Auch Prinz Turki soll Gelder aus Großbritannien bekommen haben.

Bandars Ehefrau Prinzessin Haifa nutzte das Geld von dem Konto bei der Riggs Bank, auf das die geheimen Zahlungen, flossen, um die Unterkunft eines der Entführer des 11. September zu bezahlen.

Der »Yamamah Deal« wurde angeblich von Charles Powell (heute Lord Charles Powell) betreut, einem engen Berater der damaligen britischen Premierministerin Margaret Thatcher. Powells Bruder, Jonathan Powell, war der Stabschef von Premierminister Tony Blair. Ein anderer Bruder, Hugh Powell, ist der Sicherheitschef für das britische Außenministerium. Die Powells sorgten dafür, dass der Machtwechsel von Margaret Thatcher zu John Major und dann zu Tony Blair nicht die Geheimhaltung der Zahlungen der BAE an die Saudis gefährdete. Solche Zahlungen gingen später, nach dem Ende der Apartheid, auch an hohe Funktionsträger in Südafrika, sowie tschechische Ministerpräsidenten.

Lord Charles Powell wurde später zum Berater des Vorstandes der BAE. Er diente auch im Vorstand von Jardine Matheson, einem in Hongkong ansässigen Wirtschaftsimperium, das mit der HSBC, der *Hong Kong and Shanghai Banking Corporation*, verbunden ist, von der berichtet wurde, dass sie an den Geldtransfers beteiligt war, mit denen über Dubai Geld an die Entführer des 11. Septembers in die Vereinigten Staaten überwiesen wurde. In der Tat wurde Finanzminister Paul O'Neill von der Regierung Bush entlassen, nachdem er Dubai und saudischen Beamten vorgeworfen hatte, dass sie mit den

Banken, die unter ihrer Kontrolle standen, Gelder für Terroristen gewaschen hätten.

Nach dem 11. September hatte O'Neill versucht, Banken und andere Geldinstitute in Dubai und Saudi-Arabien unter Druck zu setzen, um Belege von früheren und laufenden Finanztransaktionen der al-Qaida zu erhalten. Laut einem früheren Revisor der Central Bank der Vereinigten Arabischen Emirate schüttelten deren Vertreter und saudische Beamte während einer Reise von O'Neill im März 2002 seine Hand, lächelten ihn an und boten ihre Hilfe an. Dennoch übten sie bald Druck auf die Regierung Bush aus, wie auch auf einige führende Neokonservative, die um die Gefahren derartiger Enthüllungen wussten, um Paul O'Neill aus dem Amt zu drängen. Noch im selben Jahr, im Dezember, zwang Bush O'Neill zum Rücktritt. In einem Brief vom 29. November 2001 an den Schweizer Generalstaatsanwalt Claude Nicati beschrieb David D. Aufhauser, Generalsyndikus des Finanzministeriums, die Maßnahmen, die das Finanzministerium gegen einen wichtigen Al-Qaida-Finanzier namens Yassin A. Kadi ergriffen hatte. Doch diese spezielle Verbindung überschnitt sich mit den Aktivitäten islamistischer Rebellen in Bosnien, und das war eine Bedrohung für bestimmte neokonservative Elemente, die in den 1990er-Jahren einen bosnische Unterstützungsfonds eingerichtet hatten, in den dasselbe finanzielle Netzwerk involviert war, das auch al-Qaida unterstützte. In der Tat waren Einheiten von al-Qaida während des Bürgerkriegs in Bosnien aktiv, und sie wurden zum Teil von dem Bosnia Defense Fund unterstützt, der von zwei führenden Neokonservativen eingerichtet worden war, die sich für den Kampf der USA gegen moslemische Nationen einsetzten. Bei diesen beiden Personen handelte es sich um Richard Perle und Douglas Feith. Feith war der US-Spionageabwehr bekannt, da er enge Beziehungen zu einer Reihe von Mitarbeitern des *Mossads* in Washington, D.C., Jerusalem und Tel Aviv unterhielt.

In dem Brief von Aufhauser an seinen Schweizer Amtskollegen heißt es: »Herr Kadi hat mehrmals vor der Presse bestätigt, dass er der Gründer der Wohltätigkeitsorganisation Muwafaqs ist. In offiziellen Aufzeichnungen wird er als ›Vorsitzender‹ der Einrichtung bezeichnet. Tala Fuad Kassem, der führende Vertreter der islamischen Terrororganisation *Gamaa Islamija* hat erklärt, dass die Muwafaq Stiftung logistische und finanzielle Unterstützung für ein Mudschaheddin-Bataillon in Bosnien bereitgestellt hätte. Die Stiftung ist auch im Sudan, in Somalia, Pakistan und an anderen Orten aktiv.« In dem Brief heißt es weiter: »Muhammad Ali Harrath, der wichtigste Aktivist der *Tunisian Islamic Front* (TIF) im Vereinigten Königreich, hatte enge Kontakte zu Mitgliedern der Muwafaq in Bosnien, und andere TIF-Mitglieder waren in der Muwafaq-Stiftung tätig.«[4]

Aus der Faktenlage ging eindeutig hervor, dass es eine Koordinierung zwischen Abramoffs Untergrundnetzwerk von russischen-ukrainisch-israelischen Gangstern, reichen saudischen Finanziers und neokonservativen Vertretern innerhalb der Bush Administration gab, um eine militärische Invasion des Irak und einen späteren Angriff auf den Iran auszulösen. Die mehr als 200 sogenannten israelischen »Kunststudenten«, die in den Monaten vor dem 11. September unter den Entführern lebten, sorgten dafür, dass die Bundesbehörden abgelenkt wurden. Die israelischen »Möbelpacker«, die am Morgen des 11. September für Verwirrung sorgten, folgten weiter der Ablenkungstaktik der »falschen Flagge« [Bezeichnung für eine verdeckte Operation des Militärs oder des Geheimdienstes, die zur Verschleierung der Identität und der Absichten des tatsächlichen Urhebers, vorgeblich von einer anderen, dritten Partei durchgeführt wird]. Es gibt zwei Nationen im Nahen Osten, denen es an der Möglichkeit fehlte, gegen Bagdad und Teheran vorzugehen, – und dies sind die beiden, die bei den Angriffen vom 11. September eindeutige Spuren hinterlassen haben: Israel und Saudi-Arabien. Sie und ihre Unterstüt-

4 2. Oktober 2005, »Die Vorbereitungen für 9/11 laufen«, *WayneMadsenReport.com*

zer in den Vereinigten Staaten hatten ein großes Interesse daran, die Vereinigten Staaten in einen blutigen Krieg im Nahen Osten zu verwickeln, und fast 7000 amerikanische Zivilisten und Militärangehörige haben für diesen Verrat mit ihrem Leben bezahlt.[5]

5 21. Juni 2007, »Die wichtigsten Kunden von Jack Abramoff fanden sich nach dem 11. September auf den Passagierlisten der die USA verlassenden Maschinen der ›Air Bin Laden‹«, *WayneMadenReport.com.*

Kapitel 3

Die »tanzenden Israelis«

Jersey City war eine wichtige Operationsbasis bei den Anschlägen auf das World Trade Center im Jahre 1993. Der bei diesen Angriffen benutzte Lieferwagen der Marke Ryder wurde bei einer Mietwagenfirma in Jersey City gemietet. Im Zusammenhang mit den Angriffen vom 11. September auf das World Trade Center gab es keinerlei Aufzeichnungen des Anrufs von Maria oder irgendeines anderen Zeugen über die israelischen Aktivitäten auf dem Parkplatz vor Marias Gebäude oder im Liberty State Park. Der einzige im System noch aufgezeichnete Anruf war ein Anruf in der Nacht des 11. Septembers über einen verdächtigen Landstreicher im Süden von Jersey City.[1]

Dennoch gab es einen Telefonanruf bei der Polizeibehörde von Jersey City, bei dem der Anrufer behauptete, dass er »Palästinenser« in arabischer Bekleidung beobachtet hätte, wie sie die Terrorangriffe feierten. Obwohl die Polizei von Jersey City Polizei entdeckte, dass die Aufzeichnungen der Telefonanrufe vom 11. September 2001 von ihren Servern und Archiven verschwunden worden war, nachdem die Firma ISI die Leitung der IT übernommen hatte, gelangten einige Anrufe, bei denen verdächtige »Araber« gemeldet wurden, im Juni 2002 in die Hände des Fernsehsenders *WNBC-TV* in New York. *WNBC* veröffentlichte einige Protokolle von Anrufen, die am 11. September bei der Polizei von Jersey City eingingen:

Einsatzleiter: Polizei von Jersey City.
Anrufer: Hallo, wir haben einen weißen Lieferwagen gesehen, mit zwei oder drei Typen. Sie sehen wie Palästinenser aus, und gehen um ein Gebäude herum.
Anrufer: Da ist ein kleiner Lieferwagen, der in Richtung des Holland-Tunnels fährt. Ich sehe, wie ein Typ am Flughafen Newark, der im Abfall wühlt. Er ist wie ein Scheich gekleidet.
Einsatzleiter: Er ist was?

1 Vertrauliche Quellen, Polizeibehörde von Jersey City.

Anrufer: Er ist wie ein Araber gekleidet.[2]

Es ist klar, dass die Notfallanrufe vom 11. September bei der Polizeibehörde von Jersey City manipuliert wurden, um alle Anrufe zu löschen, die auf eine Verwicklung der Israelis hinweisen könnten. Dieser eine Anruf, der von *WNBC* präsentiert wurde, ist eindeutig der Versuch einer Operation unter »falscher Flagge«, mit der die Palästinenser, die »wie Araber gekleidet waren«, als Insassen mindestens eines der Lieferwagen identifiziert werden sollten, die am Morgen des 11. Septembers von israelischen »Möbelpackern« gefahren wurden.

Nachdem festgestellt worden war, dass der Wagen zum Fuhrpark der israelischen Umzugsfirma gehörte, fuhr das Beschattungsteam hinaus, um den Fahrer und die anderen Insassen des Fahrzeugs festzunehmen. Ein Polizeibeamter aus East Rutherford, der den Verkehr von dem geschlossenen Lincoln Tunnel auf der Route 3 East regelte, bemerkte, dass der Wagen langsam auf der Zufahrtsstraße in Richtung des Tunnels fuhr. Das Nummernschild des Fahrzeugs unterschied sich nur in einem Buchstaben von den Angaben des Beschattungsteams (JRJ 13Y), und das vordere Nummernschild für New Jersey war entfernt worden. Es ist sehr wahrscheinlich, dass die Israelis, um die Polizei zu verwirren, das New Jersey Nummernschild JRJ 13Y als hinteres Kennzeichen auf zwei weißen Fahrzeugen verwendete, – dem einen im Liberty State Park und dem anderen auf dem Parkplatz vor Marias Appartementgebäude. Tatsächlich berichtete die örtliche Polizei, dass man am 11. September eine Reihe weißer Lieferwagen beobachtet hatte, von denen einige der Polizei gemeldet wurden. Maria berichtete gegenüber *ABC News,* dass sie das Kennzeichen JRJ 13Y in ihrem Telefonat mit der Polizei von Jersey City weitergegeben hatte, nachdem sie gesehen hatte, wie die Israelis, die ein weißes Fahrzeug fuhren, den Einschlag des ersten Flugzeugs gefeiert

2 »Die Aufzeichnungen vom 11. September berichten von dem schrecklichen Ereignis«, WNBC-TV, 17. Juni 2002, *http://www.wnbc.com/news/1315651/detail.html*

hatten, während die Zeugen im Liberty State Park erklärten, dass sie dasselbe Kennzeichen, – JRJ 13Y – der Polizei und dem FBI gemeldet hatten, nachdem ein weißer Lieferwagen mit »feiernden Arabern« nach dem Einschlag der ersten Passagiermaschine in das World Trade Center vom Chef-Ranger des Park vertrieben worden war.[3] Diese Israelis wurden allgemein als die »tanzenden Israelis« bezeichnet. Es war klar, dass die Beamten der Umweltschutzbehörde in Trenton, die die Parks des Bundesstaats New Jersey verwaltete, die Angestellten des Liberty State Park angewiesen hatten, nicht mit den Medien über den 11. September und das Fahrzeug der Israeli zu sprechen.[4]

Der Bericht der Polizei von East Rutherford machte folgende Angaben über den israelischen Lieferwagen:

Der Beamte hatte den Auftrag, den Verkehr vom Highway 3 East auf die Highways 120 und 3 West umzuleiten. Der Lincoln-Tunnel wurde geschlossen, und der Beamte lenkte den Verkehr um. Der Polizeibeamte wurde durch eine Meldung aufgefordert, nach einem weißen Chevrolet Lieferwagen, Baujahr 2000 mit 3 bis 4 Insassen und dem New Jersey Kennzeichen JYJ 13Y Ausschau zu halten. Der Beamte entdeckte das Fahrzeug, das mit langsamer Geschwindigkeit ostwärts auf der Zufahrtsstraße in Richtung Lincoln-Tunnel fuhr. Zwei Insassen befanden sich in dem Wagen. Der Polizist informierte seinen Vorgesetzten über die mögliche Übereinstimmung. Das Fahrzeug hatte vorne kein Nummernschild, und der Polizeibeamte wurde angewiesen, den Wagen anzuhalten, weil er zur Zeit des ersten Einschlags im Liberty State Park gesehen worden war. Der Fahrer stieg nicht aus dem Fahrzeug, und fummelte stattdessen in einer schwarzen »Gürteltasche« herum. Der Polizist sorgte dafür, dass der Fahrer ausstieg, und durchsuchte den

3 Leitung und Bewohner der Mariana, des Liberty State Parks, sowie Personal des Wassertaxis des Liberty State Park.

4 Telefongespräche vom Oktober 2004 mit den Beamten vom Liberty State Park und der Umweltschutzbehörde.

Wagen. Das Bombenentschärfungskommando des Bezirks und das FBI wurden benachrichtigt. Das FBI aus Newark ordnete an, dass die Insassen festgenommen werden sollten, um ihnen Fingerabdrücke abzunehmen, denn sie waren im Liberty State Park beobachtet worden, als die erste Passagiermaschine ins World Trade Center stürzte. Fünf Personen wurden in Gewahrsam genommen. Der Fahrzeugschein und die Versicherungskarte wurden beschlagnahmt. Der Polizeibeamte sprach mit den Spezialagenten Robert F. Taylor, Jr., Bill Lloyd und Dave O'Brien vom FBI. Vor dem Abtransport zur Polizeiwache der New Yorker Staatspolizei am Giants-Stadion sagte der Fahrer: »Wir sind Israelis, wir sind nicht Ihr Problem. Ihre Probleme sind auch unsere Probleme. Die Palästinenser sind das Problem.«[5]

Nach ihrer Festnahme leugneten die Israelis gegenüber dem Polizeibeamten Scott DeCarlo, dass sie sich im Liberty State Park aufgehalten hätten. Sie behaupten, sie wären auf dem West Side Highway in Manhattan unterwegs gewesen, als die Flugzeuge in das World Trade Center gerast waren. Polizeihunde der Einheit K-9 aus dem Bezirk Bergen schlugen an, was auf Sprengstoff im Fahrzeug hinwies. Das in der Nähe gelegene Hotel *Homestead Studio Suites* wurde sicherheitshalber für mehrere Stunden evakuiert. Als er danach gefragt wurde, ob die Israelis im dem Wagen zum Zeitpunkt des ersten Einschlags im World Trade Center im Liberty State Park gewesen wären, antwortete ein Polizeibeamter von East Rutherford: »Natürlich waren sie dort.«[6] Eine andere vertrauliche Quelle teilte dem *Bergen County Record* mit: »In dem Wagen lagen Karten der Stadt, auf denen bestimmte Orte markiert waren … Es sah so aus, als hätten sie sich lange damit beschäftigt, und anscheinend wussten sie genau, was passieren würde, als sie im Liberty State Park waren.«[7] Nach Aussagen mehre-

5 Mitteilung der Polizeibehörde von East Rutherford.

6 Ebd.

7 Paulo Lima, »Fünf Männer als vermutliche Verschwörer festgenommen«, *The Record* (aus dem Bezirk Bergen), 12. September 2001

Die Aussicht vom Liberty State Park, den die fünf feiernden Angestellten von Urban Moving Systems *am Morgen des 11. September auf Downtown Manhattan hatten.*

rer Nachbarn von *Urban Moving Systems* in Weehawken entdeckte das FBI bei der Durchsuchung des Lagerhauses Kunstdünger und andere Chemikalien zur Herstellung von Sprengstoff, sowie Rohre, Kappen und Spuren von Anthrax. Nachdem Anthrax entdeckt worden war, betraten Ermittler, die gefährlich anmutende Ganzkörperanzüge trugen, das Lagerhaus. Die Anwohner der Firma *Urban Moving Systems,* die Verbindung zur örtlichen Polizei hatten, berichteten auch, dass sie Hubschrauber mit Infrarotradar sahen, die mehrfach über dem Lagerhaus kreisten.[8]

Laut dem *ABC*-Bericht 20/20, und wie schon im Bericht der Polizei aus East Rutherford festgehalten worden war, hatte der Fahrer des Wagens, Sivan Kurzburg, zu De Carlo gesagt, »Wir sind Israelis, wir sind nicht Ihr Problem. Ihre Probleme sind auch unsere Probleme.

8 Interviews mit Bewohnern von »The Shades« in der Nachbarschaft der Firma *Urban Moving Systems* in Weehawken.

Die Palästinenser sind das Problem.«[9] Es wurde auch berichtet, dass die Israelis gegenüber der Polizei beteuert hätten, dass sie Touristen wären.[10] Als das FBI die Bilder entwickelte, die die Israelis von dem entsetzlichen Geschehen jenseits des Hudson Rivers gemacht hatten, war auf einem Bild Kurzburg zu sehen, wie er sich in feierlicher Manier eine Zigarette anzündete, im Hintergrund die brennenden Gebäude.[11]

Am Morgen des 12. September befragte das FBI die Bewohner des Appartementhauses der Israelis – The Doric – in Union City. Die Beamten erkundigten sich bei den anderen Mietern, ob sie die fünf Israelis auf Fotos identifizieren könnten.[12] Die drei Beamten des FBI waren Robert F. Taylor, Jr., Bill Lloyd und Dave O'Brien aus Newark. Es waren dieselben Agenten, die die in East Rutherford festgenommenen Fahrer vernommen hatten. Alle drei wurden anschließend von der Außenstelle des FBI in Newark versetzt. Ein Polizeibeamter aus Union City, der gerade dienstfrei hatte, beobachtete drei Personen im Union Park in der Nähe des Doric Temple an der Ecke der 9. Straße und Palisades Avenue. Die drei Personen, auf die die Beschreibung der anderen israelischen Teams passte, die unter einer »falschen Flagge« agierten, filmten die New Yorker Skyline, bevor das erste Flugzeug in das World Trade Center einschlug. Der Polizist sah auch, wie die drei einander zujohlten. Der Beamte verfolgte die Feiernden zu Fuß, aber er war nicht in der Lage, sie zu ergreifen. Später berichtete er noch, dass die drei in einem Wagen in Richtung Jersey City gefahren wären.[13]

9 Miller, s.o.

10 Lima, s.o.

11 Doug Saunders, »Die Festnahme der Israelis bleibt ein Rätsel. Die meisten von ihnen wurden beschuldigt, gegen die Einreisebestimmungen verstoßen zu haben, und sie sollten bald abgeschoben werden oder wurden bereits abgeschoben«, *Globe and Mail* (Toronto, 17. Dezember 2001, S. A7.

12 Robert Rudolph, Kate Coscarelli und Brian Donohue, »Die Beweise wurden durch die Ermittler Wayne und Fort Lee verschafft,« Newark Star-Ledger, 15. September 2001.

13 Interviews mit Zeugen aus Union City und Weehawken zum Anschlag vom 11. September, Oktober 2004.

In den Akten der FBI-Außenstelle in Newark fanden sich vor dem 11. September nachrichtendienstliche Hinweise über die späteren Ereignisse. Im Oktober 2000 hörte ein israelischer Veteran der israelischen Militärstreitkräfte auf dem Friedhof Gomel Chesed in Newark in New Jersey zufällig das Gespräch zwischen drei Männern. Die drei Personen sprachen auf Hebräisch über »Flugzeuge, die die Zwillingstürme treffen«, ein Hinweis auf die Angriffe vom 11. September etwa 11 Monate später. Das Büro des FBI in Newark wurde über diesen Vorfall informiert, doch wurden dort keine weiteren Maßnahmen eingeleitet.

Am 11. September wurde ein weiterer verdächtiger Lieferwagen mit Sprengstoff von der Polizei auf einer Zufahrt von New Jersey zur George Washington Brücke gestoppt. Die Polizei vermutete, dass die Insassen des Fahrzeugs die Absicht hatten, die Brücke in die Luft zu jagen.[14]

Nach den Angaben der Polizei aus Jersey City überprüfe die FBI-Agentin Monica Patton die Aktivitäten der israelischen »Möbelpacker«, und der vier Flugzeugentführer Mohammed Atta, Marwan al-Shehhi und der beiden saudischen Brüdern Waleed M. und Wail al-Shehri in der Videothek in Jersey City. Eines der Videos, das die saudischen Brüder ausgeliehen hatten, war ein Dokumentarfilm des HBO über den Bombenanschlag auf das World Trade Center im Jahre 1993. Ein anderes Video trug den Titel »Flammendes Inferno«. Der Besitzer der Videothek sagte aus, dass seine Unterlagen über die ausgeliehenen Videos später gestohlen wurden, nachdem ihn das FBI vernommen und er sie über die Saudis informiert hatte. Die Gebrüder al-Shehri kauften in der Videothek auch Telefonkarten, um damit Gespräche mit Dubai zu führen. Die Intrige in Jersey City endete jedoch nicht mit den Saudis und Israelis. Die Polizei von Jersey City berichtete auch, dass die Visitenkarte von einem Sozialarbeiter der kommunalen Verwaltung

14 »Autobombe an der George Washington Brücke entdeckt,« Jerusalem Post, 12. September 2001

von Jersey City bei Timothy McVeigh gefunden wurde, nachdem er wegen des Bombenattentats auf das Murrah Bundesgebäude in Oklahoma City im Jahre 1995 verhaftet worden war.[15]

Nachdem sie zweieinhalb Monate im Gefängnis verbracht hatten, und nach einem wahren Bombardement von offiziellen Beschwerden der israelischen Regierung wurden die fünf israelischen »Möbelpacker« (Kurzberg, sein Bruder Paul Kurzberg, Yaron Shmuel, Oded Elner und Omer Marmari) trotz der Einwände der CIA freigelassen und erhielten die Erlaubnis, nach Israel zurückzukehren. Doch als die Polizei von Jersey City den Lieferwagen der Israelis überprüfte, fand sie 4700 Dollar versteckt in einer Socke, zwei ausländische Reisepässe und ein Stanley-Teppichmesser (dieselbe Marke, die von den Attentätern des 11. Septembers verwendet wurde). Paul Kurzberg weigerte sich zehn Wochen lang, sich einen Test mit dem Lügendetektor zu unterziehen, den er, als dieser schließlich durchgeführt wurde, nicht bestand. Sein Rechtsanwalt erklärte, dass sein Klient früher für den israelischen Geheimdienst in »einem anderen Land« tätig gewesen sei.[16] Der Bürgermeister von Jerusalem, Ehud Olmert, intervenierte zweimal bei seinem guten Freund, dem New Yorker Bürgermeister Rudolph Giuliani, um die Freilassung der Israelis zu bewirken. Am 14, September 2004 erhoben die fünf »tanzenden Israelis« vor dem US-Bezirksgericht in Brooklyn Klage gegen die Vereinigten Staaten wegen ihrer ungerechtfertigten Verhaftung und der Inhaftierung.

In ihrer Klageschrift führten Silvan Kurzberg, Paul Kurzberg, Yaron Shmuel, Omer Gavriel Marmari und Oded Oz Elner die folgenden Beklagten auf:

JOHN ASHCROFT, Generalstaatsanwalt der Vereinigten Staaten von Amerika; JAMES W. ZIGLAR (ehemaliger Bundesbeauftragter des *Immigration and Naturalization Service* [eine Behörde der Vereinig-

15 Interviews in Jersey City, Oktober 2004.
16 Miller, s.o.

ten Staaten, die bis 2003 für Ein- und Ausreise, Zuwanderung sowie Einbürgerung zuständig war]; MICHAEL ZENK (Leiter des *Metropolitan Detention Center* [Bezeichnung für lokale Haftanstalten in den USA, die vom *Federal Bureu of Prisons* insbesondere für Untersuchungshäftlinge betrieben werden]); DENNIS HASTY (ehemaliger Leiter des *Metropolitan Detention Center*); KATHLEEN HAWK SAWYER (ehemalige Direktorin des *Federal Bureau of Prisons* [(BOP) deutsch etwa: Bundesamt für Gefängnisse, eine Behörde des Justizministeriums der USA und verantwortlich für die Verwaltung der Bundesgefängnisse]); LINDA THOMAS (ehemalige leitende Mitarbeitern des Programms des *Metropolitan Detention Center*); ROBERT MUELLER (Direktor des *Federal Bureau of Investigation* (FBI); KEVIN LOPEZ (allem Anschein nach ein Angestellter des *Federal Bureau of Prisons*); S. CHASE (allem Anschein nach ein Angestellter des *Federal Bureau of Prisons*); »JORDAN« (allem Anschein nach ein Angestellter des *Federal Bureau of Prisons*, dessen wahrer Vor- und Familiennamen den Klägern unbekannt war, die der Meinung waren, dass er »Jordan« genannt wurde); MARIO MACHADO (allem Anschein nach ein Angestellter des *Federal Bureau of Prisons*); WILLIAM BECK (allem Anschein nach ein Angestellter des *Federal Bureau of Prisons*); RICHARD DIAZ (allem Anschein nach ein Angestellter des *Federal Bureau of Prisons*); C. SHACKS (Vorname unbekannt, allem Anschein nach ein Angestellter des *Federal Bureau of Prisons*); SALVATORE LOPRESTI (allem Anschein nach ein Angestellter des *Federal Bureau of Prisons*); STEVEN BARRERE (allem Anschein nach ein Angestellter des *Federal Bureau of Prisons*); JON OSTEEN (allem Anschein nach ein Angestellter des *Federal Bureau of Prisons*); J. MIELES (Vorname unbekannt, allem Anschein nach ein Angestellter des *Federal Bureau of Prisons*); MICHAEL DEFRANCISCO (allem Anschein nach ein Angestellter des *Federal Bureau of Prisons*); F. JOHNSON (Vorname unbekannt, allem Anschein nach ein Angestellter des *Federal Bureau of Prisons*); CHRISTOPHER WITSCHEL (allem Anschein nach ein Angestellter des *Federal Bu-*

reau of Prisons); MOSCHETLO (Vorname unbekannt, allem Anschein nach ein Angestellter des *Federal Bureau of Prisons*); NORMAN (Vorname unbekannt, allem Anschein nach ein Angestellter des *Federal Bureau of Prisons*); HOSAIN (Vorname unbekannt, allem Anschein nach ein Angestellter des *Federal Bureau of Prisons*); MOUNBO (Vorname unbekannt, allem Anschein nach ein Angestellter des *Federal Bureau of Prisons*); M. ROBINSON (Vorname unbekannt, allem Anschein nach ein Angestellter des *Federal Bureau of Prisons*); TORRES (Vorname unbekannt, allem Anschein nach ein Angestellter des *Federal Bureau of Prisons*); Anwalt RAYMOND COTTON (allem Anschein nach ein Angestellter des *Federal Bureau of Prisons*); DR. LORENZO (Vorname unbekannt, allem Anschein nach ein Angestellter des *Federal Bureau of Prisons*); LEUTNANT BIRAR (Vorname unbekannt, allem Anschein nach ein Angestellter des *Federal Bureau of Prisons*); LEUTNANT BUCK (Vorname unbekannt, allem Anschein nach ein Angestellter des *Federal Bureau of Prisons*); LEUTNANT T. CUSH (Vorname unbekannt, allem Anschein nach ein Angestellter des *Federal Bureau of Prisons*); LEUTNANT GUSS (Vorname unbekannt, allem Anschein nach ein Angestellter des *Federal Bureau of Prisons*); LEUTNANT D. ORTIZ (Vorname unbekannt, allem Anschein nach ein Angestellter des *Federal Bureau of Prisons*); LEUTNANT J. PEREZ (Vorname unbekannt, allem Anschein nach ein Angestellter des *Federal Bureau of Prisons*); ABTEILUNGSLEITER C. SHACKS (Vorname unbekannt, allem Anschein nach ein Angestellter des *Federal Bureau of Prisons*); JOHN DOES 1-30, Offiziere des *Metropolitan Correctional Center* [amerikanisches Bundesgefängnis im Manhattan] »John Doe« waren fiktive Vor- und Zunamen, gemeint waren die zuständigen Beamten im *Metropolitan Detention Center*, die die Kläger misshandelten, und deren Rechte verletzten und deren wahre Identitäten den Verteidigern, aber bis zum heutigen Zeitpunkt nicht den Klägern bekannt sind. JOHN DOES 1-30, Agenten des *Federal Bureau of Investigation* und/oder *Immigration and Naturalization Service Agents*] »John

Doe« waren fiktive Vor- *und Zunamen, gemeint waren die Offizier im* Metropolitan Detention Center, die die Kläger misshandelten und deren Rechte verletzten und deren wahre Identitäten den Verteidigern, aber bis zum heutigen Zeitpunkt nicht den Klägern bekannt sind.

Es gibt eine ganze Reihe interessanter Aspekte bei dieser Klageschrift der Israelis. Es wird erklärt, dass einige der Israelis für die Terrorismusuntersuchung der Regierung, »für die Sicherheit der Zeugen«, bzw. »der Management Interest Group 155« als »von großem Interesse« klassifiziert wurden. Sie wurden »in einer der sichersten Gefängniseinrichtungen untergebracht, der *Administrative Maximum Special Housing Unit* (»ADMAX SHU«) des *Metropolitan Detention Center* (»MDC«). Die Regierung war auch am persönlichen Besitz der Israelis interessiert. In der Anklageschrift wurde festgestellt, dass die Regierung bei den Israelis »persönliche Dokumente, Geld und wertvolle persönliche Gegenstände« beschlagnahmt hatte. Außerdem durchsuchte die Regierung die Häuser der Israelis und konfiszierte weiteres persönliches Eigentum.

Ein interessanter Aspekt war, dass die US-Regierung die Israelis angeblich nur deshalb inhaftiert hatte, weil sie jüdische Israelis wären. In den Gerichtsakten ist zu lesen: »Die Beschuldigten und andere haben sich auch mit rassischen, religiösem, ethnischem bzw. nationalen Herkunftsprofilen beschäftigt. Die Rasse, Religion, Volkszugehörigkeit bzw. die nationale Herkunft der Kläger spielten eine maßgebende Rolle bei der Entscheidung der Beschuldigten, sie zunächst festzuhalten, um sie einer pauschalen Nicht-Verpflichtungspolitik zu unterziehen, sie gefährlichen Haftbedingungen zu unterwerfen und sie über den Zeitpunkt hinaus festzuhalten, an dem ihre Entlassung oder freiwillige Ausreise hätte bewirkt werden können …«

Silvan Kurzberg musste während seiner Zeit im Gefängnis eine Blutprobe abliefern. Dies deutet daraufhin, dass die Bundesbehörden möglicherweise über DNS-Beweise verfügten, und dass sie überprüfen wollten, ob es Übereinstimmungen gab. Zum Zeitpunkt ihrer Verhaftung verfügten alle Israelis über Flugtickets zurück nach Israel. Als sie festgenommen wurden, erhielten sie zunächst nicht die Erlaubnis, einen Rabbiner zu treffen. Der spätere Kontakt mit einem Rabbiner wurde dann nur unter »streng beschränkten« Bedingungen gewährt. Die Gebetbücher und eine Bibel, die die Israelis von dem Rabbiner erhielten, wurden von den Gefängniswärtern überprüft. Während der ersten beiden Wochen ihrer Inhaftierung verbot das FBI dem israelischen Konsul in New York, sich mit den Israelis zu treffen.

Eine der erstaunlichsten Behauptungen der Israelis besagte, dass das FBI, das *Bureau of Prisons* und der *Immigration and Naturalization Service* nicht den Unterschied zwischen arabischen Moslems und jüdischen Israelis verstünde. In der Klageschrift stand: »Die Kläger sind nicht Moslems, sondern jüdische Israelis, aber aufgrund der Ähnlichkeit der Sprache und der geographischen Lage Israels im Nahen Osten, der Unkenntnis oder dem mangelnden Verständnis des arabisch-israelischen Konflikts, sowie der Tatsache, dass Israel ein Verbündeter der Vereinigten Staaten ist, ordneten die Beklagten die Kläger in dieselbe Kategorie wie Moslems ein, und diskriminierten sie in gleicher Weise.«[17]

Am Mittag des 12. September 2001 wurden Roy Barak, ein ehemaliger israelischer Fallschirmjäger, und Motti Butbul, die beide als Fahrer bei der Firma *Urban Moving Systems* beschäftigt waren, von der Polizei in der Nähe von York in Pennsylvania angehalten. Sie waren auf dem Weg von Chicago nach New York City. Die Polizisten stellten fest, dass das Visum für Barak abgelaufen war und Butbul keine Arbeitserlaubnis vorweisen konnte. Kurz darauf waren FBI-Agenten vor Ort und schöpften Verdacht, als ein Teppichmesser in dem Last-

17 Erste Fassung der Beschwerde, eingereicht am 14. September 2004, US-Bezirksgericht, Östlicher Bezirks von New York, 04 Civ. 3950 (JG) CP).

wagen gefunden wurde. Das FBI unterzog Barak einem Lügendetektortest, zeigte ihm eine Fotografie von den fünf in New York festgenommenen Personen und fragte ihn, warum sie auf der Aufnahme lächelten. Barak entgegnete, dass sie nicht lächeln würden. Das FBI glaubte, dass Barak ein möglicher Terrorist und ein Spion des *Mossad* sei, und war besonders an der Frage interessiert, ob jemand Barak in die Vereinigten Staaten geschickt hätte, und ob er zu diesem Zeitpunkt über eine Unbedenklichkeitsbescheinigung der israelischen Armee verfügte. Barak verbrachte seine zweite Woche in Einzelhaft ohne Fernsehen, Radio oder irgendwelche Bücher.[18]

Der ehemalige Operationschef für Terrorismusbekämpfung bei der CIA, Vince Cannistraro, erklärte, dass bei der Suche in der Datenbank der CIA einige der Namen der in New Jersey festgenommenen Israelis aufgetaucht seien. Er sagte, dass eine Reihe von Personen aus dem Kreis der amerikanischen Geheimdienste zu der Auffassung gelangt wäre, dass *Urban Moving Systems* eine Operation des *Mossad* gewesen sei, und dass die Israelis islamistische Radikale im Gebiet von New Jersey und New York und besonders in Patterson in New Jersey beschattet hätten. Pauline Stepkovich, die auf der anderen Straßenseite gegenüber der Firma *Urban Moving Systems* lebte, erzählte den Reportern von *ABC News*, dass FBI-Agenten etwa ein Dutzend Kartons und Computer, genug um zwei Geländewagen zu beladen, aus dem Gebäude trugen. Cannistraro berichtete gegenüber *ABC News*, dass das FBI die Sorge hatte, dass die israelischen Möbelpacker bereits im Voraus von den geplanten Anschlägen vom 11. September gewusst hätten, es aber versäumt hätten, die Vereinigten Staaten zu warnen. »Einige Ermittler des FBI befürchteten im Zusammenhang mit diesem besonderen Fall war, dass diese Gruppe umfangreiche Kenntnisse davon gehabt hätte, was am 11. September geschehen würde. Und sobald sie erkannt hatten, dass es eine israelische Verbindung gab, – eine Verbindung zum israelischen Geheimdienst – waren

18 Galloway, s.o.

sie sehr beunruhigt, denn daraus folgte ja, dass die Israelis vielleicht schon vorher mehr über die Ereignisse vom 11. September gewusst haben könnten und uns nichts gesagt hatten«, erklärte Cannistraro.[19] Dass die Israelis im Voraus von den Anschlägen vom 11. September wussten, wurde von zwei hochrangigen Geheimdienstbeamten der CIA und des FBI bestätigt.[20]

In Washington wies der Sprecher der israelischen Botschaft, Mark Regev, die Spionagevorwürfe zurück und behauptete, dass die aufgeregte Stimmung der Israelis beim Anblick des Zusammensturzes des World Trade Center auf ihre »jugendliche Dummheit« zurückzuführen sei.[21] Der Anwalt einer der Israelis erklärte, sein Mandant leugne, dass er den Terroranschlag auf das World Trade Center gefeiert hätte, aber nachdem das FBI ihren Film entwickelt hatte, war auf dem Bild zu erkennen, dass drei der Israelis auf dem Lieferwagen »gelacht und herumgealbert« hätten, während im Hintergrund die brennenden Gebäude zu sehen waren.[22] Dies bestätige die Aussagen von Maria und Pat gegenüber der Polizei, und bewies, dass die Israelis die Polizei belogen hatten, als sie behaupteten, dass sie während der Anschläge in Manhattan gewesen wären.

Die jüdische Wochenzeitung *The Forward* berichtete, dass ein hochrangiger Beamter der amerikanischen Regierung ihnen gesagt hätte: »Man gelangte zu der Einschätzung, dass die Firma *Urban Moving Systems* eine Tarnfirma für den *Mossad* und die dort angestellten Agenten war … Das FBI zog die Schlussfolgerung, dass sie die dort ansässigen Araber ausspionierten.«[23] Die Moderatorin der *ABC*-Nachrichtensendung 20/20, Barbara Walters, kommentierte, wie die

19 John Miller, s.o.
20 Vertrauliche Information.
21 John Miller, s.o.
22 John Miller, s.o.
23 Marc Perelman, »Spionagegerüchte lassen an der Wahrheit zweifeln; Amerikaner untersuchen die Berichte über die Spionage der Israelis«, *The Forward,* 15. März 2002.

Geschichte über die israelischen Möbelpacker in der arabischen Welt betrachtet wurde: »Es ist so, dass Israel mehr über den Terroranschlag in diesem Land wusste, als es zugeben wollte. Es ist nur ein Gerücht, aber in einigen arabischen Ländern, – darunter auch Saudi-Arabien, das ich in diesem Jahr besucht habe – sagten mir sogar gebildete Menschen, dass sie glaubten, dass es genauso gewesen sei.«[24]

Vielleicht spiegelten die jungen Israelis nur die Gefühle des ehemaligen israelischen Ministerpräsidenten Benjamin Netanyahu wider, der auf die Frage, welche Auswirkungen die Anschläge vom 11. September auf die Beziehungen zwischen den USA und Israel haben würden, entgegnet hatte: »Es ist sehr gut so … Naja, es ist nicht gut, aber es wird zu Sympathien für Israel seitens der USA führen.« Der Polizeichef des Bezirks Bergen County war dagegen nicht so heiter und gelassen. Er teilte mit: »Wir bekamen telefonisch die Anweisung, nach einem weißen Lieferwagen der Marke Chevrolet mit einem Kennzeichen aus New Jersey und einer Aufschrift an der Seite Ausschau zu halten. Drei Personen wurden dabei beobachtet, wie sie nach den Einschlägen der Passagiermaschinen im Liberty State Park feierten. Sie berichteten von drei Personen, die wie wild herumsprangen.«[25]

New Jersey ist immer eine Brutstätte für den *Mossad* und die israelische organisierte Kriminalität gewesen, und beide waren oft kaum voneinander zu unterscheiden. Im Jahr 2009 zerschlug das FBI ein syrisch-jüdisches kriminelles Syndikat, das daran beteiligt war, gewählte und ernannte staatliche Beamte im Norden von New Jersey zu bestechen. Doch dies war nur ein weiteres Ereignis in der langen Reihe von Strafverfolgungsmaßnahmen gegen jüdische kriminelle Vereinigungen im Gebiet von New Jersey-New York, die aber nicht selten aufgrund der gewaltigen Macht der pro-israelischen Lobby in den

24 John Miller, s.o.
25 Mackay, s.o.

Vereinigten Staaten scheitern. Diese kriminellen Netzwerke wiesen eine wichtige Gemeinsamkeit auf: enge Verbindungen mit israelischen Politikern und Geschäftsleuten.

Das FBI nutzte einen vertraulichen Informanten, um eine Reihe von syrischen jüdischen Rabbinern zu identifizieren, die Synagogen und Jeschiwas [Talmudhochschulen für zumeist männliche Schüler] als Geldwaschanlagen nutzten. Das Geld stammte, so wurde berichtet, aus dem illegalen Verkauf billiger Imitate von Designerhandtaschen und sogar von menschlichen Organen. Der Zeuge, Solomon Dwek, war ein bedeutender Immobilienmakler und Eigentümer eines Casinoschiffes, der im Jahr 2006 bei dem Versuch, einen falschen Scheck einzureichen und die Bank PNC um 25 Millionen Dollar zu betrügen, festgenommen wurde. Dwek war ein Mitglied des mächtigen syrisch-jüdischen Clans von New Jersey und New York, das »SY Imperium« und »Dwek Clan« genannt wurde.

Sein Vater Isaac Dwek war als Rabbiner einer Synagoge und einer Jeschiwa in der syrisch-jüdischen Enklave von Deal in New Jersey tätig. Deal ist ein Beispiel für die radikale israelische Denkrichtung, die sich jedem Friedensabkommen mit den Palästinensern widersetzt. Auch die ultraorthodoxe israelische Schas-Partei, ein Mitglied der gegenwärtigen israelischen Koalitionsregierung, verfügt über Geldgeber in Deal. Die syrisch-jüdische Gemeinschaft hat auch Kontakt zu den weltweit tätigen Chabad-Häusern, die *WMR* [WayneMadsenReport.com] vor kurzem mit dem Drogenschmuggel und der Geldwäsche, besonders in Mumbai und anderen asiatischen Städten, in Verbindung gebracht hat. Im Jahr 1992 hob die syrische Regierung die Reisebeschränkungen und sonstigen Einschränkungen für Eigentum und Vermögen für die syrisch-jüdische Gemeinschaft auf. Die syrischen Juden konnten relativ frei herumreisen und dies traf auch auf die Vereinigten Staaten zu.

Unter den festgenommenen Rabbinern befand sich auch Saul Kassin, der 87-jährige Oberrabbiner der aus 80 000 Mitglieder bestehenden syrisch-jüdischen Gemeinschaft in Brooklyn und New Jersey. Einige Rabbiner aus Brooklyn und Deal wurden auch wegen Geldwäscheoperationen festgenommen, die den steuerfreien Status jüdischer religiöser Organisationen nutzten, um der Verfolgung durch die Regierungsbehörden der Vereinigten Staaten zu entgehen.

Auch die Bürgermeister von Hoboken, Secaucus und Ridgefield wurden im Rahmen der Bestechungsvorwürfe gegen das syrisch-jüdische Konsortium festgenommen, sowie ein Abgeordneter des Bundesstaates aus Jersey City und ein Bezirksbürgermeister und Abgeordneter aus Ocean. Darüber hinaus traf es auch ein Mitglied des Kabinetts des Gouverneurs von New Jersey, Jon Corzines, der zusammen mit anderen Beamten in Bayonne, Hoboken und Jersey City in Haft genommen wurde.

Die jüngsten Berichte über die kriminellen Aktivitäten der syrisch-jüdischen Gemeinschaft in dieser Region sind nicht neu. Ein bekanntes Mitglied der Gemeinschaft, deren Ursprünge in der syrischen Stadt Aleppo liegen, war Eddie Antar, der Eigentümer einer regionalen Kette von Elektronikgeschäften namens *Crazy Eddie's,* der aus den Vereinigten Staaten nach Israel floh, nachdem er wegen Betrug angeklagt worden war.

Antar hatte Gelder in Höhe von 80 Millionen Dollar mit Hilfe von Banken in Panama und Israel gewaschen, und große Teile davon gingen dann an die Bank Leumi in Tel Aviv, Schweizer Banken, eine liberianische Gesellschaft und eine Liechtensteiner Stiftung. Antar verwendete einen gefälschten Reisepass und den Decknamen David Jacob Levi Cohen, um nach Israel einzureisen. Ein weiteres von ihm verwendetes Pseudonym lautete Alexander Stewart. Antar wurde schließlich in der Nähe Tel Avivs festgenommen und an die Vereinigten Staaten ausgeliefert, wo er dann eine achtjährige Haftstrafe verbüßte. Der Hauptankläger gegen Antar war Michael Chertoff.

Der syrisch-jüdische Geschäftsmann Norman Jemal, der Kopf einer anderen einflussreichen syrisch-jüdischen Familie und Konkurrent von *Crazy Eddie* auf dem Gebiet der Unterhaltungselektronik, machte im Jahr 2003 mit der Ladenkette *Nobody Beats the Wiz* Bankrott.

Ein weiterer bekannter syrischer Jude war Edmond Safra, der 1955 das Bankhaus *Banco Safra* in Brasilien gründete. Die Familie Safra stammte aus Beirut und hatte lange dem Osmanischen Reich als wichtige Bankiers gedient. Safra wurde durch seine Banken- und Investmentgeschäfte zu einem milliardenschweren Finanzmagnaten. Er gründete im Jahr 1966 die *Republic National Bank* in New York. Im Jahr 1999 wurde Safra bei einem Brandanschlag auf sein Haus in Monte Carlo getötet. Sein in den USA geborenes Pflegekind, Ted Maher, der sich selber als ein ehemaliges Mitglied der amerikanischen Green Beret [eine Bezeichnung für *United States Army Special Forces Command* (Airborne) (USASFC, deutsch: luftlandefähiges Sondereinsatzkommando des Heeres der Vereinigten Staaten; kurz Special Forces) bezeichnete, wurde dann festgenommen und beschuldigt, das Feuer gelegt zu haben. Maher wurde verurteilt und nach der Abbüßung seiner Haftstrafe entlassen, doch Safras wahre Mörder sind noch immer auf freiem Fuß. Sein Sicherheitschef Shmuile Cohen hatte eine ganze Anzahl von Personen von den israelischen militärischen Sondereinheiten für den Schutz von Safra angeheuert, aber Shmuile und den Wachen wurden in der fraglichen Nacht von Safras Frau dienstfrei gegeben. Vor seinem Tod verhandelte Safra über den Verkauf der National Republic Bank an die HSBC. Er kooperierte auch mit dem FBI bei deren Ermittlungen in Bezug auf die Verwicklung amerikanischer Banken bei der Geldwäsche von Milliarden von Dollar für die russisch-israelische Mafia. Es gibt Spekulationen, dass Safra von einer russisch-israelischen Verbrechergang ermordet wurde, um ihn davon abzuhalten, dem FBI Details ihrer Operationen zu verraten.

Nach der jüngsten Verhaftung bekannter syrischer Juden in New Jersey und New York gaben das FBI und das Justizministerium bekannt, dass ihre Untersuchungen zehn Jahre lang gedauert hatten. Der Mord an Safra fand zehn Jahre vor den kürzlich durchgeführten

Festnahmen wegen Korruption statt. *WMR* hat erfahren, dass das FBI derzeit Untersuchungen gegen ein noch größeres kriminelles Konsortium durchführt, an dem noch weitaus einflussreichere Politiker und Geschäftsleute aus dem Immobilien- und Finanzgewerbe in New York und New Jersey beteiligt sind.

Ein anderes bekanntes Mitglied der syrisch-jüdischen Gemeinschaft ist Joseph Cayre, der Immobiliengeschäftspartner von Larry Silverstein und Lloyd Goldman beim Abschluss des Mietvertrages des World Trade Center mit der Hafenbehörde von New York-New Jersey vor dem 11. September und dem anschließenden Neubau des Gebäudes am »Ground Zero«. Silverstein, Cayre, Goldmann und der New Yorker Bürgermeister Michael Bloomberg hatten in letzter Zeit heftige Auseinandersetzungen mit der Hafenbehörde über die Bedingungen des Neubaus. Ein Teil dieser Strategie ist das »Cornerstones Project«, die Gründung eines riesigen Unterhaltungs- und Sportkomplexes in Manhattan, das mit zwei anderen ähnlichen Zentren auf Coney Island und dem Meadowlands Xanadu Unterhaltungs- und Einkaufskomplex in East Rutherford in New Jersey, direkt neben Secaucus [einer Stadt im Landkreis New Jersey], in Verbindung steht. Das Xanadu-Projekt wird von der amerikanischen Investmentbank Goldman Sachs finanziert. Es war eine Lieblingsidee des Gouverneurs Jon Corzine, einem ehemaligen Vorstandschef von Goldman Sachs.

In der Anklage gegen den Rabbiner Eliahu »Eli« Ben Haim von der Ohel-Yaacob-Gemeinde in Deal wurde ein weiterer Verschwörer namens »I.M. aufgeführt, der in Israel lebte und eine wichtige Geldquelle für Ben Haim war. Es war merkwürdig, dass »I.M« nur durch seine Initialen identifiziert wurde, während bei zwei weiteren Mitverschwörern von Ben Haim die vollen Namen angegeben wurden: Schmulik Cohen aus Brooklyn und Arye Weiss, der ebenfalls aus Brooklyn stammte. Der Modus Operandi von »I.M« wurde in der Anklage folgendermaßen beschrieben:

Der Angeklagte BEN HAIM erwähnte auch, dass er einer anderen Person 495 000 Dollar schuldete. Diese Person hatte laut der Aussage des Angeklagtem BEN HAIM Geld von Hongkong nach Israel überwiesen, und dabei erklärt, dass »er durch seine Gewinne aus den Fabriken über Geldmittel in Hongkong verfügte.« Der Angeklagte BEN HAIM beschrieb die Aktivitäten des Mitverschwörers I.M. mit den folgenden Worten: »Der wichtigste Kontaktmann sitzt in Israel … Er hat Verbindungen zu verschiedenen Personen, … er hat einige hundert Kunden,- keine Kunden in New York, unvorstellbare Finanzmittel in Israel, unvorstellbare Immobilieninvestments, … sie wollen ihr Geld verbergen. Sie wollen es nicht zeigen. Daher gaben sie ihm hier das Bargeld, das er dann an mich weitergab … Erkennen Sie den Kreislauf? So hat er es 20, 30 Jahre lang gemacht.« Der Angeklagte BEN HAIM erzählte auch, dass er das Bargeld auf Anweisung des Mitverschwörers I.M. an verschiedenen Orten in Brooklyn eingesammelt hätte. Der vertrauliche Zeuge bot an, das Bargeld einzutreiben, mit dem der Angeklagte BEN HAIM in der nächsten Woche rechnete.

Die Anklageschrift bot noch mehr Details über die Geldwäscheaktivitäten von »I.M.«:

Der Angeklagte BEN HAIM berichtete der vertraulichen Quelle von »Kunden, die mich vor zwei, drei Jahren angerufen hatten und mir mitgeteilt hatten, dass es Anzeichen dafür geben würde, dass der Markt angespannt sei.« Der Angeklagte BEN HAIM sprach auch über seine Quelle für Bargeld, den Mitverschwörer I.M., und sagte aus, dass er mit dem Mitverschwörer I.M. »jeden Tag – an jedem weiteren Tag« gesprochen hätte. Nachdem er weiter über I.M. vernommen wurde, fragte der Angeklagte BEN HAIM die vertrauliche Quelle, »wissen Sie nicht, dass er mir in den letzten vier Jahren immer wieder Telegramme geschickt hat, jedes Mal an einen anderen Ort auf der Welt und unter einem anderen Namen? Es ist unglaublich. So etwas habe ich noch nie erlebt.« Als sich die vertrauliche Quelle danach erkundigte, ob der Angeklagte

BEN HAIM nur verschiedene Orte in Israel meinte, entgegnete der Angeklagte BEN HAIM, »Nein, überall auf der Welt … Überall auf der Welt. Von Australien über Neuseeland bis Uganda. Ich meine damit jedes nur denkbare Land. Die Türkei, Sie werden es kaum glauben … Alles verschiedene Länder. Es war nie dasselbe Land … Die Schweiz, überall, Frankreich, überall, Spanien … China. Japan.« Der Angeklagte BEN HAIM führte auch aus, dass der Markt für Bargeld »nur am Anfang und am Ende des Jahres« angespannt war.

Es hat den Anschein, dass das FBI Bedenken hatte, den wahren Namen von »I.M.« zu nennen. Dies lag an seinen weitreichenden Kontakten, von Israel zu Ländern auf der ganzen Welt, was darauf hindeutet, dass »I.M« im Gegensatz zu den Rabbinern und den Politikern in New Jersey ein großer Fisch war, der riesige Geldsummen, möglicherweise auch durch Glücksspiele, mit Hilfe von Synagogen und jüdischen Wohltätigkeitsorganisationen gewaschen hatte. Es war bekannt, dass Solomon Dwek an einem Geschäft mit den Casinoschiffen beteiligt war, und der inhaftierte Lobbyist Jack Abramoff war durch die Übernahme der Kontrolle über die Sun-Cruz-Casinoschiffe in Florida in ähnlicher Weise darin verwickelt. Abramoff finanzierte auch radikale israelische Siedlerbewegungen im Westjordanland. Die Preisgabe der wahren Identität von »I.M«, wäre ein schwerer Schlag für die Likud-Regierung von Benjamin Netanyahu und seinen wichtigen Koalitionspartnern der Partei Jisraél Beitenu mit ihrem Vorsitzenden, dem extrem rechtsorientierten Außenminister Avigdor Lieberman, sowie der ultraorthodoxen Schas-Partei gewesen. Die Aufdeckung der Identität von »I.M«, so wurde dem Autor gesagt, hätte die Palästinensern ermutigt, ihren Widerstand gegen die israelischen Übergriffe in Ostjerusalem und im Westjordanland fortzuführen. In der Tat konnte der Zeitpunkt der Verhaftungen der syrischen Juden in New Jersey und New York direkt mit Israels Bestreben in Verbindung gebracht werden, in Ostjerusalem gegen die Einwände des amerikanischen Präsidenten Barack Obama eine Wohnanlage zu errichten.

Am 26. Juli 2009 berichtete die israelische Zeitung *Yedioth Ahronoth*, dass der Rabbiner David Yosef, der Sohn des spirituellen Führers der Schas-Partei und ehemaligen israelischen Großrabbiners Ovadja Yosef, das Haus von Ben Haim in Long Branch in New Jersey nur wenige Stunden zuvor verließ, bevor das FBI eintraf, um Ben Haim festzunehmen. Im Mai besuchte Aryeh Deri die syrisch-jüdische Gemeinde in der Region New York-New Jersey, um Gelder für eine neue politische Partei zu sammeln. Deris Nachfolger als Vorsitzender der Schas-Partei, Elijahu »Eli« Jischai, war bis 2013 im Kabinett von Benjamin Netanjahu. Er diente als Innenminister und war einer der vier stellvertretenden Ministerpräsidenten Israels.

Ovadia Yosef verurteilte Präsidenten Barack Obama, weil dieser Israel in der Siedlungsfrage unter Druck gesetzt hatte. Yosef plante auch den Wiederaufbau des jüdischen Tempels am Ort der Al-Aqsa-Moschee in Jerusalem, einer der heiligsten Stätten des Islams. Yosef klagte, dass dort »überall Araber sind«.[26]

Es gab noch weitere Verbindungen zwischen kriminellen israelischen Elementen und den Terroranschlägen in den Vereinigte Staaten:

- Ein syrischer Jude mit dem Namen Rimon Alkatri wurde von einem Geschworenengericht in New York City angeklagt, weil er mit einem Anruf bei der Polizei von New York City im Mai 2006 einen falschen Terroralarm ausgelöst hatte. Die Staatsanwaltschaft beschuldigte Alkatri, vorsätzlich fälschlicherweise einen angeblich drohenden terroristischen Anschlag gemeldet zu haben. Alkatri wurde am 31. Juli 2006 inhaftiert, etwas mehr als eine Woche nach der Aufregung, die durch den »Schwindel mit einer Flugzeugbombe« entstanden war.« Alkatri, dem das Juweliergeschäft El Castillo de Oro auf der Knickerbocker Avenue in Brooklyn gehörte, war im Jahr 1996 in die

26 27. Juli 2009, »North Jersey: Epizentrum von ›Kosher Nostra [Bezeichnung für organisiertes Verbrechen im jüdisch-amerikanischen Milieu]‹ und der Aktivitäten des *Mossad*«, *WayneMadsenReport.com*

Vereinigten Staaten gekommen. Er wurde von der Polizei festgenommen, als er sein Appartement in einem syrisch-jüdischen Viertel auf der East 9th Street verließ. Im Mai verwendete Alkatri den Decknamen José Rodriguez, behauptete aus Israel zu sein, und sagte aus, dass er zufällig gehört hätte, wie fünf syrische Angestellte seines Geschäfts die Phrase »Allahu akbar« (»Gott ist groß«) benutzt hätten, und dass sie den Plan verfolgten, Sprengstoff in Schmuckstücken zu verbergen und am 4. Juli ein Selbstmordattentat im New Yorker U-Bahnsystem durchzuführen. Die Polizei entdeckte später, dass die fünf von Alkatri als Syrer bezeichneten »Verschwörer« nicht mal Moslems, sondern Christen und Juden waren. Alkatri, dem eine Haftstrafe von sieben Jahren drohte, wurde lediglich zu sechs Monaten verurteilt.

► Im Jahr 2003 wurde der weltweit tätige Diamantenhändler Yehuda Abraham, der ursprünglich aus Afghanistan stammte, aber sowohl die amerikanische als auch die israelische Staatsangehörigkeit besaß, beschuldigt, für einen indischen Waffenschmuggler namens Hemant Lakhani Geld gewaschen zu haben. Dieser hatte versucht, tragbare russische Raketenabschussgeräte zu kaufen, um amerikanische Passagiermaschinen in den Vereinigten Staaten abzuschießen. Zu den Zielen gehörte auch die *Air Force One* [die Maschine des US-Präsidenten]. Abraham wurde später wegen dieses Versuchs zu Hausarrest verurteilt, an dem auch ein malaysischer Bag Man [eine Person, die schmutziges Geld einsammelt] beteiligt war, der mit dem südostasiatischen Al-Qaida-Ableger Jemaah Islamiyah in Verbindung stand. Abraham und Lakhani führten ihre Unterredungen in der Nähe des Newark International Airport.

Eine Quelle der *Federal Aviation Administration* (FAA) [die Bundesluftfahrtbehörde der Vereinigten Staaten] teilte dem Autor mit, dass in den Monaten vor dem 11. September eine von Israelis betriebene Autowaschanlage zwei Häuserblocks nördlich des Regionalbüros der FAA in Atlanta eröffnet worden war. Das Geschäft wurde von einem jungen Israeli geführt, der mit einem älteren Mann zusammen wohnte, der behauptete, sein Onkel zu sein. Die Israelis waren sehr daran interessiert, Kontakte zu den Angestellten der FAA, die die Waschstraße nutzten, zu knüpfen.

In den Tagen vor den Anschlägen des 11. September waren die in der Autowaschanlage tätigen Israelis plötzlich verschwunden.

In Israel und in den Gebieten von Los Angeles und New York City wurden die israelischen Waschstraßen durch die Strafverfolgungsbehörden mit kriminellen Aktionen in Verbindung gebracht. Im Januar 2004 raubten zwei israelische Staatsangehörige, Israel Or und Yossi Ben-Sadon, mit vorgehaltener Schusswaffe mehr als 150 000 Dollar in einer Waschanlage in der Upper East Side [ein Stadtviertel im Nordosten Manhattans] und flüchteten anschließend nach Israel.

Autowaschanlagen tauchten in der Vergangenheit auffallend oft im Zusammenhang mit israelischen Spionagefällen auf. Der berüchtigte und verurteilte israelische Spion Jonathan Pollard nutzte die Autowaschanlage Sam in Suitland im US-Bundesstaat Maryland, um achtzehn Monate lang jeden Freitag Koffer voller streng geheimer Dokumente an den *Mossad*-Agenten der israelischen Botschaft zu übergeben. In Riverdale in der Bronx, einem Tummelplatz für jüdische Agitationsgruppen, die alle Anstrengungen unternahmen, um Pollard aus dem Bundesgefängnis zu befreien, lebte auch ein mutmaßlicher Agent des *Mossad*, der zuvor direkt neben Pollard gewohnt hatte. Und auch dieser Mann arbeitete zufällig in einer Autowaschanlage.[27]

27 17.–19. September 2001, »Auch Autowaschanlagen gehören zu den *Mossad* Tarnfirmen in den Vereinigten Staaten«, *WayneMadsenReport.com*

Kapitel 4

Der israelische Druck auf die Medien

Es ist kein Zufall, dass *Fox News* und *KHOU-TV* ihre Berichterstattung im Internet über die israelischen Kunststudenten wieder löschen mussten (aufgrund der Berichte von *Intelligence Online* und *Le Monde* verwies *Fox News* auf ihre ursprüngliche Darstellung vom Dezember 2001 auf ihrer Website). Nach der Aussage einer Reihe von Journalisten in Washington mussten die Reporter und Herausgeber jedes Mal, wenn ein kritischer Artikel über Israel in der amerikanischen Presse erschien, mit der Reaktion einer in Boston ansässigen Gruppe mit dem Namen »Committee for Accuracy in Middle East Reporting in America« oder »CAMERA« rechnen. Diese unheimliche und bedrohliche Gruppe war nicht sehr zimperlich, wenn es darum ging, missliebige Personen einzuschüchtern. Ihre Website erklärt dazu: »CAMERA überwacht, dokumentiert, überprüft und archiviert systematisch die Berichterstattung über den Nahen Osten. Die Mitarbeiter von CAMERA setzen sich im Falle falscher oder ungenauer Presseberichte direkt mit den verantwortlichen Journalisten und Verlegern in Verbindung … und die Mitglieder von CAMERA werden dazu aufgerufen, Briefe sowohl an die Herausgeber oder Fernsehredakteure als auch an die Sponsoren oder Inserenten zu schreiben … Wenn die Berichte nicht in unserem Sinne korrigiert werden, informieren wir über die falsche Darstellung und die Weigerung des Journalisten, den Fehler einzuräumen.«

Als Beispiel führte CAMERA einen Bericht der *Washington Post* an, die die Rechtmäßigkeit der Ermittlungen der Drogenvollzugsbehörde gegen die israelischen Kunststudenten bezweifelte. Der Artikel der beiden Reporter John Mintz und Dan Eggen stellte die Motive für den Bericht der DEA in Frage, indem behauptet wurde (ohne allerdings einen Beweis dafür zu erbringen), dass der Agent, der ihn geschrieben hatte, aufgebracht und verärgert gewesen wäre. Außerdem gäbe es mehr als einen Autor für diesen Bericht. Anscheinend waren die »Faktenprüfer« der CAMERA lediglich daran interessiert sich ausschließlich mit solchen Berichten zu befassen, mit denen sie nicht übereinstimmten, oder die sie als peinlich und nachteilig empfanden.

Weder die *Washington Post* noch CAMERA schienen ein Interesse daran zu haben, vor den israelischen »Kunststudenten« und ihren »aggressiven« Besuchen in den Büros und Häusern von US-Bundesagenten zu warnen, über die im März 2001 durch die *National Counterintelligence Executive* [das Amt für nationale Spionageabwehr] des Weißen Hauses informiert wurde. In der Warnung hieß es:

In den vergangenen sechs Wochen haben Angestellte in den Gebäuden von Bundesbehörden im ganzen Land von verdächtigen Aktivitäten von Personen berichtet, die sich als ausländische Studenten ausgeben, die Bilder verkaufen oder liefern wollen. Die Angestellten haben beobachtet, dass sowohl Männer als auch Frauen versucht haben, die Sicherheitsvorkehrungen zu umgehen und die Gebäude der Behörden zu betreten.
Als die Personen zur Rede gestellt wurden, erklärten sie, dass sie Kunstwerke von einem Atelier in Miami in Florida liefern würden, oder dass sie Kunststudenten wären und um Beurteilungen ihrer Arbeit bitten würden. Diese Personen wurden als sehr aggressiv beschrieben. Sie versuchen, Angestellte in Gespräche zu verwickeln, anstatt sie zum Kauf der Bilder zu bewegen.
Beamte der Bundespolizei nahmen zwei dieser Personen wegen unbefugten Betretens fest, und entdeckten dabei, dass die Verdächtigen gefälschte Arbeitsgenehmigungen und falsche Green Cards [Aufenthaltsgenehmigung und Arbeitserlaubnis für die Vereinigten Staaten] besaßen. Diese Personen suchten auch die Privatwohnungen von hochrangigen Bundesbeamten auf, unter dem Vorwand, Kunst verkaufen zu wollen.[1]

Die Berichterstattung über die israelische Spionage in den Vereinigten Staaten führt oft zu Quellen, die dann schnell wieder versiegen. Im Falle der DEA wurde der Sprecher, der zunächst die Korrektheit

1 http://www.ncix.gov/news/2001/mar01.html

Das FBI ignorierte sowohl die Warnungen vor den israelischen Kunststudenten als auch vor den arabischen Entführern. Die Wege der beiden Gruppierungen kreuzten sich im Jahr 2000 in einer Reihe von amerikanischen Städten.

und Bedeutung des DEA-Berichts bestätigt hatte, plötzlich in »Urlaub« geschickt. Andere Agenten der Drogenvollzugsbehörde und Mitarbeiter anderer Behörden des Justizministeriums machten gar keine Aussagen mehr. Justizminister John Ashcroft weigerte sich bei zwei Gelegenheiten, die DEA-Untersuchung zu kommentieren. Auch der Kongress war nicht bereit, die Angelegenheit zu untersuchen. Ein leitender Kongressangestellter antwortete auf die Frage, warum dies so sei, »Sie wollen wohl einen Scherz machen … Wir befinden uns in einem Wahljahr!« Er meinte damit die Kongresswahlen von 2002.

Über Ashcroft wurde im Sommer 2001 gesagt, er sei an der Terrorismusbekämpfung »desinteressiert«. Diese Bemerkung findet sich in internen Memoranden des FBI, die von Thomas Pickard, dem amtierenden Direktor des FBI, verfasst wurden.[2] Ashcroft »Desinteresse« betraf allerdings nicht seine eigene Sicherheit. Ende Juli 2001 flog

2 Philip Shenon, »Das FBI und Ashcroft geraten unter Beschuss«, International Herold Tribune, 6. April 2004.

Ashcroft mit einer privaten G-3 Gulfstream zum Angeln nach Missouri. Zuvor war er stets mit Verkehrsflugzeugen geflogen. Als das Justizministerium gefragt wurde, warum Ashcroft nicht mehr die normalen Passagiermaschinen benutzen würde wie alle anderen, erklärte dessen Vertreter, aufgrund einer »Bedrohungsanalyse« werde Ashcroft während seiner restlichen Amtszeit nur noch mit Privatflugzeugen reisen. Weder das FBI noch das Justizministerium konnten den Auslöser für diese Warnung darlegen oder Angaben über den Zeitpunkt oder den Urheber machen. Dennoch legte die Sicherheitsanalyse des FBI fest, dass die Bedrohung so akut sei, dass Ashcroft künftig nicht mehr mit Verkehrsflugzeugen fliegen sollte.[3]

Nachdem der DEA-Bericht bekannt geworden war, traf ich einen Kollegen, der sich intensiv mit der Geschichte der Kunststudenten befasst hatte, und über Kontakte zu hochrangigen Mitarbeitern im Justizministerium und beim FBI verfügte. Während unseres Treffens am Marinedenkmal genau gegenüber dem Nationalarchiv fasste er das Problem zusammen: Die Vertuschung reichte bis in die höchsten Kreise, und die Hauptschuldigen wären John Ashcroft und FBI-Direktor Robert Mueller.

Die Israelis wurden im DEA-Bericht und anderen Berichten über die Sicherheitslage als Teil einer »organisierten geheimdienstlichen Aktion« bezeichnet. Laut FBI lebten die arabischen Terroristen zwischen Dezember 2000 und April 2001 in denselben Gegenden wie die israelischen Zellen, nämlich in Irving in Texas, und in den Städten Hollywood und Miami in Florida. Im Falle von Irving verwendete die israelische Zelle ein Postfach in einem Einkaufszentrum, das gerade mal einen Block von dem Appartement eines arabischen Verdächtigen entfernt war. In Hollywood benutzten die Terroristen, darunter auch der Hauptentführer Mohammed Atta, jener Ägypter, der den *American Airlines* Flug 11 in den nördlichen Turm des World Trade

3 Jim Stewart, »Ashcroft fliegt über allen«, CBS News, 26. Juli 2001.

Centers steuerte, ein ebenfalls gemietetes Postfach, das nur zwei Häuserblocks von dem Appartement entfernt war, das von dem Anführer der israelischen »Kunststudent« genutzt wurde.

Wenn die Israelis die Entführer beschatteten, dann hatten sie wahrscheinlich auch von deren Interesse am World Trade Center erfahren. Auf einer Pressekonferenz am 22. März 2004 in Washington, D.C. enthüllte William Rodriguez, der Präsident der Gruppe der lateinamerikanischen Opfer war und seit 20 Jahren als Angestellter im World Trade Center arbeitete, dass er Mohand al-Shehri (alias Mohammed al-Shehhi), einen der Entführer von United Flug 175, der in den Südturm des World Trade Center raste, zweieinhalb Monate vor dem 11. September gesehen hätte. Rodriguez erklärte, dass er beobachtet hätte, wie der saudische Staatsbürger al-Shehri den nördlichen Turm des World Trade Center auskundschaftete. Der Bericht von Rodriguez wurde bei einer teilweise von Familienmitgliedern der Opfer des 11. Septembers organisierten Pressekonferenz vorgestellt. Die Angehörigen verlangten nach einem vollständigen Bericht von Mitgliedern der Regierungen von Clinton und Bush, was sie vor dem 11. September über die Drohung der Al-Qaida, Flugzeuge zu entführen, gewusst hatten.

Rodriguez war einer der Hausverwalter des World Trade Centers, und er besaß den Hauptschlüssel für den nördlichen Turm. Er war der letzte Überlebende, der von den Bergungskräften aus dem Schutt des Gebäudes herausgezogen wurde, nachdem es zusammengebrochen war. Bei seinen Ausführungen berichtete er auch davon, dass al-Shehri ihn gefragt hatte, wie viele öffentliche Toiletten es im Gebäude gab, und im Rückblick glaubte Rodriguez, dass der Terrorist nach Möglichkeiten suchte, vor dem Anschlag mit den beiden Passagiermaschinen zusätzlichen Sprengstoff im Gebäude unterzubringen. Rodriguez sagte zudem, dass er, als er nach dem Aufprall von *American Airlines* Flug 11 die Treppe nach oben genommen hatte, um Menschen dabei zu helfen, das Gebäude zu verlassen, gehört hätte, wie schwere Gegenstände im 34. Stock hin und her bewegt wurden. Dieses Stockwerk war eigentlich wegen Renovierungsarbeiten geschlossen. In all dem Chaos hatte Rodriguez nicht die Zeit, die Türen zum 34. Stock zu öffnen, um festzustellen, was dort geschah, aber er war der Meinung, dass dort möglicherweise zusätzlicher Sprengstoff innerhalb des Gebäudes deponiert worden war. Er behauptete überdies, dass er, als er den Fliehenden beim Verlassen des World Trade Center half, Explosionen hörte, die nicht mit dem Einschlag des Flugzeuges in Verbindung standen, und die aus den Etagen unterhalb seines eigenen Standorts im 33. Stock kamen. Der ehemalige Chefökonom beim Arbeitsministerium der Regierung Bush, Morgan Reynolds, war der Überzeugung, dass die Darstellung der Regierung Bush in Bezug auf den Zusammensturz des World Trade Centers »ein Schwindel« sei. Reynolds war Direktor des *Criminal Justice Center at the National Center for Policy Analysis* [Strafrechtszentrum am nationalen Zentrum für Politikanalyse] in Dallas und später emeritierter Professor an der A&M Universität in Texas. Er meinte, dass »wenn die drei Wolkenkratzer [die Zwillingstürme und das Gebäude 7] des World Trade Centers am 11. September durch eine Sprengung zerstört wurden, dann könnte man die ›Tat eines Insiders‹ und einen Angriff der Regierung auf Amerika unterstellen.«

Reynolds fügte hinzu, »die Theorie der Regierung über den Zusammensturz des World Trade Center war höchst zweifelhaft. Nur ein professionelles Vorgehen scheint sämtliche Aspekte der mit dem Einsturz der drei Gebäude verbundenen Tatsachen erklären zu können.«[4]

Rodriguez erklärte auch, dass er einige seiner Beobachtungen im World Trade Center dem FBI mitgeteilt hätte, doch diese Bundesbehörde zeigte kein Interesse, mit ihm noch einmal darüber zu spre-

4 John Daly, »UPI Anhörungen, 13. Juni 2005, *http://washingtontimes.com/upi-breaking/20050613-102755-604rhtml*

chen. Dennoch belegte der President's Daily Brief [täglicher Vortrag beim Präsidenten über die wichtigsten aktuellen Erkenntnisse der amerikanischen Geheimdienste] vom 6. August 2001, dass das FBI davon wusste, dass vermeintliche Terroristen die Gebäude in New York auskundschafteten. Das Weiße Haus gab bekannt, dass das FBI bereits vor dem 11. September zwei Jemeniten verhört hatte, die sie wegen der Aufnahme von Fotos von den Gebäuden des Federal Plaza in New York City in Gewahrsam genommen hatte. Das FBI ließ sie wieder frei, nachdem festgestellt worden war, dass die Jemeniten »Touristen« waren.[5] Der Jemen war das Geburtsland: von Osama Bin Laden, und eine Reihe der Mitglieder der al-Qaida stammten ebenfalls aus diesem Land.

Natürlich waren nicht alle Angehörigen des FBI so untätig. Die FBI-Beamtin Coleen Rowley aus Minneapolis ersuchte vergeblich um die Genehmigung, Zacarias Moussaoui abzuhören. Kenneth J. Williams, ein FBI-Beamter aus Phoenix, berichtete über die Flugausbildung von arabischen Studenten, die mit Bin Laden in Verbindung standen. Der oberste Terrorismusbekämpfungsexperte des FBI, John P. O'Neill, sprach immer wieder das Problem der saudi-arabischen Unterstützung für al-Qaida an. Doch er wurde immer wieder abgewiesen und schließlich von seinen Vorgesetzten seiner Aufgaben enthoben.

Der interne DEA-Bericht vom Juni 2001 beschäftigte sich mit den Versuchen der israelischen »Kunststudenten«, die Sicherheitsvorrichtungen verschiedener Bundesgebäude und Büros überall in den Vereinigten Staaten zu überwinden. Die Drogenvollzugsbehörde weigerte sich offiziell, den Bericht zu kommentieren, aber eine Quelle innerhalb der Behörde berichtete, dass er das Ergebnis einer umfangreichen Untersuchung wäre, die im Jahr 2000 von einer Sondereinsatzgruppe durchgeführt worden sei. Es handelte sich um eine

5 Edward Alden, »Das Weiße Haus veröffentlicht die Unterrichtung von Bush durch die CIA«, *Financial Times,* 11. April 2004.

gemeinsame Operation der DEA und des *Immigration and Naturalization Service* (INS), um die Aktivitäten der Israelis genauer zu überwachen.

Einige Kunststudenten, die von sich behaupteten, entweder von der Kunstakademie Bezalel in Jerusalem oder der Universität von Jerusalem zu kommen, erklärten bei der Befragung durch die Bundesagenten, dass sie auf Inserate in israelischen Zeitungen geantwortet hätten, aber keine näheren Angaben zu den Identitäten ihrer Chefs machen könnten. Einige der männlichen und weiblichen Kunststudenten, die meist Anfang bis Mitte 20 waren, hatte dem Bericht zufolge noch vor kurzer Zeit im israelischen Militär oder Geheimdienst gedient. Ihre Aktivitäten erstreckten sich zeitlich von Februar bis März 2001. Die Universität von Jerusalem und die Kunstakademie Bezalel erklärten, dass sie nicht bestätigen könnten, dass irgendjemand der Studenten jemals dort eingeschrieben gewesen wäre.

Die Drogenvollzugsbehörde stellte eine umfangreiche Liste der israelischen Kunststudenten als Anhang (Personenregister) für ihren Bericht zusammen.

Personenregister

1. BLAIN, Gat; NADDIS [Narcotics and Dangerous Drugs Information System, Datenbank der DEA für die Analyse, Forschung und Strafverfolgung] Abfrage negativ; Beruf: israelischer Kunststudent, verkaufte am 04. 01. 2001 Kunst an einen Angestellten der DEA in Dallas, Texas (identifiziert in Abschnitt 22).

2. FREIDMAN, Shabar; NADDIS-Abfrage negativ; Führerscheinnummer (# 6728447), ID (# 033056433).

3. AVRAHAM, Gerzon Ofir; NADDIS-Abfrage negativ; Geburtsdatum: 12. 08. 1977; israelischer Pass (#6315574); Ausweisnummer des israelischen Verkehrsministeriums ((#034193615).

4. FAMILIENNAME UNBEKANNT, Shahar; NADDIS-Abfrage negativ.

5. BARAM, Lior; NADDIS-Abfrage negativ; Führerschein aus Florida mit der Nr. B650-520-76-047-0; Adresse: 10733 Cleary Boulevard., #206e, Plantation, Florida, 33324-0000, Geburtsdatum: 07. 02. 1976; 176 cm, dunkle Augen und schwarzes Haar

6. COHEN, Hammutal; NADDIS-Abfrage negativ; Geburtsdatum: 29. 01. 1962; israelischer Pass (#6077838); Einreisebeleg (#410600 16307, 12. 02. 2001); 173 cm, 65 kg.

7. RUBINSTEIN, Itay; NADDIS-Abfrage negativ; Geburtsdatum: 17. 01. 1979; US-Visum (# 39127358), Einreisedatum 23. 12. 2000; israelischer Reisepass (#39127358) [*sic, siehe Visum*]; 183 cm, 75 kg.

8. AHARON, Ohad; NADDIS-Abfrage negativ.

9. SEGAL, Yafit; NADDIS-Abfrage negativ.

10. TOV, Yaniv Sheni; NADDIS-Abfrage negativ; Geburtsdatum: 02. 06. 1974.

11. DOR, Sahlev; NADDIS-Abfrage negativ; Geburtsdatum: 08. 08. 1977.

12. GROSS, Hagit; NADDIS-Abfrage negativ; Geburtsdatum: 30. 09. 1978; israelischer Reisepass (#5111696).

13. SHLOMO, Rony; NADDIS-Abfrage negativ; etwa 21 Jahre alt.

14. KOCHAVI, Inbar; NADDIS-Abfrage negativ; israelischer Reisepass (#7674731).

15. DRORE, Rani; NADDIS-Abfrage negativ; etwa 27 Jahre alt.

16. YOCHAI, Legurn; NADDIS-Abfrage negativ. Adresse: 13753 Southeast 90th Avenue, Miami, Florida 33176.

17. MEYTAL, Cohen; NADDIS-Abfrage negativ. Adresse: c/o Calmanovic, 3575 N. Beltline Road, Postfach 316, Irving, Texas 75062. Die Adresse wurde von Michael Calmanovic benutzt, der weiter unten aufgeführt wird.

18. SISSO, Rosie; NADDIS-Abfrage negativ.

19. BURKHOLDER, Seth Thomas; NADDIS-Abfrage negativ. Adresse: 3329 Bartlett Road, Orlando, Florida, 1995. Er fuhr einen weißen Nissan Pickup mit dem Kennzeichen D36-TTQ aus Florida.

20 . FAMILIENNAME UNBEKANNT, Elsa; NADDIS-Abfrage negativ.

21. SMITH, Travis Wayne; NADDIS-Abfrage negativ. Weißer; Ge-

burtsdatum: 09. 11. 1974, FBI Nr. 530083 DBS (Festnahme wegen häuslicher Gewalt). Adresse: 615 S. Hardy, 4210, Tempe, Arizona.
22. ESTRADA, Ramon; Mann lateinamerikanischer Herkunft, NADDIS-Abfrage negativ. Geburtsdatum: 26. 07. 1963: Im Dezember 1982 festgenommen wegen »des Verkaufs von Marihuana«, im Mai 1995 wegen »des Transports/Verkaufs von Betäubungsmittel,« im Juli 1995 wegen »der Weitergabe von Betäubungsmitteln,« im August 1995 wegen »häuslicher Gewalt.« FBI Nr. 76435FAG, CASID Nr. CA07401218, WASID Nr. WA17692473
23. GILOR, Yaniv Zacoravich; NADDIS-Abfrage negativ. Registrierter Eigentümer eines Chevrolet Lieferwagens, Baujahr 1997, der in San Diego, Kalifornien, zugelassen war.
24. MENDEL, Leviella; NADDIS-Abfrage negativ. Adresse: 8377 Tamar Drive, #37e, Columbia, Maryland; Geburtsdatum: 29. 10. 1975; Führerschein aus Maryland Nr. #M-534-514-009-032; 171 cm, 68 kg. Zusätzliche Anfragen ergaben, dass MENDEL eine neue Adresse hat: 4733 Haskell Avenue, #46e, Encino, Kalifornien.
25. Silber, Danny; NADDIS-Abfrage negativ. (NFI)

Das Bezirksbüro aus Tampa, Florida, identifizierte die folgenden Personen (#26-942):
26. BENDALAK, Orit; NADDIS Negativ, Geburtsdatum: 28. 10. 1978, Weiße, Geburtsland: Israel, 171 cm, 63 kg., braunes Haar, braune Augen.
27. BEZALEL AKADEMIE FÜR KUNST UND DESIGN; NADDIS-Abfrage negativ; Jerusalem, 011-972-2-589-3333, *www.bezalel.ac.il.*
28. COHEN, Eli; NADDIS-Abfrage negativ. Adresse: 701 S. 21 Avenue #207, Hollywood, Florida 33020; Geburtsdatum: 04. 11. 1977, Führerschein aus Florida mit der Nr. C500-200-77-404-0, Ausweisnummer des israelischen Verkehrsministeriums Nr. 03379722
29. HARARI, Ilana; NADDIS-Abfrage negativ; Weiße; Geburtsdatum: 29. 04. 1979 oder 29. 09. 1979 oder 09. 02. 1979. Adresse: 14 Jerico, Itolon, Israel; besucht die Universität von Jerusalem; 160 cm, 40

kg, braunes Haar, blaue Augen, Tätowierung einer Sonne am rechten Fuß.

30. KENDEL, Rachel; NADDIS-Abfrage negativ; Weiße; Ausweisnummer des israelischen Verkehrsministeriums Nr. 7095201 und 034807727; israelischer Pass mit der Nr. 6614254.

31 KUZNITZ, Keren; NADDIS-Abfrage negativ. Adresse: 1818 E. Oakland Park Boulevard. #98es, Fort Lauderdale, Florida 33306. Geburtsdatum: 09. 02. 1979; 164 cm; Führerschein aus Florida mit der Nr. K253-500-79-549-0, Ausweisnummer des israelischen Verkehrsministeriums Nr. 7121535 und 035721844.

32. FAMILIENNAME UNBEKANNT, Nadav; NADDIS-Abfrage negativ. (NFI).

33. FAMILIENNAME UNBEKANNT, Tom; NADDIS-Abfrage negativ. Weißer. Adresse: Hollywood/Fort Lauderdale, Florida. Über ihn wurde berichtet, dass er israelischen Kunststudenten Bilder verkaufte.

34. MARZIANO, Assaf oder Asaf; NADDIS-Abfrage negativ; Geburtsdatum: 04. 02. 1978; Ausweisnummer des israelischen Verkehrsministeriums Nr. #034086959, israelischer Pass mit der Nr. 552306S, Geburtsland: Israel, Weißer; 170 cm, 68 kg.

35. MATATIA, Keren; MATATIA, Keren; NADDIS-Abfrage negativ. (NFI).

36. OSHRA, Sussie: NADDIS-Abfrage negativ. (NFI)

37. SASSOON, Sarah Minna; NADDIS-Abfrage negativ; Adresse: 2916, Pierce Street, 94, Hollywood, Florida 33020; Geburtsdatum: 08. 11. 1978; FL DL# S250-793-79-908-0.

38. SELLA, Livnet; NADDIS-Abfrage negativ, Geburtsdatum: 24. 12. 1978; Ausweisnummer des israelischen Verkehrsministeriums Nr. 7023400 und 036208023,; Internationaler Studentenausweis Nr. S972-204-776-601.

39. SERFATY, Hanan, Aliasname: Hanane SARFATI; NADDIS-Abfrage negativ. Adresse: 4220 Sheridan Street., #303e, Hollywood, Florida 33.021, und 701 S. 21 Avenue, Hollywood, Florida; Geburtsdatum: 03. 06. 1977, 183 cm, Führerschein aus Florida mit der Nr.

S613-320-77-203-0: amtlich registrierter Eigentümer des roten Fahrzeuges mit dem Kennzeichen # U71 DLD; Telefonnummer (954) 478-1006, Handynummer (954) 478-0961.

40. Simon, Michael; NADDIS-Abfrage negativ; Weißer. Geburtsdatum: 23. 11. 1978; Adresse: 11-23-78, Aliebenliezel 82, Jerusalem; Telefonnummer 97226768256, israelischer Pass mit der Nr. 8660008, Geburtsort: Jerusalem, 185 cm, 81 kg, schwarzes Haar, braune Augen.

41. VAKSHI, Inbal; NADDIS-Abfrage negativ; Aliasname: Bella POLLCSON; Ausweisnummer des israelischen Verkehrsministeriums Nr. 7098663 und 036444842, Internationaler Studentenausweis Nr. S972-204-775-487; Geburtsdatum: 03. 02. 1979.

42. ZAGURI, Oshirt; NADDIS-Abfrage negativ. Adresse: 701 S. 21 Avenue, 4205, Hollywood, Florida 33020; Geburtsdatum: 11. 07. 1977, 168 cm, Führerschein aus Florida mit der Nr. Z260-77-75 1-0.

43. WEISFELNER, Odfd; NADDIS-Abfrage negativ. (NFI)

44. KEDEM, Guy; NADDIS-Abfrage negativ. Bei dieser Frau fand man eine Visitenkarte mit dem Namen EAG Guy Kedem, Europäische Kunstgruppe, Ölgemälde; Telefonnummer (720) 581-7076; Faxnummer (303) 336-7006. Die (720) Nummer erscheint in keiner Liste, und die Nummer (303) ist eine Faxnummer für die Wohnanlage Heritage Creek Apartments, 650 South Dahlia Circle, Denver, Colorado. (NFI)

Die folgenden Personen wurden durch die Niederlassung in Ft. Meyers in Florida (#45-48) identifiziert:

45. MEIRAV, Zwaig; NADDIS-Abfrage negativ. Weiße. Schlanke Figur, kurze dunkle Haare; Geburtsdatum: 09. 02. 1976, US-Visum Kontrollnummer # 20003205620012, israelischer Reisepass mit der Nr. 97831088.

46. MACHBUBI, Hilda; NADDIS-Abfrage negativ; Weiße, Geburtsdatum: 04. 05. 1979, US-Visum Kontrollnummer # 2000397210011, israelischer Reisepass mit der Nr. 6530284, Führerschein aus Florida mit der Nr. M211-320-79-664- 0.

47. SIMKIN, Nimrod; NADDIS-Abfrage negativ. Weißer. Größe über 183 cm, lockige Haare; Geburtsdatum: 02. 09. 1977; Führerschein aus Florida mit der Nr. S525-620-77-3220.
48. KEREN, Inbal; NADDIS-Abfrage negativ;. Weiße; Geburtsdatum: 17. 07. 1979; US-Visum Kontrollnummer # 20001710300009, israelischer Reisepass mit der Nr. # 6082073.

Die folgenden Personen wurden durch das Bezirksbüro in Richmond, Virginia, identifiziert (# 49-54):
49. KEDEM, Eran; NADDIS-Abfrage negativ; Weißer; Geburtsdatum: 15. 10. 1975, 180 cm, 72 kg., Adresse: 12990 SW 74th Street, Pine Crest, Florida, israelischer Reisepass mit der Nr. 4031820079, israelischer Führerschein mit der Nr. # 651007
50. PERLAS, Limor; NADDIS-Abfrage negativ. (NFI)
51. ASE, Shiri; NADDIS-Abfrage negativ. (NFI).
52. KEMETCH, Omit, Aliasname: KIMCHY, Omit; NADDIS-Abfrage negativ; Weiße; Geburtsdatum: 04.02.1974; israelischer Reisepass mit der Nr. 96814521
53. MER, Shmrt; NADDIS-Abfrage negativ. (NFI)
54. BOUZAGLO, Kobi; NADDIS-Abfrage negativ. Handynummer 1-888-321-6213 (NFI)

Die folgenden Personen wurden vom Bezirksbüro in Montgomery, Alabama, identifiziert:
55. VALANSI, Marcelo; NADDIS-Abfrage negativ; Geburtsdatum: 24. 11. 1977; Argentinischer Reisepass mit der Nr. #26316660. Adressen: 901 S.E. 1st Avenue, Gainesville, Florida; 617 E. Universität Avenue, Gainesville, Florida; 1436, Washington Avenue, Miami, Florida. Amtlich registrierter Eigentümer eines GMC Lieferwagen, Baujahr 1984, Kennzeichen T11YZX aus Florida; Argentinische DN 12631660 Karte 4190961; spricht englisch und spanisch; Telefonnummer: (352)378-1485; (identifiziert in Abschnitt 6).
56. VALANSI, Roberto; NADDIS-Abfrage negativ. Vater von Marce-

lo VALANSI. Adresse: Salguero 2468, Appartement 15, Buenos Aires (NFI); (identifiziert in Abschnitt 10).

57. VALANSI, Graziela; NADDIS-Abfrage negativ. Mutter von Marcelo VALANSI. Adresse: Salguero 2468, Appartement 15, Buenos Aires (NFI), (identifiziert in Abschnitt 10).

58. SAGES, Ester; NADDIS-Abfrage negativ, Geburtsdatum: 30. 09. 1977, israelischer Reisepass mit der Nr. 96470399. Adresse: Attornet 161, New York City, New York., Hotel Carlton, New York City, New York, (Identifiziert in Paragraph 6).

59. SAGES, Elyahu; NADDIS-Abfrage negativ; (verstorben). Vater von Ester SAGES (NFI); (identifiziert in Abschnitt 9).

60. SAGES, Marjalit; NADDIS-Abfrage negativ; Mutter von Ester SAGES (NFI); (identifiziert in Abschnitt 8).

61. DARDIC, Vanina Erika; NADDIS-Abfrage negativ; Geburtsdatum: 05. 03. 1978; argentinischer Reisepass mit der Nr. #10581811. Adresse: 901 S.E. 1st Avenue, Gainesville, Florida. Argentinische DN 126473227 Karte J8557; spricht englisch, hebräisch und spanisch; argentinische und israelische Staatsangehörigkeit; (identifiziert in Abschnitt 4)

62. DARDIC, Mario; NADDIS-Abfrage negativ. Vater von Vanina DARDIC (NFI); (identifiziert in Abschnitt 9)

63. COHEN, Judith (Mädchenname); NADDIS-Abfrage negativ; Mutter von Vanina DARDIC (NFI); (identifiziert in Abschnitt 9)

64. GAVISH, Yael; NADDIS-Abfrage negativ; Weiße; braune Haare, braune Augen; Geburtsdatum: 03. 10. 1978. Israelische Staatsbürgerschaft, israelischer Reisepass mit der Nr. 5013766, ausgestellt am 03. 12. 1992, abgelaufen am 03. 12. 2002; US-Visum Nr. 20001818940002 Klassifizierung B-1/B-2, ausgestellt am 05. 07. 2000, abgelaufen am 28. 06. 2010.

65. BALHAMS, Meirav; NADDIS-Abfrage negativ; Weiße; braune Haare, braune Augen; 159 cm; Geburtsdatum: 03. 10. 1978. Israelische Staatsangehörigkeit, New York ED Card 4 140-614-039. Adresse: 354 Paterson Plank Road #1e, Jersey City, New York 07650.

Die folgenden Personen wurden 3. Mai 2001 durch das Orlando D.O. identifiziert:
66. SEGALOVITZ, Peer; NADDIS-Abfrage negativ, Weißer, israelische Staatsangehörigkeit; Geburtsdatum: 16. 03. 1974, Geburtsland: Israel. Adresse: 8187 N. Universität Drive App. 4129, Tamarac, Florida; Einreise in die USA am 17. Januar 2001 mit einem Visum der Klassifizierung B-2. Ehemaliger Offizier im Bataillon 605 der israelischen Spezialeinheiten. Israelische militärische ED # 5087989. Aufgegriffen am 3. Mai 2001 in Orlando, Florida. Beruf: Israelische Kunstverkäufer/Student; (identifiziert in Abschnitt 96).
67. SEGALOVITZ, Dror; NADDIS-Abfrage negativ; Weißer, Bruder von Peer Segalovitz. Adresse: 8187 N. Universität Drive, App.; Israelische Staatsangehörigkeit, (identifiziert in Abschnitt 98).
68. SABGUNDJIAN, Kathy; NADDIS-Abfrage negativ. (626) 358-6453, (626) 256-1027.
69. SAGIV, Akyuz Shmuel; NADDIS-Abfrage negativ; Weißer; israelischer Reisepass mit der Nr. # 8710426; Geburtsdatum: 27. 09. 1976; Geburtsort: Maaloot, Israel; Einreise in die USA in New York; PN: 954712-2126. Kollege von Peer Segalovitz und Dror Segalovitz; (identifiziert in Abschnitt 99).

Die folgenden Personen wurden durch die Volk Field Air National Guard Base, Camp Douglas, Wisconsin identifiziert:
70. WATERMANN, Tsvi; NADDIS-Abfrage negativ; Aliasname: Watermann, Zvi; Weißer; Geburtsdatum: 07. 06. 1979; Adresse: Pri Megadim 36 Mevaseret Zion, Israel; israelischer Reisepass mit der Nr. # 5728101, ausgestellt am 20. 07. 2002; US-Visum der Klassifizierung B1/B2, abgelaufen am 20. 03. 2011; Führerschein des israelischen Verkehrsministeriums Nummer 7046942.
71. KANTOR, Gal Kal; NADDIS-Abfrage negativ.; Weißer; Geburtsdatum: 08. 09. 1975. Adresse: Kibbuz Eilon NO westliches Galiläa, Israel 22845; israelischer Reisepass mit der Nr. 8261507, abgelaufen

am 20. 10. 2004; US-Visum der Klassifizierung B1/B2, Kontrollnummer 1999335816OO12, abgelaufen am 30. 11. 2009.

Die folgenden Personen wurde auf der Tinker Air Force Base, Oklahoma, identifiziert:

72. OHANA, Yaron; NADDIS-Abfrage negativ.; Geburtsdatum: 04. 02. 1978; Geburtsort: Haifa, Israel; israelischer Reisepass mit der Nr. 8421721; US-Visum mit der Nr. 42252049.

73. KALFON, Ronen; NADDIS-Abfrage negativ; Geburtsdatum: 13. 04. 1976; Geburtsort: Haifa; israelischer Reisepass mit der Nr. 8168262; US-Visum mit der Nr. 3 5966019.

74. COHEN, Zeev; NADDIS-Abfrage negativ; Geburtsdatum: 26. 03. 1978; Geburtsort: Haifa, Israel; israelischer Reisepass mit der Nr. 5524033: US-Visum mit der Nr.33331965.

75. TOPAZ, Naor; NADDIS-Abfrage negativ; Geburtsdatum: 08. 06. 1977; Geburtsort: Haifa, Israel; israelischer Reisepass mit der Nr. 8081705; US-Visum mit der Nr.33306515.

Die folgenden Personen wurden am 2. Januar 2001 von der Polizeibehörde in Euless, Texas, identifiziert, (siehe Seite 10):

76. LIFSHITZ, Gilad; NADDIS-Abfrage negativ; Weißer; Geburtsdatum: 17. 09. 1978.

77. YANAY, Betzalel; NADDIS-Abfrage negativ; Weißer; Geburtsdatum: 04. 09. 1978.

78. BITON, Morin Miryam; NADDIS-Abfrage negativ; Weiße; Geburtsdatum: 14. 07. 1980.

79. SASSON, Dana; NADDIS-Abfrage negativ; Weiße; Geburtsdatum: 10. 08. 1980.

80. TOUYZ, Keren; NADDIS-Abfrage negativ.; Weiße; Geburtsdatum: 20. 08. 1978.

81. TZOR, Noam; NADDIS-Abfrage negativ; früherer Eigentümer von 1GAHG39K5SF112662, einem Chevrolet, Baujahr 1995, der dann Gilad LIFSHITZ gehörte. Adresse: 7535 N. Beltline Road, Wohnung 316, Irving, Texas 75062.

82. ROTEM, Sharon; NADDIS-Abfrage negativ; wurde als Weißer beschrieben; Geburtsdatum: 12. 03. 1977; israelischer Reisepass mit der Nr. 7948317; Adresse: 6023 Moshe Dayan, Holon, Israel.

83. MAIMON, Maya; NADDIS-Abfrage negativ; israelische Staatsangehörigkeit; israelischer Reisepass mit der Nr. 5467894; US-Visum der Klassifizierung B1/B2; Geburtsdatum: 26. 12. 1978: ausgestellt am 15. 10. 2000, abgelaufen am 15.10.2010.

84. BADIHI, Nofar; NADDIS-Abfrage negativ; israelische Staatsangehörigkeit; israelischer Reisepass mit der Nr. 5640993, Geburtsdatum: 21. 03. 1979 (sic); Geburtsland: Israel; ausgestellt am 05. 12. 1993, abgelaufen am 04.12.1995; US-Visum der Klassifizierung B1/B2, ausgestellt am 05. 07. 1996, abgelaufen am 02. 07. 2006.

85. MARABOTTO, Marco; NADDIS-Abfrage negativ. Flugtickets belegten Reisen von Maya MAIMON und Marco MARABOTTO vom Flughafen Dallas Fort Worth (DFW) nach Albuquerque, New Mexico, via *Delta* Flug 2238 am 24. März 2001. Die Flugtickets belegten auch den *Delta* Flug 1944 von Las Vegas nach DFW am 1. April. 2001.

86. FERNANDEZS, Marco; NADDIS-Abfrage negativ; Aliasname: Marco Antonio FERNANDEZ De Castro Marabotto; Geburtsdatum: 13. 04. 1977, Passnummer 99390039611; Ausgabestaat: Mexiko; Geburtsort: Mexiko, ausgestellt am 16. 07. 1999; abgelaufen am 16. 07. 2000.

87. REGEV, Gadi; NADDIS-Abfrage negativ; angegebenes Geburtsdatum: 17. 12. 1975. Israelische Staatsangehörigkeit; israelischer Reisepass mit der Nr. 5454338, Visum der Klassifizierung B1/B2; Ausgabeort: Tel Aviv, ausgestellt am 05. 11. 1998, abgelaufen am 04. 11. 2008.

88. ARTZI, Eyal; NADDIS-Abfrage negativ; Führerschein aus Texas mit der Nr. 19554509, abgelaufen am 27. 06. 2007. Adresse: 10334 Sandra Lynn Dr., Dallas Texas 75228. Geburtsdatum: 27. 05. 1977. Eine Wirtschaftsdatenbank zeigt, dass ARTZI der Eigentümer eines

Pymouth Acclaim, Baujahr 1993 ist. Kennzeichen J75FYB aus Texas, Registrierungsdatum 21. 08. 2000, Verfallsdatum 31. 07. 2001.
89. SUSI, David; NADDIS-Abfrage negativ; Geburtsdatum: 09. 01. 1975, Freund von Maya MAIMON.

Folgende Personen wurden vom INS [Immigration and Naturalization Service] in Dallas identifiziert:
90. ELDAD, Dahan; NADDIS-Abfrage negativ; Weißer, israelische Staatsangehörigkeit. Adresse: Oak IEH Apts. 1913 Estrada Parkway, #228e, Irving, Texas. Festgenommen am 26. März 2001 vom INS (Identifiziert in Abschnitt 39).
91. AFRICANO-LEON, Elsa Beatriz; NADDIS-Abfrage negativ.; Weiße, kolumbianische Staatsangehörigkeit. Adresse: Oak Hill Apts. 1913 Estrada Pakway, #228e, Irving, Texas. Festgenommen am 26. März 2001 vom INS (Identifiziert in Abschnitt 39).
92. LIVNI, Eran; NADDIS-Abfrage negativ; Weißer; israelische Staatsangehörigkeit. Adresse: Oak Hill Apartments. 1913 Estrada Parkway, #228, Irving, Texas. Festgenommen am 26. März 2001 vom INS (Identifiziert in Abschnitt 40).
93. OFEK, Aran; NADDIS-Abfrage negativ; Weißer; israelische Staatsangehörigkeit. Adresse: Oak Hill Apartments. 1913 Estrada Parkway, #259, Irving, Texas. Der Vater ist Zwei-Sterne-General in der israelischen Armee. Festgenommen am 26. März 2001 vom INS (Identifiziert in Abschnitt 40).
94. GAL, Michal; NADDIS-Abfrage negativ; Weiße; israelische Staatsangehörigkeit; Geburtsdatum: 10.08.1979; Geburtsort: Afula, Israel, INS A 75-894941. Adresse: Oak Hills Apartments. 1913 Estrada Parkway, 4259, Irving, Texas. Weitere Adresse: 22 Palisade Terrace, Edgewater, NJ 01020; Telefonnummer: (201) 224-0797. Festgenommen am 26. März 2001 vom INS (Identifiziert in Abschnitt 40).
95. GAVRIEL, Noam; NADDIS-Abfrage negativ; israelische Staatsangehörigkeit; (identifiziert in Abschnitt 40).

96. KRITZMAN, Netta; NADDIS-Abfrage negativ; US-amerikanische Staatsangehörigkeit (identifiziert in Abschnitt 40).

97. BAER, Ophir; NADDIS-Abfrage negativ.; Geburtsdatum: 11. 11. 1956, israelische Staatsangehörigkeit; Angestellter von AMDOCS, Ltd. Adresse: 7845 La Cabeza Drive, Dallas, Texas 75248. Frühere Adresse: 1125 East Campbell Road, Richardson, Texas. Telefonnummer: (972) 392-0473 & (214) 576-5741, SSN [Social Security Number, dt.: Sozialversicherungsnummer]: 627-70-0979- (identifiziert in Abschnitt 42).

98. AMDOCS, Limited; NADDIS-Abfrage negativ. Adresse: 1390 Timberlake Manor Parkway, Chesterfield, Missouri. Telefonnummer: (314) 821-3242 (identifiziert in Abschnitt 43).

99. DOTAN, Boaz: NADDIS-Abfrage negativ. Adresse: 23 Abba Hillel, St. Ranat Gan, Israel, Präsident von AMDOCS, Ltd.. (identifiziert in Abschnitt 43).

100. WHITMAN, Beverly A.; NADDIS-Abfrage negativ; SSN: 400-88-4097, Leiter der Finanzabteilung von AMDOCS, Ltd. (identifiziert in Abschnitt 43).

101. CHRISTOFFEL, Gregory; NADDIS-Abfrage negativ. SSN: 389-52-850, Sekretärin von AMDOCS, Ltd. (identifiziert in Abschnitt 43).

102. MOSHE, Eran; NADDIS-Abfrage negativ; israelische Staatsangehörigkeit; INS A 75-894-459, abgelehnt durch INS am 26. 03. 2001. Beschäftigung: israelischer Kunststudent (identifiziert in Abschnitt 44).

103. VAINSHTEIN, Julia; NADDIS-Abfrage negativ.; Weiße; israelische Staatsangehörigkeit; Geburtsdatum: 12. 11. 1978; Geburtsort: Russland; erreichte DFW am 27. 03. 2001; Kontakte zu Michael CALMANOVIC (identifiziert in Abschnitt 46).

104. BORENSTEIN, Dilka; NADDIS-Abfrage negativ; israelische Staatsangehörigkeit; Geburtsdatum: 15. 03. 1979; Geburtsland: Israel; ehemaliger Offizier des israelischen Militärnachrichtendienstes; Kontakte zu Michael CALMANOVIC (identifiziert in Abschnitt 46) .

105. NAVAR, Ofir; NADDIS-Abfrage negativ; israelische Staatsangehörigkeit; Geburtsdatum: 02. 09. 1979; Geburtsort: Israel; ehemaliger israelischer Militärangehöriger, Sprengstoff- und Artillerieexperte; (identifiziert in Abschnitt 46).

106. CALMANOVIC, Michael; NADDIS-Abfrage negativ; Weißer; israelische Staatsangehörigkeit; Geburtsdatum: 06. 09. 1975; Geburtsland: Israel; amtlich registrierter Eigentümer des Fahrzeuges mit dem Kennzeichen L44-CVD aus Texas. Adresse: 3575 N. Beltline Road, Apt. 316, Irving, Texas. Weitere Adresse: 312 Rochelle Road, Irving, Texas. Weitere Adresse: 1103 Hidden Ridge #3018e, Irving, Texas. Weitere Adresse: 1913 Estrada Parkway, Irving, Texas 75061. Weitere Adresse: 11012 Ventura Boulevard, Studio City, Kalifornien 91604; Telefonnummer: (214)882-5196. Weitere Adresse: 319 S. 177 Place, 4201, Seattle, Washington, 98148. Telefonnummer: (206) 244-7705, Telefonnummern: (214) 882-5196 / (214) 837-3574 / (469) 446-1248 / (214) 837-5996 / (214) 876-1235 / (217) 837-2056. Ehemaliger israelischer Abhöroffizier. Festgenommen vom INS am 4. April 2001, ausgeschrieben für eine Kaution über 50 000 Dollar, (identifiziert in Abschnitt 46).

107. Simon, Itay; NADDIS-Abfrage negativ; Weißer; israelische Staatsangehörigkeit; Geburtsdatum: 27. 02. 1978; Geburtsland: Israel; ehemaliger israelischer Militärangehöriger. Adresse: 1103 Hidden Ridge #3018, Irving, Texas, Kollege von Michael Calmanovic in Kalifornien. Festgenommen vom INS am 4. April 2001 wegen Verletzung der Einwanderungsbestimmungen, ausgeschrieben für eine Kaution über 50 000 Dollar, (identifiziert in Abschnitt 50).

108. FAMILIENNAME UNBEKANNT, Gilad; NADDIS-Abfrage negativ; Telefonnummer: (214) 8825196 / (214) 876-1235, (identifiziert in Abschnitt 50).

109. FAMILIENNAME UNBEKANNT, Roy; NADDIS-Abfrage negativ; Telefonnummer: (214) 8373574, (identifiziert in Abschnitt 50).[6]

---

6 Eine Person namens Roy Laniado tauchte als Teamleiter der israelischen Kunststudenten auf, und wurde im Jahr 2003 in Kanada verhaftet. Roy Barak, ein Fahrer der Firma Urban Moving Systems, wurde am 12. September 2001 von der Polizei in Pennsylvania festgenommen.

110. FAMILIENNAME UNBEKANNT, Mosh; NADDIS-Abfrage negativ; Telefonnummer: (469) 446-1248, (identifiziert in Abschnitt 50).
111. FAMILIENNAME UNBEKANNT, Gil; NADDIS-Abfrage negativ; Telefonnummer: (214) 837-5996, (identifiziert in Abschnitt 50).
112. FAMILIENNAME UNBEKANNT, Gasaf; NADDIS-Abfrage negativ; Telefonnummer: (217) 837-2056 (identifiziert in Abschnitt 50).
113. ENGEL, Yoni; NADDIS-Abfrage negativ; Weißer; Geburtsdatum: 14.9.1979; Geburtsland: Israel; israelische Staatsangehörigkeit; ehemaliger Kompaniechef im israelischen Militär; erreichte DFW am 28. 03. 2001; festgenommen vom INS in St. Louis, Missouri, am 4 April 2001 (identifiziert in Abschnitt 51).
114. DAGAI, Yotam; NADDIS-Abfrage negativ; Geburtsdatum: 06. 04. 1978; Geburtsland: Israel; israelische Staatsangehörigkeit; festgenommen vom INS, St. Louis, Missouri, am 4. April 2001; erreichte DFW am 28. 03. 2001, (identifiziert in Abschnitt 51).
115. ALROEI, Or; Weißer, Geburtsdatum: 08. 08. 1978, Geburtsland: Israel; israelische Staatsangehörigkeit; suchte am 04. 04. 2001 das Gebäude der DEA in St. Louis auf. Die Telefonnummer (214) 882-5196 war auf seinen Namen eingetragen; Kollege von Michael CALMANOVIC & Gil, FAMILIENNAME UNBEKANNT, (identifiziert in Abschnitt 51).
116. RABINOVITZ, Eli; NADDIS-Abfrage negativ; Weißer; Geburtsdatum: 27. 03. 1979; US-Reisepass Nr. E3701329518, 167cm, 79 kg, braune Haare, (identifiziert in Abschnitt 51).
117. ADESA Golden Gate; NADDIS-Abfrage negativ; Adresse: 6700 Stevenson Boulevard., Fremont, Kalifornien; registrierter Eigentümer des Fahrzeugs mit dem Kennzeichen 3LVAO1P aus Kalifornien, (identifiziert in Abschnitt 51).
118. SADAN, Ben; NADDIS-Abfrage negativ; Weißer; israelische Staatsangehörigkeit; etwa 24 Jahre alt. Telefonnummer: (214) 562-1110; Fahrer der israelischen Kunststudenten, die am 4. April in St. Louis, Missouri, aufgespürt wurden.
119. BEN DOR, Tomer; NADDIS-Abfrage negativ; Weißer; israeli-

sche Staatsangehörigkeit; Geburtsdatum: 24. 08. 1975. Beschäftigung als Computersoftwareingenieur; Arbeitgeber: NICE; ehemaliger israelischer Offizier des *Patriot* Raketenabwehrsystems, (identifiziert in Abschnitt 55).

120. GLIKMAN, Marina; NADDIS-Abfrage negativ; Weiße; israelische Staatsangehörigkeit; Geburtsdatum: 15. 12. 1972, (identifiziert in Abschnitt 53).

121. AKIVA, Ronen; Kollege von Marina GLIKMAN; Beschäftigung: Computerprogrammierer; Arbeitgeber: RETALIX, Israel; ehemaliger israelischer Offizier, (identifiziert in Abschnitt 55).

122. RETALIX, USA; NADDIS-Abfrage negativ; Adresse: 8081 Royal Ridge Parkway, Irving, Texas; zuvor bekannt unter dem Namen Point of Sale, Limited, (identifiziert in Abschnitt 55).

123. DOR, Hillel; NADDIS-Abfrage negativ; Weißer; israelische Staatsangehörigkeit; Geburtsdatum: 06. 04. 1971; Kollege von Marina GLIKMAN, (identifiziert in Abschnitt 55).

124. MILLER, Zeev; NADDIS-Abfrage negativ; Weißer; israelische Staatsangehörigkeit; Geburtsdatum: 04. 09. 1971; Beschäftigung: Student / Softwareingenieur; Arbeitgeber: RETALIX, Israel, (identifiziert in Abschnitt 55).

125. SHAKED, Barry; NADDIS-Abfrage negativ; Vorstandsvorsitzender von RETALIX, Israel, (identifiziert in Abschnitt 55).

Am 30. April 2001 löste die Air Force [die Luftwaffe der Vereinigten Staaten] einen Sicherheitsalarm auf dem Luftwaffenstützpunkt Tinker in Oklahoma City wegen »möglicher geheimdienstlicher Tätigkeit durch israelische Kunststudenten« aus. Die Dienststellen der DEA, der INS, des FBI und der *Environmental Protection Agency* (EPA) [die amerikanische Umweltschutzbehörde] erhielten ähnliche Benachrichtigungen. Es wurde berichtet, dass das FBI-Büro in New Orleans im Februar 2000 einen »Terrorismusbekämpfungsbericht hinsichtlich verdächtiger Aktivitäten in Gebäuden der Bundesbehörden erhielt, die mit israelischen Studenten in Verbindung gebracht wurden«. Das FBI berichtete auch, dass ein israelischer Kunststudent versuchte, Kunstwerke an einen amerikanischen Bezirks- und Friedensrichter in Baton Rouge in Louisiana zu verkaufen. Dennoch, so hieß es laut gut unterrichteter Kreise innerhalb der amerikanischen Regierung, beteiligte sich das FBI aus »politischen Gründen« nicht an der laufenden Untersuchung der DEA und der INS.

Die israelischen Studenten operierten in Gruppen von 4 bis 8 Personen und wurden von »Teamleitern« geführt. Diese kontrollierten die Aktivitäten der Teams und fuhren die Fahrzeuge, in denen sich oft Kameras und Aufzeichnungsgeräte befanden. Einige der Studenten verfügte aus ihrer Zeit in den israelischen Streitkräften über umfangreiche Erfahrungen mit Sprengstoffen und der Übermittlung von Nachrichten.

Das im Raum Irving in Texas (in der Nähe des Flughafen Dallas-Fort Worth) aktive Team hatte Verbindung zu der in Chesterfield, Missouri, ansässigen israelischen Kommunikationssoftwarefirma AMDOCS, die eine Outsourcingvereinbarung mit Nextel; mit RETALIX, einem israelischen Unternehmen, das Software für die Lebensmittelindustrie entwickelte; und mit NICE, einer israelischen Softwarefirma, hat. Der Bericht führt Michael Calmanovic als den führenden Vertreter der Gruppe in Irving an und stellt fest, dass er »bis vor Kurzem elektronischer Abhörexperte beim israelischen Militär war.« Calmanovic und sein israelischer Vorgesetzter aus Kalifornien wurden am 4. April 2001 in Irving festgenommen, als sie gerade dabei waren, ihr Appartement zu räumen. Der DEA-Bericht erwähnt, dass Calmanovic ein Postfach bei der Firma Mailboxes, Etc., benutzte, die sich in der 3575 N. Beltline Road 16 in Irving befand. Die Liste des FBI vom 3. Oktober 2001, die an die nationalen Finanzkontrollbehörden geschickt wurde, um die Konten der saudischen Entführer und ihrer Unterstützer einzufrieren, nennt als Adresse für den Verdächtigen Ahmed Khalifa, der auch als Almad Khafefa bekannt war, 4045 N. Beltline Road, Apartment 314, Irving, Texas, Hierbei handelt es sich um die Marbletree Appartements, die sich nur wenige Häuserblocks von der israelischen Postfachadresse befanden.

Es gibt eine Reihe möglicher Erklärungen dafür, warum die israelischen Kunststudenten so nahe bei den Entführern wohnten, besonders in Florida, wo ein großer Teil der Flugausbildung der Terroristen stattfand. Eine lautet, dass die Israelis al-Qaida mit zwei Zellen von sechs Ägyptern und in Jemen geborener Juden infiltriert hätten, und dass einige dieser Agenten sich als israelische Kunststudenten ausgaben, die die Zellen der al-Qaida in den Vereinigten Staaten beschatteten und Berichte über deren Aktivitäten an den *Mossad* oder eine »separate« Geheimdiensteinheit in Ariel Sharons Büro weitergaben. Eine andere Erklärung besagt, dass die Kunststudenten, ebenso wie die israelischen »Möbelpacker« im Gebiet New York-New Jersey, für die operative Tarnung der Entführer und sogar für deren materielle Unterstützung sorgten. Diese Theorie entstand, als mehrere israelische Kunststudenten in Kanada festgenommen wurden, weil sie gefälschte chinesische Kunstwerke verkauften, die sie als israelisch ausgaben. Zwei kanadische Zeitungen berichteten, dass Beamte der amerikanischen Spionageabwehr die kanadischen Behörden gewarnt hätten, dass die israelischen Kunststudenten die Erlöse aus den Kunstauktionen radikalen islamistischen Gruppen zukommen ließen.[7] Wenn die vor dem 11. September entdeckten israelischen Kunstringe in Florida und Texas tatsächlich eine derartige finanzielle Unterstützung für die Entführer bereitstellten, dann würde dies erklären, warum sie ihre Postfächer so nahe bei diesen eingerichtet hatten.

7 Bob Holliday, »Besteht eine Verbindung mit billigen und falschen Kunstwerken?«, *Winnipeg Sun,* 8. August 2004, S.6; Paul Cowan, »Betrügerische Kunstverkäufer hochgenommen; lokale Kunsthändler warnen vor billigen Reproduktionen«, *Edmonton Sun,* 8.August 2004, S.6.

Kapitel 5

Überwachung der amerikanischen Telekommunikation durch den Mossad

Die Verwicklung der israelischen Zellen mit Telekommunikationsfirmen führte zu ernsthaften Sorgen bei der Drogenvollzugsbehörde und dem Justizministerium, die beide israelische Abhörsoftware bei der Durchführung ihrer Operationen verwendeten. Die DEA benutzte ein von den israelischen Unternehmen Comverse und JSI geliefertes Abhörsystem. Comverse verfügte über enge Verbindungen zur israelischen Regierung, die ihr bis zu 50 Prozent ihrer Forschungs- und Entwicklungskosten zurückerstattete. Die Behörde für die Umsetzung der aufgrund des Communications Assistance to Law Enforcement Act (CALEA) [Gesetz zur Verbesserung der Fähigkeiten der Strafverfolgungsbehörden durch die elektronische Überwachung] vorgeschlagenen Maßnahmen in Chantilly, Virginia, war extrem beunruhigt über die Bedrohung, die von der Abhörsoftware von Comverse ausging. Aber die Befürchtungen der Behörde in Chantilly und der Federal Communications Commission (FCC) [eine unabhängige Behörde für die Zulassung von Kommunikationsmitteln] wurden vom Ingenieurbüro des FBI in Quantico in Virginia nicht berücksichtigt, und dies wurde auch von den Subunternehmen wie Booz Allen Hamilton unterstützt.[1] Die Verbindung der Kunststudenten, die geheimdienstlichen Überwachungsaktionen und die mögliche Verwicklung in den Handel mit Ecstasy ließ die Alarmglocken in den höchsten Kreisen der DEA läuten. Der Grund war einleuchtend. Die T2S2 Systeme wurden bei allen Aktionen der Drogenvollzugsbehörde, der Küstenwache, des Zolls und anderer Behörden im Kampf gegen den Rauschgifthandel in den High Intensity Drug Trafficking Areas (HIDTAs) [die koordinierten Aktivitäten der DEA gegen den Drogenhandel] und von den dabei eingesetzten Abhörzentren verwendet.

Das folgende interne DEA Memorandum belegt die Bedenken im Hinblick auf die israelische Software:

---

1 Carl Cameron, Spezialbericht von *Fox* mit Brit Hume, 13. Dezember 2001; »Wayne Madsen, Homeland Security, Homeland Profits«, *Corp Watch*, 21. Dezember 2004. *http://www.corpwatch.org/issues/PID.jsp?articleid=1108.*

von: [Gelöscht]
gesandt: [Gelöscht]
an: [Gelöscht]
Thema: [Gelöscht]

Ich bin nicht sicher, was mit »Alles in allem sollten wir damit zurecht kommen« gemeint ist.

---------- Originalnachricht ------------
von: Raffanello, Heidi M.
gesandt: Dienstag, 18. Dezember 2001, 15:04
an: Zeisset, Dale M.
Cc: Newton, Otis L; Howard, JP
Thema: Comverse

Wie Sie sicher gehört haben, wird das Sicherheitsprogramm den Administrator[2] *morgen früh über die Untersuchung der israelischen Studenten und die Verbindung zu* Comverse *und JSI unterrichten. Dies war ein Ergebnis der Darstellung des Nachrichtensender* Fox *über israelische Gegenspionageaktivitäten. Bei unseren Gesprächen über die Fernwartung für* JSI *und* Comverse *haben wir festgestellt, dass das System von* Comverse *für Außenstellen nicht Bestandteil des C & A Prozesses war. Wir werden uns damit in ähnlicher Weise beschäftigen, wie wir es bei der Frage von* JSI *getan haben, auch wenn hier nicht der ausländische Faktor zutrifft. Er bleibt unklar, ob das Personal von* Comverse *einer Sicherheitsüberprüfung unterzogen wurde, und wenn es der Fall war, wie diese durchgeführt worden ist. Wenn Sie über Namen verfügen, kann ich sie durch die Personalabteilung überprüfen. Wenn Sie keine Namen haben, benötigen wir von* Comverse *und ST eine kurze Liste der Personen, die überprüft werden müssen. Natürlich wird das*

2 Mit Administrator ist Asa Hutchinson, der damalige DEA Direktor gemeint. Er wurde später zum Staatssekretär im Innenministerium unter Minister Tom Ridge ernannt.

Vorgehen dadurch erleichtert, wenn die Sicherheitsüberprüfung bereits durch andere Behörden durchgeführt wurde. Zum dem Zeitpunkt da wir den ursprünglichen C & A-Prozess für Comverse *durchgeführt haben, waren die Erfordernisse anders als unter 2640.2D. Alles in allem sollten wir damit zurechtkommen. Bitte lassen Sie mich wissen, wie der Status der letzten Bemühungen von* Comverse *für die Fernwartung ist, und wie wir weiter verfahren müssen, um eine Lösung für den C & A-Prozess zu finden. Ich werde Otis kontaktieren, damit Sie mit ihm darüber sprechen können. Was die Besorgnis der Verwaltung im Hinblick auf Schwachstellen der T2S2 Systeme betrifft, so werden wir bis zum 25. Januar eine Überprüfung des gegenwärtigen Status durchführen.*

Zu diesem Zeitpunkt erwartet ISI das Eintreffen der Ausrüstung von Comverse *bei ST, so dass eine C-2 Abnahmeprüfung durchgeführt werden kann. Haben Sie eine Vorstellung davon, wann ST soweit ist, damit wir es erledigen können?*

Am 4. März 2002 gab der amtierende stellvertretende amerikanische Justizminister, Robert F. Diegelman, ein Memorandum des Justizministeriums heraus, das die laufende Anweisung 2640.2D des Justizministeriums vom 12. Juli 2001 in Bezug auf den Zugang von ausländischen Staatsbürgern zur Informationstechnologie des Justizministeriums noch einmal eindeutig klarstellte. Die Order und das Memorandum bekräftigten erneut die Anweisung, dass »ausländische Staatsangehörige keinen Zugang oder Einfluss auf Entwicklung, Betrieb, Management oder Instandhaltung der IT-Systeme des Ministeriums erhalten durften, es sei denn, dass der CIO [der Vorstand Informationstechnologie] des Ministeriums eine Waiver-Regelung [ein Verzicht auf bestimmte Kontroll- und Melderegelungen] genehmigt hätte.« Die *Technology Development Corporation* (TDC) war eine von zwei Männern geführte Firma mit einer Postfachadresse in Annapolis Junction. Es handelte sich um die Brüder Randall und Paul Jacobson aus Clarksville in Maryland. Nach dem 11. September und der Durchsetzung des Telekommunikationsüberwachungsprogramms namens STELLAR WIND durch die NSA, für das es keine rechtliche Grundlage gab, verließ sich die NSA auf die Ausrüstung und Software von zwei Firmen, die mit israelischen Staatsbürgern in Verbindung standen. TDC ermöglichte Narus, die später von Boeing gekauft wurde, und für *Verint*, die *Comverse Technology* (ehemals *Comverse Infosys*) gehörte, den Zugang zur Überwachungsinfrastruktur der NSA. Beide Gesellschaften wurden von Personen gegründet, die früher der Einheit 8200 angehörten. Diese Geheimdienstgruppe, die auch als Israel Signals Intelligence National Unit (ISNU) bekannt war, ist das israelische Pendant zur NSA. Paul Jacobson erhielt seine Sicherheitszulassung durch die NSA im Jahre 1992, und nahm später die Namen »Jimmy Carter« und »Alfred Olympus von Ronsdorf« an. Viele leitende NSAQ-Manager befürchteten, wenn man TDC, Narus und Verint den Zugang zur NSA ermöglichte, die israelische Regierung einfach die NSA-Technologie an israelische Startup-Firmen weitergeben könnte, die das von der NSA entwickelte Know-how dazu verwenden könnten, das Ausland, also auch die USA, auszuspionieren. Israel gab seinerseits wiederum anderen Ländern die Technik weiter, auch an die Vereinigten Staaten.[3] Erstaunlicherweise war dies kein Hindernis, um eine Hochsicherheitsstufe zu erhalten und sich nach dem 11. September an dem NSA-Programm zu beteiligen.

Das israelische Eindringen in die NSA wurde zum ersten Mal im Juli 2005 durch den Autor zur Sprache gebracht.

Eine der erwähnten Firmen, die an dem Sicherheitsbündnis mit Israel beteiligt waren, war die Firma CACI als Teil einer Allianz von Subunternehmern der NSA, das den Namen »Eagle Alliance« trug. CACI wurden von Kritikern auch »Colonels und Captains, Inc.« genannt, weil es wie eine Art Drehtür vom Pentagon zu den Chefetagen

3 James Bamford, »Zwielichtige Unternehmen mit Verbindungen nach Israel belauschen die USA für die NSA«, *Wired*, 3. April 2012.

der Unternehmen fungierte. Die ehemalige stellvertretende Direktorin der NSA, Barbara McNamara, war Mitglied ihres Aufsichtsrats. Zu den ehemaligen Mitarbeitern zählte auch Thomas McDermott, ein früherer stellvertretender Direktor der NSA für die Sicherheit der Informationssysteme. Der ehemalige Direktor der NSA, Mike McConnell, war bis 2006 Vizepräsident von Booz Allen Hamilton. Der Präsident und Vorstandsvorsitzende von CACI, Jack London, besuchte Anfang 2004 Israel und erhielt bei einer Veranstaltung in Jerusalem, bei der auch der Verteidigungsminister Shaul Mofaz von der Likud Partei anwesend war, den Albert-Einstein-Preis für Technologie. Die spezielle Zeremonie der Ehrung des CACI-Präsidenten wurde vom Aish HaTorah Jeshiva Fonds gesponsert. Auch der ultraorthodoxe Bürgermeister von Jerusalem, Uri Lupolianski, von der politischen Allianz Vereinigtes Thorajudentum (UTJ), war unter den Anwesenden.

Nach einem Bericht des libanesischen *Daily Star* traf der CACI-Präsident auch auf den berüchtigten rassistischen israelischen Ex-General Effie Eitam, der dafür eintritt, alle Palästinenser aus Israel zu vertreiben. Zur US-Delegation gehörte auch eine Reihe von Beamten des Ministeriums für Innere Sicherheit der Vereinigten Staaten (Heimatschutzministerium), Politiker und Geschäftsleute. CACI hatte zudem Forschungsstipendien von Stiftungen aus Israel und den Vereinigten Staaten erhalten.

Kleine Teams von Agenten des *Mossad* mit Abhörausrüstungen sind für die europäischen oder amerikanischen Strafverfolgungsbehörden nichts Neues. Im Februar 1998 wurden fünf Israelis, drei Männer und zwei Frauen, in einem Appartement in der Nähe von Bern festgenommen. Das israelische Team schaffte es, die Polizei davon zu überzeugen, dass es nicht in das Appartement eingebrochen wäre, sondern sich dort rechtmäßig aufhalten würde. Das Appartement war die Wohnung eines islamischen Aktivisten. Vier der Israelis, zwei Männer und zwei Frauen, wurden freigelassen. Doch der fünfte Israeli wurde später mit einer hoch entwickelten Überwachungsausrüstung und einigen falschen Reisepässen erwischt. Er wurde festgenommen, eingesperrt und 65 Tage inhaftiert, bis Israel 3 Millionen Schweizer Franken für seine Freilassung zahlte, unter der Auflage, dass er aus Israel zurück in die Schweiz kommen würde, um sich dort vor Gericht zu verantworten. Im Juli 2000 stand Isaak Bental (dies war der Deckname, auf dessen Grundlage der *Mossad* den Schweizern erlaubt hatte, ihren Agenten strafrechtlich zu verfolgen) wegen des Vorwurfs der Spionage vor dem Schweizer Bundesgericht. Es war das erste Mal, dass sich ein Agent des *Mossad* außerhalb von Israel bei einem Gerichtsverfahren für seine Taten verantworten musste.[4]

Im Dezember 1998 nahm die Polizei auf Zypern die beiden israelischen Agenten Uri Argov und Yisrael Damari wegen illegalen Besitzes von Abhörtechnik sowie Spionage fest. Im März 1998 brachen drei Agenten des *Mossad* einen Lauschangriff in London ab, nachdem die Polizei einen Hunweis bekommen hatte. Seit dem Jahre 1987 führte der *Mossad* bereits illegale Operationen in London durch. In jenem Jahr wies eine wütende Margaret Thatcher Israel an, ihren *Mossad*-Stützpunkt in Palace Green in Kensington zu schließen, nachdem dessen Mitwirkung bei dem Attentat auf einen palästinensischen Karikaturisten auf einer Straße im Süden des Londoner Stadtteils Kensington enthüllt worden war.[5]

Im Jahr 1999 wurde Shalom Shaphyr, ein israelischer Staatsangehöriger mit Wohnsitzen in Vancouver, Washington, und Portland in Oregon vom FBI in Alexandria in Virginia festgenommen, weil er versucht hatte, Computertechnik für Lauschangriffe von verdeckt operierenden Agenten des FBI und des Zolls zu erwerben. Er wurde angeklagt, weil er die Ausrüstung illegal nach Vietnam exportieren

4 Swissinfo Website, »Das Schweizer Gericht beginnt mit den Anhörungen im Falle des israelischen Geheimagenten«, 3. Juli 2000.

5 »Es wird berichtet, dass Zypern sich weigert, die verdächtigen *Mossad* Agenten auszuliefern«, *Ma'ariv* (Tel Aviv), 29. Dezember 1998; Uzi

wollte. Shaphyr besaß ein Geschäftsvisum, das ihm erlaubte, ohne jede Einschränkungen in die Vereinigten Staaten ein- oder auszureisen.[6]

Am 31. Mai 2005 wurde in Israel bekanntgeben, dass die israelische Polizei und Interpol einen riesigen Spionagering entdeckt hätten, an dem eine Reihe ehemaliger israelischer Geheimdienstoffiziere und israelischer Unternehmen wie AMDOCS beteiligt waren. Die israelische Polizei befragte den Verantwortlichen für die Computersicherheit von AMDOC, Eitan Shiron, im Rahmen der Untersuchung in Bezug auf den Einsatz eines hoch entwickelten Hacker-Softwareprogramms, das in mehr als einem Dutzend israelischer Firmen eingesetzt wurde. Es ging hierbei um einen Trojaner, der die Sicherheitskontrollen bei den angegriffenen Computern umgehen konnte.[7] Die israelische Untersuchung konzentrierte sich auch auf vier größere israelische Telekommunikationsgesellschaften: *Cellcom*, Israels größte Mobilfunkgesellschaft; zwei Tochtergesellschaften der größten Telekommunikationsfirma Bezeq Israel Telecom; die Mobilfunkgesellschaft Pelephone; und das Satellitenfernsehunternehmen Yes.[8] Scotland Yard war ebenfalls an der Zerschlagung des israelischen Spionagerings beteiligt und nahm in London Michael Haephrati, der sowohl die israelische wie auch die deutsche Staatsbürgerschaft hatte, und seine Frau Ruth Brier-Haephrati aufgrund eines israelischen Auslieferungsersuchens fest. Das israelische Paar wurde wegen »unerlaubter Modifikation der Inhalte eines Computers« im Zeitraum vom 12. Dezember 2004 bis dem 28. Februar 2005 angeklagt. Die Polizei erklärte, dass sie den Trojaner programmiert und einem Mittelsmann übergeben hätten. Viele glaubten, dass der betreffende Trojaner eine

6 »Israelischer Staatsbürger wegen Spionage angeklagt«, *Sun-Sentinel* (Fort Lauderdale, Florida), 11. Juli 1999.

7 Noam Sharvit, »Angestellter von AMDOCS wegen dem Vorwurf der Industriespionage vernommen«, Globes Online (Israel), 31. Mai. 2005, *http://www.globes.co.il/serveen/globes/docview.asp?did=919329&fid=94*

8 »Spyware Spionagering aufgedeckt; israelische Unternehmen durch Trojaner infiltriert«, Reuters, 1. Juni 2005.

Variante des Softwareprogramms PROMIS wäre, das in den frühen 1980er-Jahren illegal von der Firma *Inslaw, Inc.* in Washington beschafft worden, und von einigen Geheimdiensten, darunter auch dem israelischen, weiterentwickelt worden war, um Computerspionage zu betreiben. Merkwürdigerweise berichtete die Zeitung *The Scotsman*, dass Haephrati am 25. Mai vor seiner Verhaftung wegen einer »anderen Angelegenheit« von Experten der britischen Hi-Tech-Verbrechenseinheit am 25. Mai befragt wurde. Das Amtsgericht Bow Street in London verhängte gegen das Ehepaar Haphraeti Untersuchungshaft.[9]

Es gab jedoch noch einen weiteren möglichen israelischen geheimdienstlichen Vorfall, bei dem es um elektronische Abhöraktionen gegen amerikanische Regierungsstellen ging. Gemeint ist hiermit die zweifelhafte Zustimmung des amerikanischen Kongresses zu einem Vertrag mit einem israelischen Unternehmen für die Einrichtung eines drahtlosen Netzwerks. Im Jahre 2000 wurde das Unternehmen *LGC Wireless* aus San Jose in Kalifornien dazu auserkoren, drahtlose Verbindungen im amerikanischen Repräsentantenhaus einzurichten. Ein Jahr zuvor erteilte das *House Administration Committee* [ein Ausschuss, der sich mit den allgemeinen Verwaltungsangelegenheiten des Repräsentantenhauses der Vereinigten Staaten befasst], das von dem republikanischen Abgeordneten Bill Thomas aus Kalifornien geleitet wurde, LGC die Genehmigung zur Durchführung einer Design- und Sicherheitsstudie des Kapitols. Außerdem überprüften das FBI und die NSA das Systemdesign von LGC, um sicherzustellen, dass ausländische Geheimdienste nicht in das drahtlose Netz des Kongresses eindringen könnten. Bis zum Dezember 2000 hatte LGC seine Pläne mit dem Architekten des Kapitols, dem IT-Verantwortlichen und dem *House Administration Committee* abgestimmt. Bald jedoch begann ein

9 DEBKAFile Special Update, 29. Mai 2005; David Stringer, »Israelisches Auslieferungsersuchen: Ehepaar bleibt in Haft«, *The Scotsman*, 26. Mail 2005.

neues israelisches Unternehmen namens *Foxcom Wireless*, das seinen Firmennamen später zu *MobileAccess* umänderte, sich um den Vertrag für die drahtlosen Verbindungen im Kapitol zu bemühen. Der neue Vorsitzende des *House Administration Committee*, der republikanische Abgeordnete Bob Ney aus Ohio, gab eindeutig *MobileAccess* den Vorzug gegenüber LGC, und im Jahr 2002 erhielt die israelische Gesellschaft den Vertrag für die drahtlosen Verbindungen innerhalb des Kapitols. Ney hatte enge politische und finanzielle Verbindungen zu dem Lobbyisten der Republikanischen Partei (GOP) Jack Abramoff, einem extrem pro-israelischen politischen Insider, gegen den später vom Justizministerium Ermittlungen wegen seiner fragwürdigen Verbindungen zu Ney und dem Mehrheitsführer des Repräsentantenhauses Tom DeLay durchgeführt wurden. Später wurde durch einen Bericht in der *Washington Po*st bekannt, dass *MobileAccess* im Jahr 2001 50 000 Dollar an die von Abramofff geleitete Sportstiftung des Kapitol gespendet hatte. Drei Jahre später zahlte *MobileAccess* 240 000 Dollar Lobbyhonorare an Greenberg Traurig, Abramoffs ehemalige Firma. Ein führendes Mitglied des House Administration Committee, der demokratische Abgeordnete Steny Hoyer aus Maryland, erklärte, dass er nicht vollständig über den Vertrag bezüglich der drahtlosen Verbindungen im Kapitol informiert worden war. LGC beschwerte sich dann auch, als der US-Senat im Jahr 2004 mit der Firma *MobileAccess* einen Vertrag in Höhe von 3 900 000 Dollar über die Installation eines drahtlosen Netzwerks für den Senat abschloss.[10] Genauso wie in dem Fall, als die Firma *Information Spectrum Inc.* abrupt durch *Larimore Associates* als Subunternehmer für das Computersystem der Polizeibehörde von Jersey City ersetzt worden war, wurden ähnliche Klagen von Seiten der Firma LGC laut. Der Vorstandsvorsitzende von LGC, Ian Sugarboard, erklärte gegenüber der Zeitung *The Hill*, » … es hat den Anschein, als ob Lobbyisten einen unzulässigen

10 Patrick O´Connor und Jonathan E. Kaplan, »In den Kampf um ein Wi-Fi ist auch Abramoff verwickelt«, *The Hill,* 3. März 2005, S. 11.

Einfluss auf das Geschäft ausgeübt haben.« Außerdem erläuterte das *House Administration Committee* nicht, welche Sicherheitsauflagen *MobileAccess* erfüllen musste. FBI und NSA hatten dagegen den Sicherheitsmaßnahmen von LGC zugestimmt.[11]

Die Verbindungen von Abramoff zu Israel und sein Einfluss in der Regierung Bush dienten als eine weitere Verknüpfung zwischen Israel, der Regierung Bush und Beamten mit engen Kontakten zu Saudi-Arabien. Der führende Berater der Republikanischen Partei und Freund von Abramoff, Grover Norquist, der dessen Wahlkampfleiter war, als Abramoff für den Posten des Präsidenten des *College Republicans National Committee* (CRNC) kandidierte [eine nationale Organisation für College- und Universitätsstudenten, die die Republikanische Partei der USA unterstützen] (ein Amt, das auch einmal von Karl Rove bekleidet worden war), unterhielt auch enge Verbindungen zu einer Reihe von Saudis, von denen einige in die Finanzierung des Terrorismus verwickelt waren. Norquist war ein Mitbegründer des Islamischen Instituts, das sich in den gleichen Büros befand wie die von ihm ins Leben gerufene Bewegung Americans for Tax Reform (ATR) [eine amerikanische Lobbygruppe und ein Think Tank mit Sitz in Washington, deren Ziel in einer Vereinfachung des gegenwärtigen Steuersystems besteht]. Zudem war er im Jahre 2000 eine Schlüsselfigur bei Bushs Werben um die moslemischen und arabischen Wähler. Sami al-Arian, ein Professor der Universität von Südflorida, war ein glühender Anhänger der Bush-Wahlkampagne in Florida, die sich um moslemische und arabische Wähler bemühte, und seine Unterstützung trug wahrscheinlich dazu bei, die knappe Wahl zugunsten Bushs zu entscheiden. Das Islamische Institut wurde 1999 mit Startkapital aus Kuwait, Katar und anderen arabischen Ländern vom Gründer des *American Muslim Council* [eine islamische Interessenvertretung und eine eingetragene Wohltätigkeitsorganisation], Abdurahman Mohammed al-Amoudi; und zwei islamischen

11 Ebd..

gemeinnützigen Organisationen, dem *Safa Trust* und dem *International Institute of Islamic Thought* (IIIT) [Internationales Institut für Islamisches Denken] gegründet. Im Jahr 2002 durchsuchte das FBI als Teil der Operation GREENQUEST Safa und IIIT wegen ihrer Rolle bei der Finanzierung des internationalen Terrorismus. Eine weitere der Gruppierungen von Al Amoudi, die International Relief Organization, wurde verdächtigt, saudisches Geld für Terrororganisationen zu waschen. Obwohl Arian und al-Amoudi später von der US-Regierung angeklagt wurden, terroristische Gruppen unterstützt zu haben, engagierten sie sich weiterhin für die Wahlkampagne von Bush. Nur wenige Monate vor den Anschlägen des 11. September hatte Arian eine Besprechung mit Karl Rove [dem stellvertretenden Stabschef von Bush] im Weißen Haus.

Suhail Khan war leitender politischer Beamter in der Bush Administration und unterstützte den Präsidenten bei dessen Kontakten zu verschiedenen Glaubensgemeinschaften. Er war der ehemalige Direktor des Islamischen Instituts und Sohn des verstorbenen Imam der Moschee von Santa Clara in Kalifornien. Die Moschee hatte einmal Dr. Aiman az-Zawahiri, die zweithöchste Person in der Hierarchie der al-Qaida, eingeladen. Norquist und seine Freunde waren eindeutig Teil einer von Saudis und Wahhabiten finanzierten staatlichen Maschinerie, die den Versuch unternahm, gemäßigte Moslems in den Vereinigten Staaten an den Rand zu drängen. Agha Jafri, ein führender Politiker der Schiiten in New York, meinte, dass es in den Vereinigten Staaten eine saudische »Mafia« gäbe, die »die Absicht verfolgte, die »zu gemäßigten Sufis und schiitischen Moslems in den USA zu zerschlagen.«[12]

---

12 Mary Jocoby, »Freunde in höchsten Stellen; Sami al-Arian ist nicht der einzige bekannte muslimische Führer, der mit Präsident Bush für plump-vertrauliche Bilder posiert. Vielen konservativen Republikanern gefällt es nicht, auf welche Weise der Vertreter der ,Republikanischen, Grover Norquist, Unterstützung durch die moslemische Gemeinde erhält« *St. Petersburg Times,* 11. März 2003.

Zudem wurde auch noch aufgedeckt, dass Norquists Freund Al Amoudi Kontakte zu den Entführern vom 11. September hatte. Deutsche Polizeiakten belegten, dass al-Amoudi im Herbst 2000 den führenden islamischen Führer Mohammed Belfas in Hamburg traf, der auch einmal ein Appartement mit Ramzi Binalshibh, einem der Hauptakteure bei den Anschlägen vom 11. September, geteilt hatte. Einer der Mitstreiter von Belfas namens Agus Budiman hatte ihn Ende 2000 auf einer Erkundungsmission nach Washington, D.C., begleitet. Budiman wurde schuldig gesprochen, da er Belfas dabei geholfen hatte, eine falsche Telefonkarte mit Hilfe einer nicht existierenden Adresse in Arlington in Virginia zu bekommen. Die deutsche Polizei gelangte in den Besitz einer Fotografie aus Belfas' Hamburger Appartement, die ein Treffen zwischen ihm, Budiman und al-Amoudi in dessen Büro in Arlington zeigte.[13]

13 Michael Isikoff und Mark Hosenball, »Was hatte er gewusst? Neue Beweise deuten darauf hin, dass ein führender Sprecher der Moslems in den Vereinigten Staaten Verbindung zu Terrorverdächtigen hatte«, Newsweek, 1. Okober 2003.

Kapitel 6

Die Verbindung nach Florida

Texas war nicht der einzige Ort, wo man feststellte, dass die Israelis in denselben Gegenden lebten und arbeiteten wie die Zellen der saudischen Attentäter. Nach einem Bericht der Drogenvollzugsbehörde lebte ein weiteres israelisches Team, das im Bereich von Hollywood, Florida, operierte und von dem Teamleiter Hanan Serfaty geführt wurde, in der 4220 Sheridan Street, #303, Hollywood, Florida 33021 (in den Emerald Green Apartments), während die saudischen Attentäter Khalid al-Midhar, Abdulaziz al-Omari, Walid al-Shehri und Marwan al-Shehhi aus den Vereinigten Arabischen Emiraten vom Standort einer Firma aus agierten, deren Adresse Mailbox Rentas, 3389 Sheridan Street, #256, Hollywood, Florida, lautete. Eine weitere Wohnung von Serfaty in der 701 S. 21st Avenue in Hollywood befand sich in der Nähe der Wohnsitze von Atta und al-Shehhi. Dazu gehörten eine Wohnung in der Jackson Street, nur wenige Häuserblocks entfernt, und die Bimini Motel Apartments, Appartement Nr. 8, unter der Adresse 1600 North Ocean Drive. Am 7. September, nur wenige Tage vor dem Terroranschlag, verbrachten Atta und al-Shehhi mehrere Stunden in dem Restaurant Shuckums Oyster Pub & Seafood Grill, 1814 Harrison Street, nur ein paar Blocks von Serfaty´s Wohnung an der 21st Avenue entfernt. Eine israelische Einheit in Miami unter der Führung von Legum Yochai operierte von der 13753 SW 90th Avenue in Miami aus, während der Entführer al-Shehri ganz in der Nähe in den Horizons Apartments, 8025 SW 107th Avenue, lebte.

Während der Zeit, als die Israelis und Araber in Hollywood, Florida, lebten, absolvierten Atta und sein Team eine Pilotenausbildung, und schauten sich im Süden Floridas Sprühflugzeuge an, die für die Unkrautvernichtung eingesetzt wurden. Laut einer Quelle, die Kontakte zu hochrangigen Mitarbeitern des *Mossad* unterhielt, konnten die im Süden Floridas eingesetzten israelischen Agenten erfolgreich die arabischen Zellen in Südflorida infiltrieren, und sie informierten ihr Hauptquartier in Tel Aviv darüber, dass ein Angriff an der Ostküste der Vereinigten Staaten geplant sei, und dafür Verkehrsflugzeuge eingesetzt werden sollten. Es ist nicht bekannt ist, ob diese Agenten Kunststudenten waren, aber wir wissen, dass es Jemeniten und in Ägypten geborene Juden waren, die fließend Arabisch sprachen und auf einem geheimen Stützpunkt in der Wüste Negev in Israel ausgebildet worden waren. Obwohl Efraim Halevy, der Direktor des *Mossad*, CIA-Direktor George Tenet vor einem »nahe bevorstehenden Angriff« warnte, enthielt dieser Hinweis keine Details über die Ausbildung der Terroristen mit kommerziellen Verkehrsmaschinen. Es hieß, dass Tenet die Warnung nicht weiter beachtet hätte, weil sie zu ungenau gewesen sei. Die Einheiten des *Mossad* verließen die Vereinigten Staaten nach dem Angriff des 11. September mit Maschinen der Fluggesellschaft *El Al* und wurden auf den Listen der Flugsicherheitsbegleiter als Angestellte der *El Al* aufgeführt.

In Venice in Florida erhielten die Entführer Mohammed Atta, Marwan al-Shehhi und Ziad Jarrah ihre Flugausbildung. Das Training wurde noch weiter intensiviert, als Atta und al-Shehhi auch von der Firma *Huffman Aviation* und Jarrah im Flugausbildungszentrum in Florida weiter ausgebildet wurden. Beide Flugschulen befanden sich in der Nähe des Flughafens von Venice. Über das, was hier vor sich ging, wird heute kaum noch gesprochen. Das Durchschnittsalter der Bevölkerung von Venice beträgt 69 Jahre, der Ort wurde danach wieder zu einem verschlafenen Nest an der Küste des Golfs von Mexiko. An diesem Ort ist »9:11« eher die normale Zeit schlafen zu gehen, als ein Hinweis auf ein berühmt-berüchtigtes Datum in der jüngeren Geschichte der Vereinigten Staaten.

Die gegenwärtigen Bewohner der Sandpiper-Appartements sind sich zum größten Teil kaum bewusst, dass ihr Gebäudekomplex im Mittelpunkt einer Untersuchung der Strafverfolgungsbehörden im Zusammenhang mit dem Hauptattentäter Mohammed Atta stand.

Die Stripperin Amanda Keller aus Venice behauptete, dass sie von März bis April 2001 in einem Appartement in dem Gebäude wohnte. Doch später veränderte Keller ihre Geschichte, und zog von Venice weg. Man mag Amanda Keller verzeihen, dass sie ihre Darstellung geändert hat. Doch während das FBI behauptet, dass Atta nur von

In diesem Appartement in der Mitte in der oberen Etage soll Mohammed Atta in den Wochen vor dem 11. September mit Amanda Kelly zusammengewohnt haben.

Juli bis Dezember 2000 die Flugschule *Huffman Aviation* besuchte, die sich jenseits der Sandpiper-Appartements auf der Airport Avenue East befinden, sahen ihn die Bewohner von Venice Atta in den Wochen vor dem 11. September immer wieder in der Stadt. Sie erkannten sein Gesicht sofort, nachdem es nach den Anschlägen im Fernsehen gezeigt worden war. Von einem Apotheker, bei dem Atta seine Rezepte abgab, bis zu einem Mitarbeiter im Supermarkt Publix, der Atta seine Sandwiches machte, war die Beschreibung von Atta stets die gleiche: ein unhöflicher und arroganter Mann mit einem gläsernen starren Blick, der darauf hindeutete, dass er entweder in einer psychiatrischen Anstalt gewesen oder »indoktriniert« worden war.

In Begleitung von Atta in den Wochen vor dem 11. September befand sich auch sein Vater, von dem es heißt, dass er ein Mitglied der ägyptischen Moslembruderschaft war. Eine Bewohnerin von Venice behauptete, dass sie und ihre Kollegen auf dem Luftwaffenstützpunkt

Maxwell Air Mohammed Atta gesehen hätten, der die Uniform eines Obersten der ägyptischen Luftwaffe getragen hatte.

Wie reagierte das FBI auf diese Augenzeugenberichte? Es teilte den Zeugen mit, dass ihre Beobachtungen falsch wären. Der Mann, von dem sie dachten, dass es Atta wäre, war ein anderer arroganter und reicher Araber, der gerade zufällig aus einem nicht näher bekannten Grund in dieser Gemeinschaft von 10 000 Menschen, die dort zum größten Teil ihren Ruhestand verbrachten, aufgetaucht war.

Doch die Bürger des Ortes wussten, dass Atta sechs Wochen vor dem 11. September dort gewesen war. Er war beim Abendessen mit Rudi Dekkers, dem dubiosen Eigentümer von *Huffman Aviation*, gesehen worden. Im Jahr 1999 hatten Dekkers und sein Partner, Wally Hilliard, die Firma *Huffman Aviation* gekauft. Laut einer CIA-Quelle in Venice war die Wahl Dekkers bei der Beteiligung an einer amerikanischen und ausländischen Geheimdienstoperation von der Größenordnung der Anschläge vom 11. September eine alles andere als kluge Entscheidung. Der Informant meinte, einen Holländer bei solch einer Operation einzusetzen, sei sehr »ungeschickt«, angesichts der kriminellen Vergangenheit von Dekkers in den Niederlanden und der langjährigen Erfahrung der CIA mit holländischen Agenten, von denen man sagte, dass sie gern zu viel trinken und dann leicht ins Plaudern kommen.

Für die Verschwörer vom 11. September war Venice ein gefährlicher Ort, der die ganze kriminelle Verschwörung hinter den Anschlägen hätte aufdecken können. Attas bemerkenswert unangenehmes Auftreten in Verbindung mit Dekkers' »Ungeschicklichkeit« drohte das Flugtraining in Venice mit Gouverneur Jeb Bush und sogar mit dem Weißen Haus in Verbindung zu bringen. Selbst der Polizeichef von Venice stellte ein Problem dar. Er hatte oft erklärt, dass die Polizei durch die Stadtväter von Venice angewiesen worden war, die Geschehnisse an dem Flughafen, auf dem es keinen Tower gab, weder in Frage zu stellen noch sich einzumischen. Dazu gehörten auch Vorkommnisse mit Blackhawk-Hubschrauber, die – nur wenige Sekunden – landeten, manchmal um 3 Uhr morgens, um Passagiere aufzunehmen oder abzusetzen. In Venice hatte der Mann das Sagen, der erheblich in die Stadt investiert hatte: Jackson Stephens, der Milliardär und Magnat aus Little Rock in Arkansas, der mit vielen Millionen die Präsidentschaftswahlkämpfe von Bill Clinton und George W. Bush unterstützt hatte.

Der Flughafen Municipal von Venice wurde während des Zweiten Weltkriegs vom Militär als Stützpunkt genutzt. Aber er war nicht nur ein normaler Militärstützpunkt. Er wurde von dem *Office of Strategic Services* (OSS), dem Vorgänger der CIA, benutzt, um während des Zweiten Weltkriegs nationalchinesische Piloten für ihren Einsatz gegen die Japaner auszubilden. Die Operation wurde damals von General Claire Lee Chennault geleitet, der dann die Flying Tigers [eine aus amerikanischen Freiwilligen bestehende Fliegerstaffel] gründete, welche die Streitkräfte von Tschiang Kai Shek vor und während Amerikas Eintritt in den Zweiten Weltkrieg unterstützten. Chennault gehörte auch zu den Förderern der *Louisiana Civil Air Patrol*, zu deren ehemaligen Mitgliedern James Bath, der mit George W. Bush in der

Die Firma Huffman Aviation, *die einst das Interesse des FBI erregte, hat heute einen neuen Namen:* Suncoast Air Center.

Texas Air National Guard diente; der Informant und Pilot der Drogenvollzugsbehörde Barry Seal; der angeblich in die Ermordung von John F. Kennedy verwickelte Verschwörer David Ferrie und der angebliche Mörder von John F. Kennedy, Lee Harvey Oswald gehörten.

Amanda Keller ist inzwischen fortgezogen, um ein neues Leben anzufangen. Die Firma *Huffman Aviation* wurde verkauft, und das Gebäude heißt jetzt »Suncoast Air Center«. Die alten Geschäftsunterlagen von Huffman sind in spurlos verschwunden. Und Venice ist wieder der verschlafene Ort, der er immer war.[1]

Eine Untersuchung in Bezug auf die verschiedenen Aufenthaltsorte Mohammed Attas vor dem 11. September 2001 deutete sehr stark darauf hin, dass er nach Key West in Florida geschickt worden war, um für eine plausible Geschichte über seinen Reisepass zu sorgen, die den Medien nach den Terroranschlägen präsentiert werden konnte.

Der Commissioner der New Yorker Polizei, Bernard Kerik, erzählte Scott Pelley von *CBS News*, dass der Reisepass »eines der Entführer« 3 bis 4 Häuserblöcke entfernt von den Trümmern des zusammengestürzten World Trade Centers gefunden worden war. Es wurde später berichtet, dass der Reisepass praktisch unbeschädigt war, und dies trotz der enormen Temperaturen, welche den Flugschreiber in der entführten Boeing 767 der *American Airlines* zerstörte und den Stahl im World Trade Center schmelzen ließ. Später wurde behauptet, dass der unversehrte Reisepass einem anderen Entführer, Satam al-Suqumi, gehörte, und von einem »Fußgänger« aufgelesen worden war. Dabei ist aber zu beachten, dass in den Wochen nach dem 11. September nur autorisierte Personen dazu berechtigt waren, sich in der Nähe von »Ground Zero« aufzuhalten. Allen anderen war es nicht erlaubt, sich in südlicher Richtung jenseits der 34th Street zu bewegen.

---

1 15. – 16. August 2012, »Die Beseitigung der Beweise und Anhaltspunkte in Florida im Zusammenhang mit dem 11. September«, *WayneMadsenReport.com.*

Es wurde zudem berichtet, dass ein »Mohamed Atta« (es gibt eine ganze Reihe von Transliterationen der arabischen Namen in der englischen Sprache, und statt Mohamed heißt es oft Mohammed oder auch Muhammad) mit einem Reisepass unterwegs war, der von der Conch Republic ausgestellt worden war. Hierbei handelt es sich um eine fiktive Nation, die im Jahr 1982 als Protestaktion auf der Inselgruppe Florida Keys geschaffen wurde, als Reaktion auf die Einrichtung einer Grenzstation auf dem Highway 1 in Florida City, genau südlich von Homestead, um illegal eingereiste Ausländer aufzuspüren, die von Norden her auf dem Weg zu den Keys waren. Die Bewohner der Keys entschieden, sich von den Vereinigten Staaten abzuspalten, wenn man sie schon wie Ausländer behandeln würde. Die Grenzkontrollen wurden dann schließlich aufgehoben, aber die Conch Republic existierte weiterhin, wenn auch nicht mehr als politischer Protest, sondern als eine nicht ganz ernst gemeinte symbolische Republik, die mit der Handelskammer von Keys und der Kommunalverwaltung von Key West zusammenarbeitete, um den Tourismus zu fördern und die Einzigartigkeit der Florida Keys zu propagieren. Der Bürgermeister von Key West ist gleichzeitig auch der »Premierminister« der Conch Republic.

Aber der Spaß mit der Conch Republic und den von ihnen ausgegebenen neuen Pässe hörte auf, als im September 2000 einige Personen aus Pakistan, Indien und den Vereinigten Arabischen Emiraten um die Ausstellung von Visa baten. Die plötzliche Flut dieser Anträge veranlasste die Beamten der Conch Republic, den *Immigration and Naturalization Service* (INS), die Einwanderungs- und Einbürgerungsbehörde, in Miami über ein potentielles Problem mit Menschen zu informieren, die möglicherweise mit Hilfe der neuen Pässe illegal in die Vereinigten Staaten einreisen wollten. Das INS reagierte nie auf diese Benachrichtigung, aber die Conch Republic verfasste für das Protokoll eine Notiz, dass ein derartiger Bericht an die INS gesandt worden war.

Im Februar 2001 waren Mohamed Atta und seine Freundin Amanda Keller, die als Stripperin und Unterwäschemodell tätig war, überall in Key West anzutreffen. Sie wurden im *Red Garter*, einem berüchtigten Stripclub in Key West gesehen; im *Hard Rock Cafe;* und im *Sloppy Joe's*, dem Treffpunkt, wo der Romanautor Ernest Hemingway getrunken und gelegentlich seine Freunde auf die FBI-Agenten hingewiesen hatte, die ihn in der Bar beobachteten.

Doch während Hemingway das Interesse des FBI auf seine Person zog, zeigten die Bundesbehörde kein vergleichbares Interesse an Atta. Während Atta und Keller einmal im Hard Rock Cafe saßen, verließ Atta die Bar um einen mysteriösen deutschsprechenden Mann abzuholen, der am International Airport von Key West eingetroffen war. Der deutsch sprechende Mann blieb für einige Tage bei Atta und seiner Freundin. Dann verließen Atta, Keller und der Deutsche Key West. Es gab einige Berichte, dass der Deutsche Wolfgang Bohringer gewesen sein könnte, ein Deutschschweizer, der versucht hatte, eine Flugschule in Kiribati im Südpazifik aufzubauen, dann aber von dem Präsidenten dieser Nation aufgefordert worden war, das Land zu verlassen. Zudem waren Gerüchte in Umlauf, dass Bohringer ein langjähriger Agent der CIA war, genau wie Rudi Dekkers, der Eigentümer von *Huffman Aviation*, jener Flugschule in Venice in Florida, an der sich auch Atta angemeldet hatte.

Nach dem 11. September klopften zwei FBI Agenten an die Tür der Conch Republic, die in einem traditionellen Holzfachwerkhaus der Key West auf der Simonton Street untergebracht war, einen Häuserblock von den Touristengeschäften und den Bars auf der Duval Street entfernt. Es war klar, dass die Agenten wegen dem angeblichen »Fund« im Schutt in New York dort waren: einen im September 2000 ausgestellten Reisepass auf den Namen Mohamed Atta, der ihn für eine Postanschrift in New York City benutzte. Dem FBI wurde mitgeteilt, dass die Conch Republic Verdacht aufgrund der vielen Anfragen auf Ausstellung eines Passes geschöpft hatte, die sie im Jahr zuvor aus dem Nahen Osten und dem indischen Subkontinents erhalten hatte, und dass sie diese Information an das INS übermittelt hätte, ohne jedoch eine Reaktion von Seiten der Einwanderungsbehörde zu bekommen.

Die Conch Republic übergab den FBI-Agenten Archivboxen mit etwa 25 000 Visaanträgen für die Conch Republic mit den Adressen, Telefonnummern, Kopien von Identifikationsdokumenten und sogar der DNS der Antragsteller, die durch die benutzten Umschlägen und Briefmarken ermittelt worden war. Anhand dieser Unterlagen konnte ein Antrag eines »Mohamed Atta« aus New York entdeckt werden, aber das FBI wusste dies vermutlich schon durch den Fund in den Trümmern des World Trade Centers. Statt die Information über Atta geheim zu halten, ließ das FBI die Nachricht über den Passantrag bei der Conch Republic an den *Miami Herold* durchsickern. Die Zeitung schickte die Reporterin Jennifer Babson nach Key West, um Peter Anderson, den Generalsekretär der Conch Republic, zu interviewen. Babson fragte Anderson, warum Atta »für seine Reie einen Pass der Conch Republic benutzt hätte.« In der Tat gab es nie irgendeinen Beweis dafür, dass Atta persönlich solch einen Reisepass besessen, geschweige denn, dass er ihn auf seinen Reisen verwendet hatte.

Die FBI-Quelle des *Miami Herold* war bei ihren Mitteilungen an die Zeitung keineswegs aufrichtig, doch die Informationen fanden sich erneut in einem Artikel von Babson, der am 3. Oktober 2001 erschien. Darin stand, dass sich »Mohammed Atta« in dem Hauptquartier der Conch Republic in Key West registriert hätte (derzeit sind Besuche in dem Hauptsitz nur nach Anmeldung möglich. Spontane Besuche sind nicht zulässig). Doch der *Miami Herold* berichtete, dass die Agenten Attas Visaantrag nicht unter den 25 000 Anträgen hatten finden können. *WMR* ist mitgeteilt worden, dass es einen solchen Antrag gab, und dass er von New York City aus geschickt worden war. Es gab jedoch niemals einen Beweis dafür, dass Atta dort über eine ständige Postanschrift verfügte.

Informierte Kreise in Key West äußerten den Verdacht, dass jemand anders den Namen Mohamed Atta verwendet haben könnte, um einen Pass der Conch Republic zu beantragen, und als die Zeit reif war, diesen in den Trümmern des World Trade Center in der Vesey Street zu deponieren und dann an eine Person namens Kerik weiterzugeben.

Kerik, der nach seiner Verurteilung wegen Korruption eine Gefängnisstrafe abgesessen hatte, hat niemals verraten, wer ihm den fraglichen Reisepass übergeben hat. Der Autor wurde von einigen Quellen darüber informiert, dass Kerik Angst hatte, wenn er zu viel über Details zum 11. September sprechen würde. Man hatte ihm gedroht, ihn dann zu den normalen Häftlingen im Gefängnis zu stecke – was für einen Polizeibeamten praktisch ein Todesurteil wäre –, anstatt weiter im Hochsicherheitsgefängnis zu bleiben, wo er seine Haftstrafe verbüßte. Attas einzig bekannter Reisepass war sein ägyptischer Reisepass mit der Nummer 1617066 und dem US-Visum der Klassifizierung B1/B2 Visum, Nummer 34137932, ausgestellt von der amerikanischen Botschaft in Berlin am 18. Mai 2000.

Der Besuch der beiden FBI-Agenten, der hochrangigen Beamtin Rae Bliss und ihres Stellvertreter Anthony Russo, im Büro der Conch Republic wegen des Verdachts, dass Atta einen dieser Pässe verwendet haben könnte, findet keinen Widerhall in den Schlussfolgerungen der 9/11-Kommission. Hort heißt es: »Das FBI und die CIA haben keine Beweise dafür gefunden, dass Atta falsche Reisepässe besaß.« *WMR* erfuhr, dass der Mann der FBI-Agentin Bliss zu der Zeit der Untersuchung als CIA-Beamter in der Joint Task Force in Key West, einem Teil des Südlichen Kommandos in Miami, eingesetzt war. Bliss und ihr Mann leben heute im Ruhestand.

Jene Personen, die von Attas Besuchen in Key West wissen, haben dagegen erklärt, dass er eine Reihe von Reisepässen besaß und einige Sprachen, darunter auch Hebräisch, beherrschte. In der Tat wurde im Jahr 2001 entdeckt, dass einige Reservisten der israelischen Verteidigungsstreitkräfte kleine Läden in Key West betrieben, die alles, von

Hautcremes und Kinderspielzeug bis hin zu Schmuck und kitschigen Souvenirs, verkauften. Nach unseren Quellen flogen die Verkäufer in den Monaten vor dem 11. September immer wieder nach Israel und zurück in die Vereinigten Staaten.[2]

2 20.–21. August 2012, »Mohamed Attas mysteriöser Pass,« *WayneMadsenReport.com*

Kapitel 7

Das israelische Vorabwissen über die Geschehnisse des 11. Septembers

Es ist davon auszugehen, dass einige der Warnungen des *Mossad* vor möglichen Entführungen in den Vereinigten Staaten dort von einigen Personen zur Kenntnis genommen wurden. Vertreter von *Odigo,* einem Unternehmen für Echtzeit-Nachrichtenübermittlung mit Niederlassungen in New York und Herzliya (wo sich das Hauptquartier des *Mossad* befindet) erklärten, dass zwei ihrer Mitarbeiter ausgesagt hätten, dass sie zwei Stunden, bevor die Flugzeuge in die Zwillingstürme rasten, eine E-Mail mit einer Warnung vor den Anschlägen erhalten hätten. Alex Diamandis, der Vizepräsident von *Odigo* für Vertrieb und Marketing bestätigte, dass die Angestellten von *Odigo* in New York und Israel zwei Stunden vor dem Angriff eine Warnung erhielten. Die Warnung schien anonym zu sein, aber die Programmierer von *Odigo* registrierten die Internetprotokolladresse des Absenders der Nachricht. *Odigo* benachrichtigte den *Mossad* und das FBI, aber das FBI ergriff keinerlei Maßnahmen, um die Personen im World Trade Center von der drohenden Gefahr in Kenntnis zu setzen.[1]

Am 3. September 2001 zog das Unternehmen *Zim-American Israeli Shipping Company* vom World Trade Center nach Norfolk in Virginia, nachdem es im April 2001 kurzfristig den Mietvertrag gekündigt hatte, obwohl es dafür eine Konventionalstrafe in Höhe von 50 000 Dollar zahlen musste. Die Verwaltung des World Trade Center und die Hafenpolizei für New York-New Jersey hatten zuvor festgestellt, dass mit Hilfe der Niederlassung dieser Firma im World Trade Center geheimdienstliche Operationen durchgeführt worden waren, an denen sowohl Agenten des *Mossad* als auch der CIA beteiligt waren. Im Gegensatz zu den anderen Mietern im World Trade Center hatte das Unternehmen Überwachungskameras an der Tür zum Treppenhaus angebracht.[2]

---

1 Brian McWilliams, »Nachrichten nach Israel warnten vor dem Angriff auf das World Trade Center«, Newsbytes, 27. September 2001.

2 Vertrauliche Mitteilung der Verwaltung des World Trade Center und der Hafenpolizei für New York-New Jersey.

In den größeren Medien wurde die Geschichte von den als Kunststudenten verkleideten israelischen Geheimdienstteams nicht einmal erwähnt. Nur *Fox News* berichtete in einer vierteiligen investigativen Reihe im Dezember 2001 darüber, doch der Report darüber wurde schon bald von ihrer Website entfernt. Der Reporter Carl Cameron meinte dazu: »Es gibt keinen Hinweis darauf, dass die Israelis an den Anschlägen vom 11. September beteiligt waren, aber Ermittler vermuten, dass die Israelis bereits im Voraus geheimdienstliche Informationen gesammelt haben könnten, diese dann aber nicht weitergaben.«[3]

Doch die Darstellung Camerons wurde durch Berichte in den Medien Anfang 2002 bestätigt, denen zufolge der Direktor des *Mossad* Efraim Halevy Anfang September 2001 der CIA eine Warnung über einen bevorstehenden arabischen Terroranschlag an der Ostküste der Vereinigten Staaten hatte zukommen lassen. Zwei aus jeweils drei Männern – jemenitische und in Ägypten geborene Juden – bestehende Einheiten des *Mossad* hatten anscheinend einige der Attentäter vom 11. September in Hamburg und im südlichen Florida beschattet. Der CIA-Direktor George Tenet bezeichnete den *Mossad* Bericht als »zu ungenau«, und entschied, keine höhere Alarmstufe in der CIA anzuordnen. Weitere Berichte der *Mossad*-Teams betrafen die gewonnenen Informationen über die Flugausbildung der Terroristen. Nach den Angriffen verließen die *Mossad*-Teams die Vereinigten Staaten an Bord von Maschinen der israelischen Fluggesellschaft *El Al*.[4]

Die Zeitungen in den Vereinigten Staaten berichteten ebenfalls darüber, dass Israelis in der Nähe von militärischen Einrichtungen festgenommen worden seien. Im Mai 2001 wurden die beiden Israelis Gal Kantor und Tsvi Watermann in der Volk Field Air National Guard [einem Stützpunkt der Nationalgarde im Camp Douglas im Be-

---

3 Carl Cameron, Spezialbericht für Fox mit Brit Hume, 11. Dezember 2001.

4 Gordon Thomas, »Bush: Die ignorierte Warnung wird ihn noch heimsuchen«, Globe-Intel, 21. Mai 2002. *http://www.gordonthomas.ie/104.html*

zirk Juneau in Wisconsin] verhaftet. Sie erklärten, dass sie ein Museum auf dem Stützpunkt besuchen wollten. Stattdessen hatten sie aber Fotos von der Startbahn aufgenommen. Als ein Wachposten der Air Force die jungen Männer fragte, ob sie Kunst verkaufen würden, wurde Kantor nervös und wollte wissen, warum ihm diese Frage gestellt wurde. Offensichtlich war das Sicherheitspersonal des Stützpunktes vor den verdächtigen Aktivitäten von israelischen Kunststudenten gewarnt worden. Drei Tage bevor die beiden Israelis in Volk Field festgenommen wurden, waren vier andere verhaftet und ausgewiesen worden, nachdem entdeckt worden war, dass sie ganz in der Nähe der Tinker Air Force Basis, einem Luftwaffenstützpunkt in Oklahoma, von Haus zu Haus gingen, um Kunst zu verkaufen. Über den Vorfall in Volk Field schickte der Stützpunkt eine Pressemitteilung an die *Capital Times* von Madison mit dem Vermerk »Veröffentlichung nur nach Freigabe«.[5] Die Ereignisse auf dem Luftwaffenstützpunkt Tinker wurden vom Polizeichef von Midwest City, Brandon Clabes, bestätigt, der ausgesagte, dass seine Polizeibeamten »in Alarmbereitschaft waren«, weil sie eine nationale Sicherheitswarnung erhalten hätten, dass »israelische Staatsangehörige sich als Studenten ausgeben würden, die unter dem Vorwand, Kunstwerke verkaufen zu wollen, Informationen über die amerikanischen Streitkräfte und die Sicherheit der Vereinigten Staaten ermitteln wollten.« Clabes erklärte, dass seine Beamten am 17. Mai 2002, kurz nach 19:15 Uhr, auf die Israelis gestoßen seien. Zwei der Israelis waren zu Fuß unterwegs und machten »verdächtige Besuche von Haus zu Haus« in den Wohngebieten von Oakwood East. Ein dritter Israeli trat als Fahrer auf. Neben anderen Dokumenten hatten alle drei Ausweispapiere der israelischen Luftwaffe bei sich. Clabes identifizierte die drei Israelis als Naor Topas, Zeev Cahen und Yaron Ohana. Die drei Israelis und ein viertes Mitglied ihres Teams wurden später von der Polizei wegen Vi-

5 Doug Moe, »Spähen israelische Spione den Staat aus?« The Capital Times, 10. Mai 2002, S.2A

sumvergehen festgenommen. Die Israelis leugneten, dass sie Bilder verkaufen wollten. Obwohl das *Air Force Office of Special Investigations* später dementierte, dass die Israelis in Spionageaktivitäten verwickelt wären, erklärte Clabes, dass höhere Stellen in den amerikanischen Strafverfolgungsbehörden der Meinung waren, dass die Israelis sich als Kunsthändler ausgaben, um den Leuten Informationen zu entlocken. Ihre Masche bestand darin, zuerst mit »einem allgemeinen Gespräch über Kunst anzufangen, und die Leute dann unauffällig über persönlichere Dinge auszufragen, zum Beispiel, wer in der Umgebung wohnen würde, oder ob es sich um Angehörige von Militärpersonal handelt – solche Fragen eben«.[6]

Am 11. September 2001 um etwa 8:10 Uhr informierte die Stewardess der *American Airlines*, Madeline Amy Sweeney, die schon seit 13 Jahren für diese Fluggesellschaft arbeitete, ihre Vorgesetzten auf dem Logan Airport in Boston per Mobiltelefon über die Entführung und die Morde, die an Bord der Passagiermaschine stattgefunden hatten. In einem am selben Tag verfassten Memorandum der Bundesluftfahrtbehörde (FAA) ist zu lesen, dass einer der Entführer, der auf Sitz 10B gesessen hatte (vermutlich Satam al-Suqami), den Passagier auf Sitz 9B tötete. Der erschossene Passagier soll Daniel C. Lewin gewesen sein, ein israelisch-amerikanischer Agent aus der streng geheimen israelischen Antiterroristeneinheit 269 der Sayeret Matkal [mit dem Einsatzschwerpunkt Terrorismusbekämpfung und nachrichtendienstliche Aufklärung] der israelischen Verteidigungsstreitkräfte. Lewin war auch der technische Direktor von *Akamai Technologies, Inc.*, einer in Cambridge, Massachusetts, ansässigen Softwarefirma.[7] In dem Bericht der 9/11 Kommission heißt es, dass Lewin von Suqami nicht niedergeschossen, sondern erstochen wurde.

6 Randy Ellis, »Vier Israelis nach dem Tinker-Zwischenfall ausgewiesen«, *Daily Oklahoman,* 8. März 2002

7 UPI Anhörungen, 2. März 2002, *http://www.upi.com/view.cfm?StoryID=06032002-121706-8744r*

Während Lewin und Israel in dem Bericht hervorgehoben wurden, wurden die letzten Worte von Madeline Sweeney gegenüber ihrem Vorgesetzten in dem Bericht mit keinem Wort erwähnt. Das FAA-Memorandum, das später von der Bundesluftfahrtbehörde als fehlerhaft und nur als ein erster Entwurf bezeichnet wurde, wurde dann schließlich im internen E-Mail-System der Bundesluftfahrtbehörde gelöscht. In der ursprünglichen Fassung des FAA-Memorandums hieß es:

Zusammenfassung
September 11, 2001

Am 11. September 2001 kam es zu mehreren Zwischenfällen an verschiedenen Orten in den Vereinigten Staaten mit kommerziellen Passagiermaschinen, die auf die Aktivitäten von Terroristen zurückzuführen waren. Da zahlreiche amerikanische Fluggesellschaften darin verwickelt waren, waren von diesen Geschehnissen viele Passagiere wie auch zahlreiche Personen am Boden an den verschiedenen Absturzorten betroffen. Dies ist eine Zusammenfassung der Ereignisse, die stattgefunden haben:

American Airlines *Flug 11 startete vom Logan International Airport (BOS) in Boston. Sein Zeil war der Los Angeles International Airport (LAX). Der Flugzeugtyp war eine Boeing 767-200 mit einundachtzig Passagieren, neun Flugbegleitern und zwei Piloten im Cockpit. Alles in allem befanden sich 92 Personen in der Maschine. Um etwa 9:18 Uhr wurde gemeldet, dass die beiden Piloten im Cockpit erstochen worden seien. Der Flug wurde dann ohne weitere Kommunikation mit der übrigen Flugzeugbesatzung fortgesetzt. Der* American Airlines *FAA Principle Security Inspector (PSI) [der für die Luftsicherheit zuständige Hauptinspektor der Fluggesellschaft] wurde von Suzanne Clark aus der Konzernzentrale der* American Airlines *benachrichtigt, dass eine Flugbegleiterin an Bord der Maschine sich mit dem Operationszentrum der*

American Airlines *in Verbindung gesetzt und es darüber informiert hätte, dass der Passagier von Sitz 10B um 09:20 Uhr einen anderen Reisenden auf Sitz 9B erschossen hätte.*[8] *Der getötete Passagier war Daniel Lewin, erschossen von dem Passagier Satam al-Suqami. Es wurde berichtet, dass eine Kugel abgefeuert worden war. Der Flug steuerte in Richtung des John F. Kennedy International Airport (JFK). Um 09:25 Uhr prallte die Passagiermaschine direkt in einen der Türme des World Trade Centers. Um 11:26 Uhr wurde eine Passagierliste erstellt. Die Frage ob Selectees [Personen, die auf einer Flugverbotsliste stehen und nicht berechtigt sind, einen kommerziellen Flug für Reisen in oder aus den USA zu benutzen] an Bord waren, bleibt bis heute unbeantwortet.*

Der United Airlines *Flug 93 startete heute Morgen vom Newark International Airport (EWR) mit dem Flugziel San Francisco International Airport (SFO). Der Flugzeugtyp ist eine Boeing 757, wir warten noch auf die diesbezügliche Bestätigung. In der Maschine waren achtunddreißig Passagiere, zwei Piloten und fünf Besatzungsmitglieder, insgesamt also 45 Personen. Zwei Selectee-Passagiere (Christine Adams und Nicole Miller) befanden sich an Bord dieser Maschine, aber die Crew*

8 Die Angabe der Uhrzeit mit 09:20 Uhr war offensichtlich ein Druckfehler und sollte wahrscheinlich 08:20 Uhr heißen, denn um 08:46 Uhr raste Flug 11 in den Nordturm des World Trade Center. Die Ermordung von Lewin um 08:20 Uhr erfolgte zum gleichen Zeitpunkt da die Flugkontrolle des Logan Airport zu der Überzeugung gelangte, dass Flug 11 entführt worden war. Der Bericht der Stewardess über den Schusswechsel mag zu dieser Überzeugung beigetragen haben, denn jegliche Kommunikation mit den Piloten im Cockpit war etwa um 08:15 abgebrochen. Das Memorandum der FAA wurde um 17:31 Eastern Daylight Time am Ende eines Arbeitstages verfasst, als die meisten der Regierungsangestellten in Washington die Stadt in Panik und Verwirrung verlassen hatten; die ABC News berichtete zur Hauptnachrichtenzeit, »Vor dem Aufprall in die Zwillingstürme informierte die Besatzung von Flug 11 über wichtige Details der Entführung,« 18. Juli 2002, *http://abcnews.go.com/sections/primetime/DailyNews/primetime_flightattendants_020718.html*

konnte kein ungewöhnliches Verhalten feststellen.[9] *An Bord der Maschine war keine Fracht, nur eine Unit load device (ULD) [Paletten und Container] mit der US-Post. Um 09:42 Uhr gab es einen Bericht über eine Bombendrohung an Bord des Flugzeuges. Die Schreie der Passagiere wurden in der Kabine gehört. Um 10:05 Uhr erhielt die Staatspolizei von Illinois einen Notruf von einem Passagier der Maschine. Er erzählte, dass sich drei Entführer mit Messern an Bord der Maschine befänden und damit drohten, eine Bombe zur Explosion zu bringen. Später wurde gemeldet, dass die drei Entführer ins Cockpit liefen. Um 10.12 Uhr stürzte die Maschine in der Nähe von Somerset in Pennsylvania, ab. Dieser Ort liegt ungefähr 110-145 Kilometer von Pittsburgh entfernt, und in der Nähe der Route 30.*

United Airlines *Flug 175 startete vom Boston-Logan International Airport (BOS) mit dem Ziel Los Angeles International Airport (LAX). Dieser Flugzeugtyp war eine Boeing 767. Es gab keine Selectee-Passagiere auf diesem Flug. An Bord der Maschine befanden sich neun Besatzungsmitglieder und 47 Passagiere, insgesamt also 56 Personen. Um 09:30 Uhr brach der Radarkontakt mit der Flugsicherung der FAA ab. Um 09:45 Uhr berichtete* United Airlines, *dass ein Flugbegleiter erstochen und zwei weitere Besatzungsmitglieder getötet worden seien. Diese Maschine krachte in den zweiten Turm des World Trade Centers.*

American Airlines *Flug 77 startete vom Washington-Dulles International Airport (IAD) mit dem Flugziel Los Angeles International Airport (LAX). Diese Maschine startete um 08:09 Uhr vom Gate D26 am Ter-*

9 Aufgrund des computergestützten Antiterrorsystems zur Überprüfung der Passagiere mit der Bezeichnung Computer-Assisted Passenger Pre-Screening System (CAPPS) wurden »Selectee Passagiere« ermittelt, die einer zusätzlichen Sicherheitsüberprüfung unterzogen wurden. Ein Selectee Passagier wurde auf Grund vorhandener Informationen über ihn oder sie, oder aufgrund anderer Parameter wie der Barzahlung des Fluges identifiziert. Während zwei Frauen mit den sehr häufigen Namen Adams und Miller überprüft wurden, gingen die Entführer allem Anschein nach an Bord von Flug 93, ohne Verdacht zu erregen.

minal des IAD, und war um 08:21 Uhr in der Luft. Der Flugzeugtyp war eine Boeing 757. Die Zahl der Selectee-Passagieren ist noch unbekannt; das Personal an der Abfertigung erklärte, dass zwei Gepäckstücke von Selectee-Passagieren überprüft wurden. Ein Passagier kam nicht rechtzeitig an Bord, weil er nicht den richtigen Ausgang fand. Dieser Flug bestand aus achtundfünfzig Passagieren und sechs Flugbesatzungsmitgliedern, insgesamt befanden sich vierundsechzig Personen an Bord der Maschine. Es gab keine Fracht, die mit diesem Flugzeug transportiert wurde. Insgesamt waren fünfunddreißig Gepäckstücke an Bord. Es ist davon auszugehen, dass diese Maschine um etwa 10:00 Uhr ins Gebäude des Pentagon in Washington, D.C., stürzte.

Zusätzliche Informationen zu den vier oben beschriebenen Ereignissen werden weiterhin ermittelt .

11. 09. 2001, 17:31

Im November 2001 nahm das INS mehrere Israelis fest, von denen einige über militärische Erfahrungen verfügten. Sie verkauften Spielzeuge der Markennamen »Puzzle Car« und »Zoom Copter« in Einkaufszentren. Viele dieser großen Malls befinden sich in der Nähe amerikanischer Regierungsbehörden wie dem Pentagon und der CIA. Ein großer Teil der Israelis, die nicht wegen Spionage, sondern wegen Verstöße gegen die Visabestimmungen verhaftet wurden, arbeiteten für eine in Florida ansässige Firma namens *Quality Sales.* Ein Sprecher des Unternehmens räumte ein, dass sie israelische Studenten eingestellt hätten, die gerade Semesterferien hatten, doch diese hätten falsche Visa besessen. Er verriet auch, dass die Israelis von der INS als Fälle von »speziellem Interesse« betrachtet wurden, – eine nach dem 11. September neu eingeführte Bezeichnung der Regierung für Terrorverdächtige.[10] Die Bundesbehörden vermuten, dass die Israelis die Kioske ebenso als Tarnfirmen benutzten wie es bei den angeblichen Kunstverkäufern der Fall war, die von Haus zu Haus gegangen waren. Das *National Counterintelligence and Security Center* (NCIX) [das nationale Spionageabwehrzentrum] erklärte in einem im März 2001 veröffentlichten Bericht, dass »in den letzten sechs Wochen Angestellte in Gebäuden der Bundesbehörden an verschiedenen Orten der Vereinigten Staaten über verdächtige Aktivitäten von Personen berichtet hätten, die sich als ausländische Studenten ausgaben und Bilder verkaufen oder liefern wollten. Die Mitarbeiter hätten beobachtet, dass sowohl Männer als auch Frauen versucht hätten, die Sicherheitsvorkehrungen zu umgehen und Bundesgebäude zu betreten.« Der Bericht verschwand dann vorübergehend von der NCIX-Website.

Eines der Einkaufszentren, in denen die israelischen »Spielzeugverkäufer« ihre Operationen durchführten, war die Pentagon City Mall, genau gegenüber dem amerikanischen Verteidigungsministerium auf der Interstate 395. Im Juli 2004 diente das Einkaufszentrum als Treffpunkt für den vermeintlichen israelischen Spion im Pentagon, Larry Franklin, und Keith Weissman, dem Vertreter des AIPAC [American Israel Public Affairs Committee, dt.: »Amerikanisch-israelischer Ausschuss für öffentliche Angelegenheiten«, einer pro-israelische Lobby]. Franklin warnte Weissman, dass iranische Agenten vorhätten, amerikanische Soldaten und israelische Agenten im Irak anzugreifen. Weissman verließ dann die Mall, um diese Informationen Steve Rosen, einem anderen hochrangigen AIPAC-Mitarbeiter, mitzuteilen. Sie unterrichteten die israelische Botschaft in Washington, sowie Glenn Kessler, einen Reporter der *Washington Post*. Diese Telefonanrufe wurden vom FBI im Rahmen ihrer Ermittlungen gegen einen umfangreichen israelischen Spionagering in den Vereinig-

10 Saunders, s.o.

ten Staaten abgehört. Diese Aktion lief bereits vor dem 11. September. Das FBI überwachte auch die Treffen von Weissman und Franklin, darunter eines im Februar 2003 im *Virginia-Ritz-Carlton*-Hotel, das direkt neben der Pentagon City Mall liegt.[11]

Im Februar 2005 wurde ein Israeli mit dem Namen Ohad Cohen zusammen mit vier anderen Israelis aus Omaha in Nebraska ausgewiesen. Dieser Vorfall war nur einer von vielen ähnlichen in den Vereinigten Staaten. Insgesamt wurden zehn Israelis, die in Einkaufszentren im Umkreis von Omaha und Lincoln in Nebraska tätig gewesen waren, von Beamten der Einwanderungsbehörde und dem Zoll des Landes verwiesen, weil sie mit Touristenvisa illegal in den USA einer Tätigkeit nachgegangen waren. Die Israelis arbeiteten in den Einkaufszentren von Omaha, der Oak View Mall, und von Lincoln, der Gateway Westfield Mall. Es wurde berichtet, dass die Untersuchung der Bundesregierung Teil einer weitaus größeren Ermittlung gegen die israelischen Aktivitäten in den Läden von Einkaufszentren im gesamten Mittleren Westen war. Im Dezember 2004 verhafteten das FBI und Beamte der Einwanderungsbehörde 15 Israelis in Minnesota und drei weitere, die in einem Laden in einer Mall in Grand Forks in North Dakota arbeiteten.[12] In Omaha befindet sich auch das Hauptquartier des U.S. Air Force Strategic Air Command (SAC) [der strategischen Luftstreitkräfte der USA].

Die *International Association of Counterterrorism and Security Professionals* [die Internationale Vereinigung für Terrorismusbekämpfungs- und Sicherheitsfachkräfte] schrieb im Mai 2000, dass »die amerikanischen Strafverfolgungsbehörden von ›zahlreichen Begegnungen‹ mit ›Kunststudenten‹ aus dem Nahen Osten mit ›falschen Dokumenten‹ berichteten, die den Versuch unternahmen,

---

11 Jerry Markon, »FBI Abhörprotokolle berichten von möglichen Geheimnissen«, *The Washington Post,* 3. Juni 2005, S. A07.

12 Cindy Gonzales, »Die Untersuchung von Läden im Einkaufszentrum führte zur Ausweisung von Israelis. Ein Israeli wurde beschuldigt »Touristen« illegal als Arbeitskräfte angestellt zu haben« *Omaha World Herald,* 9. Februar 2005, S.5B.

sich ›unbefugt Zutritt‹ zu Einrichtungen der Bundesbehörden zu verschaffen.«[13]

Das Auskundschaften sensibler Bereiche setzte sich auch nach dem 11. September weiter fort. Laut informierter Quellen in Corpus Christi, Texas, wurden im Januar 2002 junge Israelis entdeckt, die den Hafen von Corpus Christi beobachteten. Der Bericht findet sich im Geheimdienstbericht des Sicherheitsbüros der amerikanischen Küstenwache in Corpus Christi. Darin heißt es:

… In den letzten vier Wochen gab es vier verdächtige Vorfälle im Hafen von Corpus Christ. Jeder dieser Vorfälle wird derzeit vom FBI weiter untersucht. Es ist noch nicht abschließend geklärt worden, ob es sich hierbei um Fälle einer tatsächlichen oder potentiellen Ausspähung handelt.

Drei Männer aus dem Mittleren Osten stellten an Bord eines Charterboots in Port Aransas ungewöhnliche und sehr neugierige Fragen über den Schiffsantrieb und die Ausrüstung.

- *Fünf Männer aus dem Mittleren Osten machten nachts um 23:30 Uhr von einem Charterboot aus Aufnahmen des Clark-Flaggschiffs.*
- *Ein Mann und eine Frau aus dem Mittleren Osten machten außerhalb des Zauns Aufnahmen von Citgo East. Vom Wachpersonal befragt, gab die Frau an, dass sie Kunststudenten wären. Sie fügte noch hinzu, dass sie ein »Rohrgerüst« aufnehmen würden. Dieser Begriff würde nur von jemandem aus der Industrie verwendet werden. Im Zusammenhang mit einigen anderen verdächtigen Hinweisen schien das Fotografieren nicht rechtmäßig zu sein.*
- *Zwei Männer aus dem Mittleren Osten fuhren durch ein Tor von Citgo West, nachdem man es geöffnet hatte, um einen Lastwagen herauszulassen. Die Männer fuhren direkt zu den Öllagern hinunter, wo ein Schiff vor Anker lag. Bevor die Wachen eintreffen konnten, betraten die*

13 Werner, s.o.

Männer für mehrere Minuten das Schiff und wollten die Anlage dann wieder verlassen. Sie gaben an, elektronische Ausrüstungsgegenstände zu verkaufen. Bei der Durchsuchung ihres Lastwagens durch das Büro des Sheriffs wurde eine geladene Pistole in der Fahrerkabine gefunden. Kurz vor diesem Vorfall war ihnen bei einer anderen Einrichtung in der Nähe der Zugang verwehrt worden.[14]

Das FBI untersuchte den Fall eines »Mannes orientalischen Aussehens«, der Bilder von der Raffinerie Ultramar Diamond Shamrock in Three Rivers in Texas, in der Nähe von Corpus Christi machte. Am 22. November 2001 entdeckte ein Angestellter der Raffinerie den Mann, als er vom Highway 281 aus Bilder von der Anlage machte. Der Mann raste davon, als sich Arbeiter der Raffinerie seinem Fahrzeug, einem im texanischen McAllen gemieteten Dodge, näherten. Man alarmierte das FBI. Sheriff Larry Busby vom Bezirk Live Oak erklärte aber, dass das FBI keine weiteren Maßnahmen ergriffen hätte. Busby und der Polizeichef Ace Robbins aus Three Rivers waren seit dem 11. September in ständiger Alarmbereitschaft gewesen, als man beobachtete, wie ein verdächtiges Flugzeug über der Ultramar-Raffinerie kreiste.[15]

Im Juni 2004 wurde man auch auf Gruppen junger und ordentlich gekleideter »orientalisch aussehender« Männern in der Nähe der amerikanisch-mexikanischen Grenze in Cochise County bei Tombstone und dem *U.S. Army Intelligence and Security Command* [dem Hauptkommando der amerikanischen Armee für Nachrichtendienst und Sicherheit] in Fort Huachuca in Arizona aufmerksam. Ein Sprecher der US-Grenzpolizei in Tucson erklärte, dass er nichts über das

14 U.S. Coast Guard Corpus Christi Marine Safety Office *Intelligence Bulletin,* TIN #7, 17. Januar 2002.

15 J.R. Gonzales, »Das FBI sucht nach Personen, die Bilder von der Raffinerie machen; die Behörden sagen, dass Schnappschüsse erlaubt sind. Aber seit am 22. November ein Mann dort beobachtet worden ist, wurden die Patrouillen verstärkt«, *Corpus Christi Caller Times,* 14. Dezember 2001, S. B1.

Herkunftsland dieser Männer sagen dürfe.[16] Laut FBI-Quellen sind die Begriffe »orientalischen Aussehens« oder »orientalischer Herkunft« interne Kennwörter, die verwendet werden, um Israelis zu beschreiben, ohne sich den unvermeidlichen politischen Problemen auszusetzen, die entstehen würden, wenn man sie eindeutig als Israelis bezeichnete.

Interne Kopien der Besprechungen der Abteilung des amerikanischen Heimatschutzministeriums mit dem Vermerk »nur für den Dienstgebrauch« gelangten versehentlich über eine Website des Energieministeriums an die Öffentlichkeit. Die Lageberichte enthalten eine Reihe von Berichten über verdächtige Personen »orientalischen Aussehens«, die an sensiblen amerikanischen Einrichtungen beobachtet wurden. Die Beschreibungen stimmen mit dem Verhalten der im DEA-Bericht angeführten israelischen »Kunststudenten« und verschiedenen anderen Begegnungen der Strafverfolgungsbehörden mit israelischen »Möbelpackern« vollkommen überein. In der Besprechung vom 27. September 2004 heißt es:

(FOUO) MAINE: Verdächtige Personen in Southwest Harbor. *Einem Bericht der USCG [U.S. Coast Guard, die Küstenwache der Vereinigten Staaten] vom 23. September zufolge meldete ein besorgter Bürger das verdächtige Verhalten von drei Männern, die möglicherweise aus dem Mittleren Osten stammten, in einem Einzelhandelsgeschäft in Southwest Harbor. Die Männer wollten wissen, ob irgendwelche Geschäfte dort Motorboote, Kajaks oder Fahrräder vermieten würden. Die Männer fuhren einen kastanienbraunen Lieferwagen mit einem Kennzeichen aus Florida. Der Bürger erklärte, obwohl er anfangs dachte, dass das Verhalten der Männer verdächtig sei, habe er zunächst nicht daran gedacht, den Vorfall zu melden, bis er erfahren hätte, dass die* Queen Mary II *am 27. September Bar Harbor besuchen würde. Die*

16 »In den letzten sechs Wochen wurden zwei Gruppen von Eindringlingen orientalischer Herkunft im Bezirk Cochise erwischt«, *Tombstone Tumbleweed, http://www.tombstonetumbleweed.com/tombstone/default.asp#iframe1*

Untersuchung ist noch nicht abgeschlossen. (COGARD Southwest Harbor; 23. September 2004; HSOC 3577-04)

MASSACHUSETTS: Die mögliche Videoüberwachung des Interstate Highway. *Nach Angaben der Streitkräfte meldete am 22. September in Lexington ein Militärangehöriger, dass vier Personen mit nahöstlichem Aussehen auf der 1-95 Überführung standen, den Verkehr in Richtung Norden mit einer Videokamera aufnahmen und Informationen in ein Notizbuch eingaben. Angeblich erinnerte sich derselbe Angehörige der Streitkräfte daran, zwei der Personen auf derselben Überführung Ende Februar oder Anfang März 2004 gesehen zu haben. (AFOSI Talon 102-23-09-04-2297; 23. September 2004; HSOC 3579-04).*[17] *Bei der Besprechung am 29. September 2004 wurde über weitere Vorfälle mit verdächtigen Personen »nahöstlicher Herkunft« informiert. Zudem gab es einen anderen Bericht aus San Francisco über die verdächtige Aktivität zweier Personen, deren Wagen bis zu einem Juwelier in Seattle verfolgt wurde:*

FLORIDA: Verdächtige Fotografien und Videoaufnahmen von Hochhäusern, sowie der Main Street Bridge und der Sunshine Skyway Bridge. *Dem Bericht der Jacksonville Regional Domestic Security Task Force vom 25. September zufolge meldete ein dienstfreier Polizeibeamter, dass er in der Innenstadt von Jacksonville drei Personen gesehen hätte, von denen eine, deren Aussehen er als nahöstlich beschrieb, die Hochhäuser und die beiden Brücken, die Main Street Bridge und die Sunshine Skyway Bridge, fotografiert und mit einer Videokamera aufnahmen. Als der dienstfreie Polizeibeamte neben den Wagen fuhr, legte die Person mit der Kamera diese sofort beiseite, und fuhr davon. Der Polizeibeamte notierte sich das Kennzeichen und beschrieb den Wagen. Nach der Registrierung hätte das Fahrzeug kastanienbraun*

17 Homeland Security, Operationszentrum der Homeland Security, Homeland Security Operationsbesprechung vom 27. September 2004

sein müsse, doch das Auto, das der Beamte gesehen hatte, schien grau zu sein. Die Untersuchung ist noch nicht abgeschlossen. (FDLE, tägliche Besprechung, 28. September 2004; HSOC 3629-04).

(FOUO) WASHINGTON / KALIFORNIEN: Verdächtige Aktivitäten am Standort der USCG Group San Francisco. *Nach einem USCG Bericht beobachteten am 23. September Angehörige der Küstenwache zwei Personen in einem blauen Lieferwagen, die Bilder von der Bay Bridge und der Umgebung vor dem Haupteingang der USCG Group in San Francisco machten. Die Nummernschilder wurden zur Adresse eines Juweliers in Seattle in Washington zurückverfolgt. Weitere Überprüfungen ergaben, dass die beiden Personen weder die Eigentümer oder Angestellte waren, noch irgendeine andere Verbindung zu dem Geschäft hatten. Die Untersuchung ist noch nicht abgeschlossen. (COGARD San Francisco, 28. September 2004; HSOC 3630-04).*[18]

Nach dem 30. September 2004 gab es noch weitere Berichte des amerikanischen Heimatschutzministeriums über »nahöstliche« Aktivitäten:

(FOUO) WASHINGTON: Verdächtige Aktivität zweier Männer nahöstlicher Herkunft auf der Fähre. *Nach einem USCG-Bericht betrachteten am 27. September zwei Männer nahöstlicher Herkunft in Seattle über einen längeren Zeitraum eine Abbildung mit der schematischen Darstellung der Wenatchee-Fähre. Sobald die zwei Männer bemerkten, dass sich ein Angestellter näherte, hörten sie damit auf und nahmen eine Zeitung in die die Hand. Am Ende der Überfahrt kehrten die zwei Männer zu ihrem Fahrzeug zurück. Eine Überprüfung des Nummernschilds ergab, dass das Fahrzeug einer Mietwagenfirma gehörte. Die Informationen der Mietwagenfirma wiesen darauf hin, dass*

18 Homeland Security, Operationszentrum der Homeland Security, Homeland Security Operationsbesprechung vom 29. September 2004.

der Wagen von einem Geschäft in Tukwila gemietet worden war. Das Geschäft konnte nicht ausfindig gemacht werden. Die Untersuchung ist noch nicht abgeschlossen. (COGARD FIST Seattle, 28. September 2004; HSOC 3657-04).[19]

Am 14. Oktober 2004 folgte ein weiterer Bericht über »nahöstliche« Aktivitäten:

Verdächtige Aktivitäten am Haupteingang der Andrews AFB [Air Force Base]. *Einem Bericht der Streitkräfte zufolge beobachtete das Wachpersonal der Andrews-AFB einen Mann, möglicherweise nahöstlicher Herkunft, der den Bereich des Haupteingangs mit einer kleinen Einwegkamera fotografierte. Als ein Wachposten sich der Person näherte, um sie zu befragen, verließ der unbekannte Mann den Bereich des Eingangs, ging auf die andere Seite der Straße, traf eine andere Person, von der man annimmt, dass auch sie von nahöstlicher Herkunft ist, stieg in einen weißen Pontiac Grand Am und verließ eilig den Bereich. Es wurde noch berichtet, dass wahrscheinlich eine Frau, ebenfalls nahöstlicher Herkunft, im Fond des Wagens saß. (AFOSI Talon 331-12-10-04-2484, 12. Oktober 2004; HSOC 3876-04).*[20]

Ein besonders verdächtiger Bericht war Thema der Besprechung am 19. Oktober 2004. Mehrere Teams israelischer Kunststudenten hatten Stützpunkte der amerikanischen Luftstreitkräfte, darunter auch die Tinker Air Force Base in Oklahoma City, ausgekundschaftet:

MISSOURI: Verdächtige Telefonanrufe. *Einem Bericht der Streitkräfte zufolge rief am 15. Oktober ein unbekannter Mann mit einem starken nahöstlichen Akzent das 509. Kampfgeschwader auf der Whi-*

19 Homeland Security, Operationszentrum der Homeland Security, Homeland Security Operationsbesprechung vom 30. September 2004.
20 Homeland Security, Operationszentrum der Homeland Security, Homeland Security Operationsbesprechung vom 30. September 2004.

teman Air Base [der Heimatstützpunkt der B-2 Bomber] an und behauptete, dass er für eine Wohltätigkeitsorganisation tätig sei und die Adresse des Geschwaders feststellen wollte. Es wurde weiter berichtet, dass der unbekannte Anrufer, als er nach der Organisation befragt wurde, aggressiv reagierte und das Telefonat abrupt beendete. Am 16. Oktober erhielt ein anderer Angehöriger des 509. Kampfgeschwaders in seiner Wohnung auf seinem persönlichen Mobiltelefon einen Anruf von einer unbekannten Person, – auch sie sprach mit einem nahöstlichen Akzent – die um Informationen über die Whiteman-AFB bat, wo der Mann tätig war, und weitere Fragen zu den Abläufen auf diesem Stützpunkt stellte. Doch der Militärangehörige gab dem Anrufer keine Information und beendete das Gespräch. Die Untersuchung ist noch nicht abgeschlossen. (USAF Talon Report, 20718-10-04-2533, 18. Oktober 2004; HSOC 3953-04).[21]

Aus der Besprechung vom 26. Oktober 2004:

(FOUO) ILLINOIS: Mögliche Überwachungsaktivität. *Laut dem Illinois State Terrorism Intelligence Center (STIC) beobachtete am 22. Oktober ein Vorarbeiter auf der Baustelle an der McDonough-Straßenbrücke eine männliche Person, vermutlich nahöstlicher Herkunft, die Aufnahmen von der Konstruktion machte. Als der Vorarbeiter den unbekannten Mann aufforderte, die Baustelle zu verlassen, wurde die Person nervös und machte noch Aufnahmen von den nahegelegenen Gebäuden, bevor sie dann den Bereich verließ. Es wurde berichtet, dass die Person mit einem Chevrolet Cavalier mit einem Kennzeichen aus Minnesota wegfuhr. Das Nummernschild konnte zu einer Finanzgesellschaft in Boca Raton in Florida zurückverfolgt werden. (Illinois Staatspolizei STIC, 25. Oktober 2004; HSOC 4065-04).*[22]

21 Homeland Security, Operationszentrum der Homeland Security, Homeland Security Operationsbesprechung vom 19. Oktober 2004

22 Homeland Security, Operationszentrum der Homeland Security, Homeland Security Operationsbesprechung vom 26. Oktober 2004.

Auf der Besprechung am 9. Dezember 2004 ging es um einen weiteren Vorfall auf einem Stützpunkt der US-Luftwaffe:

TEXAS: Diebstahl von Lehrplänen des DoD [Department of Defense, das amerikanische Verteidigungsministerium] aus dem Hotelzimmer eines USAF-Angehörigen / mögliche Überwachungsaktivitäten. *Laut einem Militärbericht vom 7. Dezember beobachteten Angehörige der USAF von der Lackland Air Force Base in San Antonio bei ihrer Ankunft am 30. November in einem Hotel vier Männer, möglicherweise nahöstlicher Herkunft, die sich verdächtig benahmen. Etwa drei bis vier Tage später wurden die Männer beobachtet, wie sie sich die Türen zu den Zimmern, in denen die USAF-Angehörigen wohnten, genau ansahen und Bilder davon machten. Es gab Berichte, dass die Männer immer gemeinsam reisten, und sie schienen immer dann anwesend zu sein, wenn sich die USAF-Angehörigen zum Frühstück versammelten. Zudem war auch bekannt, dass die Männer die Schilder »No Service« während des ganzen Tages an ihren Türen hingen ließen. Am 6. Dezember berichtete ein USAF-Mitglied, dass seine Lehrpläne aus seinem Zimmer gestohlen worden waren. Die anderen USAF-Mitglieder berichteten, dass nichts fehlte, aber ihre persönlichen Sachen wären nicht mehr an ihrem ursprünglichen Ort. Zudem waren die Schubladen herausgezogen, und die Türen zu den Badezimmern standen offen. Die Untersuchung ist noch nicht abgeschlossen. (AFOSI Talon # 409-07-12-04-2968, 7. Dezember 2004; HSOC 4701-04).*[23]

Über ein weiteres verdächtiges Ereignis wurde am 28. Dezember 2004 berichtet, in das Personen »nahöstlicher Herkunft« mit Verbindungen nach Florida verwickelt waren:

23 Homeland Security, Operationszentrum der Homeland Security, Homeland Security Operationsbesprechung vom 9. Dezember 2004.

(FOUO) NEW JERSEY: Verdächtige Aktivitäten in sensiblen Bereichen. *Laut einem Telefonat fuhr am 20. Dezember an einem Staudamm im Landkreis Morris ein Wagen mit zwei Männern in einen abgesperrten Bereich. Ein Angestellter der Anlage ging zu dem Fahrzeug und informierte die Personen, dass sie sich auf Privatbesitz befänden. Die zwei Männer behaupteten, dass sie einen letzten Blick auf das Wasserreservoir und den Damm werfen wollten, bevor sie zurück nach Florida fahren würden. Der Angestellte forderte die Personen erneut auf, das Gelände zu verlassen, und teilte ihnen mit, dass die örtliche Strafverfolgungsbehörde bereits kontaktiert worden war. Daraufhin verließ das Fahrzeug mit hoher Geschwindigkeit das Grundstück. (Bericht, 27. Dezember 2004: HSOC 4929-04).*[24]

Am 30. Dezember 2004 ging es in der Besprechung um einen Bericht über die Festnahme von Israelis und Ukrainern in Buffalo wegen Passbetrugs:

(FOUO) NEW YORK: Versuch ukrainischer Staatsbürger mit Reisepässen und Visa, bei denen das Bild ausgetauscht worden war, in die USA einzureisen. Laut einem BTS-Bericht trafen am 29. Dezember die ukrainischen Staatsbürger Ivan SERNOWSKIY (Geburtsdatum: 25. 10. 1968, A 97914917) und Maria FESTUK (Geburtsdatum: 20. 06. 1975, A 97914918) mit dem Bus am Buffalo, NY Port of Entry (POE) ein. Sie behaupteten, ein israelisches Paar zu sein, und dass ihre Namen Vyesheslav und Marya URMANOV lauteten. Das Paar wollte als Touristen einreisen. SERNOWSKIY präsentierte einen israelischen Reisepass mit der Nummer 8400058 und dem Namen Vyesheslav URMANOV (Geburtsdatum: 12.03.1965) und einem Visum, das am 29. November 2000 in Tel Aviv ausgestellt worden war (41200881). FESTUK legte einen israelischen Reisepass mit der Nummer 6830276,

24 Homeland Security, Operationszentrum der Homeland Security, Homeland Security Operationsbesprechung vom 28. Dezember 2004.

dem Namen Marya URMANOV (Geburtsdatum: 20.06.1975) und einem maschinenlesbarem Visum (20011717790001) vor. Das Automated Biometrics Identification System (IDENT) [automatisches biometrisches Identifizierungssystem] ergab keine Übereinstimmung der Fingerabdrücke für Herrn URMANOV. Das Paar musste sich für weitere Überprüfungen bereithalten. Durch Recherchen fand die NTC ein neueres Bild von Vyesheslav URMANOV, das an die CBP Beamte weitergeleitet wurde. SERNOWSKIY wurde mit den Abweichungen bei den Fingerabdrücke und den Bildern konfrontiert, und gab seine wahre Identität zu. Das Büro des Generalstaatsanwalts übernahm diesen Fall für die weitere strafrechtliche Verfolgung. Das CBP entschied, dass sich beide Ausländer aufgrund ihrer falschen Angaben unrechtmäßig in den Vereinigten Staaten aufhielten, verweigerte ihnen die Einreise und ließ sie verhaften. (BTS-Tagesbericht vom 30. Dezember 2004; HSOC 4958-04).

In der Besprechung vom 30. Dezember wurde auch ein Vorfall der Ausspähung von öffentlichen Gebäuden und Büros erwähnt, der an die israelischen Kunststudenten erinnert:

(FOUO) MARYLAND: Mögliche Ausspähung des Bundesgebäudes in Baltimore. Laut eines ICE-Berichts beobachtete ein Bundesbeamter aus dem Büro des Generalinspekteurs des US Department of Housing and Urban Development [Bauministerium der Vereinigten Staaten] am 28. Dezember drei Personen, die anscheinend zwei Einrichtungen der Bundesbehörden in Baltimore, Maryland, auskundschafteten. Bei der Beschreibung der beiden Männer und der Frau hieß es, sie seien von nahöstlicher Herkunft. Sie wurden beobachtet, als sie Videoaufnahmen vom US-Zollamt und dem Appraiser-Gebäude machten. Alle drei Personen verfügten über eine eigene Kamera. Der Agent benachrichtigte die Wachen im Appraiser Gebäude. Als der Agent und die Wachen nach draußen gingen, um die Personen anzusprechen, verbargen diese ihre Kameras und verließen den

Bereich, wobei sich jede Person in eine andere Richtung wandte. Die Abteilung für Innere Sicherheit der Polizei von Baltimore wurde über den Vorfall informiert, und die Sache wurde an einen FPS-Beamten für weitere Untersuchungen übergeben. (ICE Tagesbericht vom 29. Dezember 2004; HSOC 4962-04).[25]

In der Besprechung vom 05. Januar 2005 wird ein Vorfall mit einem israelischen Bürger erwähnt:

ISRAEL: Einem israelischen Staatsbürger, auf den es einen anonymen Hinweis gab und der auf einer Flugverbotsliste stand, wurde am 3. Januar das Visum entzogen. *Laut einem BTS-Bericht traf am 3. Januar Samuel COHEN (Geburtsdatum: 20.07.1969) mit der Fluggesellschaft COPA aus Lima in Peru auf LAX ein, und beantragte ein Besuchervisum der Kategorie B-1 als Tourist. LAX stellte fest, dass es im Hinblick auf COHEN einen anonymen Hinweis gab, und dass er auf einer NO-FLY-Liste stand. Die enge Zusammenarbeit mit dem Department of State (DOS) [dem US-Außenministerium] führte dazu, dass das Visum von COHEN sofort annulliert wurde. Als Konsequenz dieses Widerrufs wurde festgestellt, dass COHEN nicht im Besitz gültiger Dokumente war. Daraufhin wurde seine unverzügliche Ausweisung angeordnet, und es wurde entschieden, dass er am 5. Januar die Vereinigten Staaten mit dem COPA Flug CM303 verlassen musste. (BTS-Tagesbericht vom 5. Januar 2005, HSOC 0033-05).*[26]

Am 27. Juli 2005 wurde bekannt, dass die *Authority's Interagency Counter Terrorism Task Force* der New York *Metropolitan Transportation* [ein staatliches Verkehrsunternehmen des US-Bundesstaats New York] (MTA) über eine Datenbank von Personen verfügte, die ange-

25 Homeland Security, Operationszentrum der Homeland Security, Homeland Security Operationsbesprechung vom 28. Dezember 2004.

26 Homeland Security, Operationszentrum der Homeland Security, Homeland Security Operationsbesprechung vom 5. Januar 2004.

halten und befragt worden war, weil sie Filme von Brücken und Tunneln im Großraum New York City aufgenommen hatten. Einige der Personen in der Datenbank waren bei mehr als einem Anlass für das Filmen und Fotografieren von Brücken und Tunneln gestoppt worden, und in einem Fall wurde festgestellt, dass eine Person, die angehalten worden war, weil sie eine Brücke in New York gefilmt hatte, denselben Wagen fuhr wie eine andere Person, die zuvor wegen Aufnahmen von der Verrazano-Narrows-Brücke überprüft worden war. Eine MTA-Quelle enthüllte, dass es nicht um die üblichen Aufnahmen von Touristen ging. Der Informant führte weiter aus, dass es sich hier »allem Anschein nach um weitaus mehr als normale Aufnahmen gehandelt hätte.« Die Videofilmer und Fotografen konzentrierten sich auf die Träger der Brücken (wie im Falle der I-40-Brücke in Memphis) und auf Sicherheitskontrollpunkte. In der Datenbank der MTA werden alle Personen aufgeführt, die wegen des Filmens jener Brücken und Tunnel gestoppt worden waren, die von der MTA kontrolliert wurden: Verrazano, Triborough, Throgs Neck, Whitestone, Henry Hudson, Marine Parkway, das Cross-Bay-Veteranendenkmal, der Midtown Tunnel und der Battery-Tunnel.[27] Eine Reihe von Bundesbehörden berichtete, dass verdächtige Israelis weiterhin überall im Land angehalten wurden, weil sie sensible Einrichtungen und Infrastrukturen fotografieren und filmten, doch sie wurden nicht angeklagt und vor Gericht gestellt.

Im Oktober 2004 wurde ein verdächtiger Israeli von der Abteilung des Sheriffs des Bezirks Delaware in Oklahoma festgenommen. Eine Strecke von drei Kilometern auf dem State Highway 20 östlich von Jay wurde abgesperrt, während ein Bombenentschärfungskommando der Staatspolizei von Oklahoma das Auto des Israelis nach »möglichen terroristischen Aktivitäten« durchsuchte. Wie es in solchen

27 Pete Donohue, »Das MTA verfügt über eine geheime Filmdatei«, *New York Daily News*, 27. Juli 2005.

Fällen üblich war, befragte das FBI aus Tulsa den Israeli, der weder einen Reisepass noch ein Visum vorweisen konnte, und ließ ihn nach sieben Stunden wieder frei. Der Israeli hatte einen Führerschein aus Arizona mit einer Adresse in Gentry in Arkansas. Das FBI sagte aus, dass sie den Israeli kennen würden. Auch der stellvertretende Sheriff Dale Eberle vom Bezirk Delaware konnte nichts zur Identität des Israelis sagen, da dieser nie inhaftiert worden war. Der 40jährige Israeli, der mit einer Amerikanerin verheiratet war, war im Gebiet von Tulsa mit einer Röhrenkamera herumgereist, die auf dem Dach seines Wagens montiert war. Der Polizei wurde gemeldet, dass die Kamera wie eine Rohrbombe aussehen würde. Eberle sagte, dass die Polizei den Verdacht hegte, dass der Israeli den Pensacola-Damm und die zwei Wasserscheiden, die der Versorgung von Tulsa dienten, ausgekundschaftet hatte. Nach der Inventarliste der Polizei fanden sich in dem Fahrzeug Aufnahmegeräte und Werkzeuge. Der Israeli hatte sich nach den Industriebetrieben in Jay erkundigt und als er unterwegs angehalten hatte, um etwas zu essen, weigerte er sich, ein Glas oder Besteck zu verwenden, weil er keine Fingerabdrücke hinterlassen wollte.[28]

Am 15. Mail 2003 stoppte der Polizeichef von Cloudcroft in New Mexico, Gene Green, einen Lastwagen der Firma U-Haul in Cloudcroft in der Nähe des Raketentestgeländes von White Sands, weil er zu schnell gefahren war. Laut dem Bericht der *Alamogordo Daily News* hatten die beiden Lkw-Fahrer israelische Führerscheine und behaupteten, dass sie Möbel von Austin nach Chicago transportieren würden. Doch der Mietvertrag war bereits vor zwei Tagen abgelaufen, und New Mexico lag nicht auf der Strecke von Austin nach Chicago. Die Israelis veränderten dann ihre Geschichte, – sie behaupteten nun, dass sie Möbel nach Deming in New Mexico transportieren müssten,

28 Sheila K. Stogsdill, »Das FBI kennt mysteriösen Reisenden«, *The Daily Oklahoman*, 5. Oktober 2004, S. 6A

doch sie konnten keine Lieferadresse in der Stadt vorzeigen. Auch berechtigte ihr Mietvertrag sie lediglich zum Gebrauch des Lastwagens innerhalb von Illinois. Im Inneren des Fahrzeugs fand der Polizeichef Green nur wertloses Gerümpel, sowie 50 Kästen, bei denen es sich nach Aussagen der Israelis um eine »private Lieferung« handelte. Die Israelis wurden dem INS übergeben, und danach hörte man nichts mehr von ihnen oder ihrer »Ladung«.[29] Viele Kunden von Umzugsfirmen, die im israelischen Besitz waren, beklagten sich über ein verdächtiges Verhalten und illegale Praktiken bei Transporten von Wisconsin über Florida nach Pennsylvania. Die von Israelis geführte Spedition *Advanced Moving Systems* aus der Stadt Sunrise in Florida beschwerte sich darüber, dass die Polizei in Pennsylvania, Wisconsin und North Carolina einige ihrer Fahrzeuge angehalten hatte. Der Eigentümer der Firma *Zion Rokah* behauptete, dass die Polizei »fremdenfeindlich und rassistisch« sei.[30]

Beinahe ein Jahr zuvor, am 7. Mai 2002, wurden zwei Israelis in der Nähe des Marinestützpunkts Whidbey Island in Oak Harbor, Washington festgenommen. Die Ermittler der Polizei und der Marine fanden in einem von den Israelis gemieteten Lastwagen Spuren von TNT und Plastiksprengstoff, nachdem dieser wegen Geschwindigkeitsübertretung angehalten worden war. Einer der Israelis hatte ein abgelaufenes Visum und einen internationalen Führerschein, aber er konnte keine Ausweisdokumente präsentieren. Sie behaupteten, dass sie Möbel nach Oak Harbor ausgeliefert hätten und auf dem Rückweg nach Kanada wären. Ein Bombensuchhund reagierte auf Spuren von Sprengstoff auf dem Lenkrad und dem Schaltknüppel des Lastwagens. Das FBI erklärte später, dass die Suche nach Sprengstoff zu keinen Ergebnissen geführt hätte, und die INS folgte weiter ihrer üblichen Gewohnheiten, keine weiteren Kommentare zu diesem Fall

29 Michael Shinabery, »Die Polizei von New Mexico stoppt Israelis mit einer verdächtigen Ladung«, *Alamagordo Daily News,* 19. Mai 2003.
30 Mitch Lipka, »Betrügerische Möbelpacker nehmen die Kunden aus«, *Philadelphia Inquirer,* 1. Februar 2003.

abzugeben.[31] In den Tagen nach dem 11. September riefen eine Reihe von Bewohnern von Island County in den Notfallzentren an und berichteten von Beobachtungen von »orientalisch« aussehenden Männern, die mit kanadischen Lastwagen unterwegs wären.[32]

Bei einem ähnlichen Vorfall am 21. Mai 2004 versuchten die beiden israelischen Staatsbürger Tamir D. Sason und Daniel Levy, die beide aus Metar in Israel stammten und für eine Umzugsfirma in Atlanta gearbeitet haben sollen, sich Zugang in die King's Bay, den U-Bootstützpunkt in Georgia, zu verschaffen. Sie behaupteten, dass sie den Auftrag hätten, für eine Person vom Stützpunkt den Umzug durchzuführen. Ebenso wie bei dem Fall von Whidbey Island schlug auch hier ein Bombensuchhund an, als er in dem Laster auf eine Aktentasche stieß. Die Wachen schöpften Verdacht, als einer der Israelis sich nicht richtig ausweisen konnte. Der Stützpunkt wurde für drei Stunden hermetisch abgeriegelt, und ein Bombensuchkommando überprüfte den Lastwagen. Genau wie in den anderen Fällen, in die Israelis verwickelt gewesen waren, die versucht hatten, in Sicherheitsbereiche einzudringen, wurden sie der Einwanderungsbehörde und dem FBI übergeben. Das FBI gab auch in diesem Fall keinen Kommentar ab. Neben dem FBI wurde auch das *Georgia Bureau of Investigation and Navy Criminal Investigate Service* hinzugezogen, um den Vorfall mit den Israelis weiter zu untersuchen.[33] Kings liegt ganz in der Nähe von Sea Island in Georgia, dem Ort, an dem im Juni 2004 der G-8 Gipfel stattfinden sollte, und diese Tatsache weckte offensichtlich das Interesse der Beamten der Strafverfolgungsbehörden.

Am 10. Mai 2004 wurden zwei andere israelische »Möbelpacker« nahe den *Oak Ridge National Laboratories* [ein wissenschaftliches

31 Mike Barber, »Der Fall der ›Terroristen‹ von Whidbey Island ist nach der Aussage des FBI eine Fälschung«, *Seattle Post-Intelligencer*, 14. Mai 2002.

32 Ebd.

33 News4Jax.ocm, »Der Marinestützpunkt King´s Bay hermetisch abgeriegelt,« 21. Mai 2004; Associated Press, »Verdächtiger Möbelwagen führt zur Abriegelung von King´s Bay,« 23. Mai 2004.

und technologisches Laboratorium in Oak Ridge im Bundesstaat Tennessee] und der *Federal Correction Institution* [ein Bundesgefängnis] in Butner in North Carolina festgenommen, wo der verurteilte israelische Spion Jonathan Pollard inhaftiert war. Shmuel Dahan und Almaliach Naor fuhren einen in Plantation in Florida angemieteten Ryder-Lastwagen, und wurden wegen hoher Geschwindigkeitsübertretung von Sheriff Kent Harris aus dem Landkreis Unicoi angehalten. Die Israelis behaupteten, dass sie Möbel nach West Virginia liefern würden, aber Harris wunderte sich, warum sie den Umweg über den zweispurigen U.S. Highway 23 machten, anstatt die viel schnellere Verbindung auf der Interstate 26 zu nutzen. Die Israelis besaßen zudem falsche Ausweispapiere. Dahan hatte einen falschen Führerschein, der angeblich in Plantation in Florida ausgestellt worden war, und Naor präsentierte einen gefälschten Ausweis. Harris durchsuchte auch ein Lager, das die Israelis in Mars Hill in North Carolina angemietet hatten. Das FBI wurde zu weiteren Ermittlungen eingeschaltet, aber wie üblich übergab es den Fall den Einwanderungsbehörden, die eine Abschiebungsanhörung ansetzten. Ein Sprecher des FBI erklärte später, dass die Israelis gegen kein Gesetz verstoßen hätten, abgesehen davon, dass sie Abfälle auf die Straße geworfen hätten. Auch die Agenten des *Bureau of Alcohol, Tobacco, and Firearms* (BATF) [eine dem Justizministerium unterstellte Bundespolizeibehörde für die Bekämpfung der illegalen Herstellung und des Verkaufs von Alkohol, Tabak und Schusswaffen] schlossen sich der Untersuchung an. Als er dem Lastwagen mit den Israelis hinterher jagte, bemerkte Harris, dass sie ein Fläschchen aus dem Lastwagen warfen. Die Israelis leugneten später, dass sie irgendetwas aus dem Lastwagen geworfen hätten. Es hieß, dass der herausgeschleuderte Behälter einen verdächtigen »Treibstoff« enthielt, der dann an das *Tennessee Emergency Managemant Office* in Sevierville in Tennessee geschickt wurde. Später wurde festgestellt, dass sich darin eine Mischung aus einer Reinigungsflüssigkeit mit der Bezeichnung Astromid 18, Glukonsäure und Wasser befunden hätte. Harris sagte aus, dass er nicht wüsste, warum die Substanzen zusammengemischt worden waren. In dem Lastwagen der Israelis fand sich auch eine Broschüre mit dem Titel »Lerne zu fliegen«. Harris erklärte, dass er »ein mulmiges Gefühl hatte«, als er diesen Prospekt und die Visitenkarte eines Fluglehrers mit dem Namen Nissan Giat sah, der in Fort Lauderdale in Florida lebte und ebenfalls israelischer Staatsbürger war. Die Polizei fürchtete, dass das Ziel der Israelis die Atomanlage im nahegelegenen Erwin, Tennessee, sein könnte. Ein Rechtsanwalt der Israelis erklärte später, dass es nichts bedeutete, dass Naor falsche Ausweispapiere besessen hätte. Damit wollte er lediglich einen Nachtclub in Miami besuchen. Das genaue Alter von Naor wurde nie angegeben.[34] Obwohl die Bundesregierung erklärte, dass die Israelis keine Gefahr darstellten, schloss der Staat Tennessee den Fall nicht ab. Der DEA-Bericht über die Aktivitäten der israelischen »Kunststudenten« erwähnte einen Vorfall, bei dem der *Federal Protective Service* zwei israelische Kunststudenten in Plantation in Florida wegen des Besitzes falscher Sozialversicherungskarten festgenommen hatte. Plantation war auch die Basis der Operationen für Dahan.

Am 17. Oktober 2001 wurden drei Israelis, die einen Lastwagen fuhren, in Plymouth von der Polizei aus Pennsylvania festgenommen. Man fand bei ihnen Videoaufnahmen des Sears Towers in Chicago. Der Polizeichef von Plymouth, David McCann, sah sich das Videoband an, und fand dann die Sony-Kamera im Lastwagen. Die Polizei hatte auf einen Anruf reagiert, der sie darüber in Kenntnis setzte, dass die Israelis von einem in Florida angemeldeten Sattelschlepper illegal Möbel in einem Abfallcontainer hinter einem Restaurant der Kette »Pizzeria Uno« deponiert hätten. Als sich der Geschäftsführer des Restaurants an den israelischen Fahrer wandte, fuhr dieser sofort los. Der Leiter des Teams, das den Lastwagen mit dem Aufdruck

34 Associated Press, »Israelische Männer nach Verfolgungsjagd im Bezirk Unicoi festgenommen,« 10. Mai 2004; Julie Ball, »Der Inhalt des Fläschchens der Israelis stellt keine Bedrohung dar«, *Asherville Citizen-Times,* 12. Mai 2004.

»Moving Systems Incorporated« fuhr, war Moshe Elmakias. Zwei andere Israelis, eine Frau namens Ayelet Reisler und ein Mann mit dem Namen Ron Katar, wurden ebenfalls von der Polizei in Plymouth befragt, nachdem man beobachtet hatte, wie der Lastwagen abgestellt wurde. Bei Reisler wurde ein deutscher Reisepass mit diesem Namen gefunden, sowie ein Rezept, das auf einen ganz anderen Namen ausgestellt war. Die Polizei von Whitpain in Pennsylvania entdeckte später, dass das Fahrtenbuch des Lastwagens manipuliert worden war. Das gesamte Beweismaterial der Polizeibehörden von Whitpain und Plymouth wurde dem FBI übergeben, das es, wie üblich, wenn es um die Frage der israelischen Ausspähungen und Spionagetätigkeiten in den Vereinigten Staaten ging, einfach ignorierte. Elmakias und Katar wurden der INS übergeben, aber Reisler wurde auf freien Fuß gesetzt.[35]

Auch die Hernando-De-Soto-Brücke auf der Interstate 40 in Memphis schien für die Israelis ein interessantes Objekt zu sein. Nach einem Bericht der Staatspolizei von Arkansas wurden einige Tage nach dem 11. September das FBI und die Polizei von Memphis auf zwei Israelis aufmerksam (offiziell wurde angegeben, dass sie von »orientalischem« Aussehen waren), die Bilder von der De-Soto-Brücke und der älteren Brücke auf der Interstate 55 aufnahmen. Die Israelis zeigten ein besonderes Interesse an den unteren Bereichen der Brücken. Sie führten sieben Kameras mit unterschiedlichen Größen und Fabrikaten mit sich. Als sie vom FBI festgenommen wurden, behaupteten die Männer, diplomatische Immunität zu besitzen, und einer von ihnen präsentierte auch einen Diplomatenpass. Nachdem die Israelis der INS übergeben worden waren, stellte das FBI die weiteren Untersuchungen ein.[36]

Anfang Oktober 2001 war das FBI auf einer landesweiten Suche nach sechs Israelis, die von der Polizei in Midwest angehalten worden

35 Michelle Mowad, »Zwei Personen mit Aufnahmen des Sears Tower entdeckt«, *The Mercury*, 17. Oktober 2001.

36 Vertrauliche Mitteilung

Die Hernando-de-Soto-Brücke in Memphis, die von den Israelis wenige Tage nach dem 11. September ausgekundschaftet wurde.

waren und bei denen sich Teppichmesser und »andere Ausrüstungsgegenstände« fanden. Die Israelis verfügten auch über Bilder und Beschreibungen von einem Atomkraftwerk in Florida und der Trans-Alaska-Pipeline. Sie reisten in Dreiergruppen, und benutzten zwei weiße Limousinen. Die INS ordnete die Freilassung der Männer an, und es wurde berichtet, dass das FBI über diese Entscheidung empört war, da den Israelis so die Flucht, vermutlich nach Kanada, ermöglicht worden war. Die INS weigerte sich bekanntzugeben, in welchem Bundesstaat die Israelis gestoppt worden waren. Obwohl ihre israelischen Reisepässe allem Anschein nach gültig waren, gab es keine Möglichkeit zu überprüfen, ob ihre Identität mit den Reisepässen übereinstimmte. Das FBI lehnte es ab, die Namen und Beschreibungen der Israelis zu veröffentlichen. FBI-Direktor Robert Mueller und Generalstaatsanwalt John Ashcroft warnten auf einer Pressekonferenz am 2. Oktober 2001 davor, dass mit einer neuen Welle von Terroranschlägen in den Vereinigten Staaten gerechnet werden müsste.

Diese Warnung erfolgte, nachdem die Israelis im Mittleren Westen angehalten worden waren.[37] In einem wohl ähnlichen Fall wurden sechs Israelis Mitte Oktober in Cleveland festgenommen und von der Außenwelt abgeschnitten. Es wurde auch berichtet, dass noch eine siebte Person, eine israelische Frau, verhaftet worden war.[38]

Insider der *National Security Agency* enthüllten, dass die NSA ihre Mitarbeiter vor jedem Kontakt mit den Inhabern von Läden in der Columbia Mall, einem Einkaufszentrum nahe des Hauptsitzes der NSA in Fort Meade in Maryland gewarnt hatte. Die NSA hatte anscheinend erfahren, dass die Besitzer der Geschäfte, die Spielzeug, Körperpiercings und Schmuck verkauften, mit dem israelischen Geheimdienst in Verbindung standen. Die Israelis versuchten, Gespräche mit Angehörigen der NSA-Mitarbeiter zu führen, um Informationen über ihre Tätigkeit in der Behörde zu gewinnen und Beziehungen zu ihnen aufzubauen.

Die Warnungen der NSA ähneln jenen, die bereits Mitte der 1980er-Jahre, als der Autor dort arbeitete, ausgegeben wurden. Die Angestellte wurden routinemäßig darauf hingewiesen, die Bar am Holiday Inn in Greenbelt in Maryland zu meiden, die nach den Informationen der NSA ein bekannter Treffpunkt für Agenten des sowjetischen KGB war.[39]

Die Berichterstattung über die Aktivitäten der israelischen Läden in den Einkaufszentren brachte auch einen Australier ins Gefängnis. Im Jahr 2009 wurde ein australischer Ermittler in Perth in Australien festgenommen und wegen eines Verstoßes gegen die australischen

---

37 Martin Merzer, Curtis Morgan und Lenny Savino, »Vom FBI gesucht: Weitere verdächtige Männer mit israelischen Pässen, Teppichmessern und den Plänen von Atomkraftwerken und einer Pipelines« *Miami Herold,* 3. Otober 2001.

38 Jim Galloway, »Die Verhaftung von Israelis bei Razzias gegen Terrorverdächtige sorgen für Beunruhigung in Israel und für Ärger in den USA«, *Atlanta Journal-Communication,* 18. November 2001, S. 15A.

39 31. Oktober 2007, »Die NSA warnt vor den Läden in der Columbia Mall in Maryland«, *WayneMadsenReport.com*

Antidiskriminierungsgesetzte angeklagt, weil er die Aktivitäten der von Israelis betriebenen Geschäfte in Einkaufszentren einer israelischen Firma in Melbourne enthüllt hatte, deren Produkte den Namen »Seacret-Mineralien aus dem Toten Meer« trugen. Der Präsident der australischen Vereinigung der jüdischen Studenten erstattete Strafanzeige gegen den Ermittler, der behauptet hatte, dass israelische Staatsangehörige versuchten, streng geheime Informationen über das Unterseeboot der *Collins*-Klasse der australischen Marine und über andere Verteidigungspläne in ihren Besitz zu bringen.

Informationen über Seestreitkräfte schienen bei den israelischen Verkäufern in den Einkaufszentren sehr begehrt zu sein. Laut einer informierten Quelle bemühten sich die Zellen der jungen israelischen Geheimdienstagenten, die in den Geschäften arbeiteten, offen um Beziehungen zu den Angehörigen der amerikanischen Marinestreitkräfte in Norfolk. Eine dieser Läden befand sich in der MacArthur Center Mall in Norfolk in Virginia, wo die Marineangehörigen des nahe gelegenen Flottenstützpunktes immer wieder von aggressiven jungen Israelis bedrängt wurden, kosmetische Produkte vom Toten Meer zu kaufen. Und sie stellten den Marineangehörigen dann stets Fragen, wo sie stationiert wären, und welche Aufgaben sie genau hätten. Die jungen israelischen Frauen, die in den Geschäften tätig waren, schienen auch zu versuchen, engere Beziehungen zu einigen der männlichen Marineangehörigen anzuknüpfen.[40]

Die israelischen Verkäufer in den kleinen Läden suchten auch in den Einkaufszentren in Washington, D.C., eifrig nach Informationen. Eine Reihe von jungen israelischen Männern arbeitete in zwei bis vier Geschäften im St. Charles Towne Zentrum in Waldorf in Maryland, und sie sprachen mögliche Kunden an, unter denen sich auch Angehörige der Luftstreitkräfte der in der Nähe liegenden Andrews Air Force Base und Marineangehörige des *National Maritime Intelligence*

40 17. Juni 2009, »Der Mossad ist noch immer in den Malls in der Nähe von amerikanischen Militäreinrichtungen tätig«, *Wayne MadsenReport.com*

Center [des Militärnachrichtendienstes der amerikanischen Marine] aus Suitland in Maryland befanden.[41] Der Luftwaffenstützpunkt Andrews ist der Ort, an dem die *Air Force One* stationiert ist.

Am 1. Oktober 2010 begann der Fernsehsender *ABC Channel 4* in Salt Lake City seine Nachrichten mit diesem Bericht von Reporter Brent Hunsaker: »Diese Verkäufer behaupteten, dass sie israelische Studenten wären … Sie konnten sogar israelische Pässe vorlegen. Sie erklären, dass sie ihre eigenen Bilder verkauften, um sich Geldmittel für die Eröffnung einer eigenen Galerie zu verschaffen. Warum sollten sich die israelischen Kunststudenten dann über die NSA erkundigen?« Es stellte sich heraus, dass die Israelis Anstrengungen unternahmen, Informationen über das gerade errichtete Utah Datencenter der NSA in Bluffdale in Utah einzuholen.

Am 5. März 2002 berichtete der Reporter Dale Solly aus Washington, D.C., für den Sender *WJLA ABC 7* ebenfalls über die Aktivitäten von israelischen Kunststudenten, die vor dem 11. September der Spionage verdächtigt wurden. Am 27. April 2002 wurde der 53-jährige Solly in seinem Haus in Silver Spring in Maryland getötet, kurz bevor er für seine Sendung ins Studio fahren wollte. Der Leichenbeschauer des Bezirks gab als Todesursache Herzinfarkt an.

41 24.–26. Juli 2009, »Die Geschichte über israelische Verkäufer in Einkaufszentren auf WMR sorgt für großes Interesse«, *WayneMadsenReport.com.*

Kapitel 8

Weltweite Operationen des Mossad und gefälschte Pässe

Am 10. Oktober 2001 wurden zwei Israelis im mexikanischen Kongress mit 9-mm-Pistolen und Dynamit festgenommen. Der eine war ein ehemaliger Oberst der israelischen Armee, der andere ein Agent des *Mossad*. Laut der offiziellen Website des mexikanischen Justizministeriums »stellte der Sicherheitschef des Kongresses Salvador Alarcón fest, dass die Israelis im Besitz von neun Handgranaten, Dynamitstangen, Sprengkapseln, elektrischen Zündern und zwei 9-mm-Pistolen der Marke ›Glock‹ waren«. Die Israelis wurden nach der Intervention der israelischen Botschaft in Mexiko City auf freien Fuß gesetzt.[1]

Im Jahr 1990 machte der Leiter der kolumbianischen Geheimpolizei, General Miguel Maza Marquez, die paramilitärische Ausbildung durch Israelis für eine Reihe von Terroranschlägen in Kolumbien in dem Jahr verantwortlich. Dazu gehörten der Bombenanschlag auf eine Passagiermaschine der Fluggesellschaft *Avianca* im November 1989, bei der 117 Menschen ums Leben kamen, die Ermordung einiger Lokalpolitiker sowie zwei Anschläge auf sein eigenes Leben. Bei einem weiteren Bombenanschlag auf das Polizeihauptquartier in Maza kamen 63 Menschen ums Leben. Kolumbien reagierte auf die israelische Beteiligung an den terroristischen Anschlägen mit der Annullierung eines Abkommens von 1962, das die Visapflicht zwischen den beiden Länder abschaffte.[2]

Im April 2004 bestellte Neuseelands Außenminister den dortigen israelischen Botschafter ein, um sich über die Aktion von zwei vermutlichen Agenten des *Mossad* zu beschweren, die auf dem Flugha-

---

1 Die PGR [*Procuraduría General de la República* (PGR); Generalstaatsanwaltschaft in Mexiko] informiert über die Situation der im Kongress festgenommenen Personen,« Justizministerium von Mexiko, 21. Oktober 2001. *http://www.pgr.gob.mx/cmsocial/bol01/oct/b69701.html;* Ernesto Cienfuegas, »Der Armeegeneral und Leiter der PGR entlässt zwei Israels, die wegen Waffen- und Sprengstoffbesitzes im mexikanischen Kongress festgenommen worden waren«, *La Voz de Aztlan,* 15. Oktober 2001.

2 Knut Royce, Peter Eisner und Timothy M. Phelps, »Gacha erhielt Angriffswaffen aus Israel; Waffen für Antigua in dem Haus eines Drogenbarons gefunden«, *Newsday,* 23. Mai 1990, S.4.

fen von Auckland verhaftet worden waren, nachdem sie versucht hatten, falsche neuseeländische Reisepässe in ihren Besitz zu bringen. Die *Australian Security Intelligence Organization* (ASIO) [der australische Sicherheits- und Informationsdienst] und der New Zealand Security Intelligence Service (NZSIS) [der Nachrichtendienst der neuseeländischen Regierung] hatten bei dieser Operation gegen die beiden Israelis zusammengearbeitet, die als Elisha Cara und Uri Zoshe Kelman identifiziert wurden. Die neuseeländische und australische Polizei und die Geheimdienste beider Länder brachten die Israelis mit der russisch-israelischen Mafia in Verbindung. Die Polizei suchte einen dritten verdächtigten Spion des *Mossad* namens Zev William Barkan, von dem man annahm, dass er nach Neuseeland geflüchtet war, um von dort aus nach Israel zu reisen, und einen vierten unbekannten Israeli, von dem vermutet wurde, dass er sich in Neuseeland versteckt hielt. Später stellte man fest, dass Barkan in den israelischen Botschaften in Österreich und Belgien tätig gewesen war.

Die Polizei identifizierte später einen Neuseeländer namens Anthony David Resnick, der 13 Jahre zuvor noch in den israelischen Streitkräften gedient hatte und ein Mitglied von Aucklands Jüdischem Rat war, als einen weiteren Verschwörer bei dieser Operation des *Mossad*. Wie gemeldet wurde, floh Resnick dann nach Israel. Cara und Kelman wurden beide gegen Kaution aus der Haft entlassen, mit der Auflage, dass sie sich in zwei verschiedenen Hotels in Auckland zur Verfügung halten sollten. Sie hielten sich jedoch nicht an diese Auflage, und verließen ihre Hotels schon bald darauf.[3] Sie wurden schließlich zu sechs Monaten Gefängnis verurteilt, und Neuseeland nahm die illegalen Aktivitäten des *Mossad* zum Anlass, um die Beziehungen zu Israel einzufrieren.[4] Es gab Berichte, dass

3 Fran Sullivan und Bridget Carter, »Die Regierung verlangt von Israel die Rückgabe aller gefälschten Pässe«, *New Zealand Herald,* 19. April 2004.

4 Yossi Melman, »Neuseeland: Zwei weitere Passbetrüger sind wohl nach Israel geflohen«, *Ha'aretz,* 25. Juli 2004; *http://www.haaretz.com/hasen/spages/455480.html.*

sich die israelische Operation bis nach Australien erstreckte und die *Australian Security Intelligence Organization* (ASIO) vielleicht ihr neuseeländisches Pendant über den Spionagering informiert hatte. Nachdem Neuseeland über Cara und dessen Komplizen in Kenntnis gesetzt worden war, durchsuchten australische Agenten Caras Mietshaus am nördlichen Strand von Sydney. Caras Tarnfirma war eine in Haifa ansässige Reiseagentur namens *Eastword Bound.*[5] Nachdem aufgedeckt worden war, dass der in Israel geborene Kanadier Kelman einen kanadischen Reisepass benutzte, um nach Neuseeland einzureisen, protestierte Kanada bei der israelischen Regierung. Und als im Jahr 1997 zwei Agenten des *Mossad*, die in Jordanien ein Attentat durchführen sollten, mit kanadischen Reisepässen erwischt worden waren, machte Israel das Zugeständnis, künftig keine kanadischen Pässe bei seinen geheimdienstlichen Operationen mehr zu verwenden.[6]

Im Februar 2005 wurde bekannt, dass das *Australian Government Department of Foreign Affairs and Trade* [das Ministerium für auswärtige Angelegenheiten und Handel] einen hochrangigen Beamten der israelischen Botschaft in Canberra aufgefordert hatte, das Land zu verlassen. Der Grund dafür waren seine Verbindungen zu Cara und Kelman. Obwohl die Opposition, die Labor Party und die Green Party, Einzelheiten über die Ausweisung des verdächtigen *Mossad* Agenten verlangten, machte die Regierung von John Howard keine weiteren Angaben dazu.[7] Der israelische Präsident Mosche Katsav sagte im März 2005 wegen der Affäre einen Staatsbesuch in Neuseeland ab, doch seine Reise nach Australien führte er wie geplant durch.

5 Francis Till, »Der vierte ›israelische Spion‹ ist ein Akademiker aus Neuseeland«, *National Business Review* (Neuseeland), 24. Juli 2004, *http://www.nbr.co.nz/home/column_article.asp?id=9690&cid=5&cname=Asia%20&%20Pacific*

6 Yossi Melman, »Kanada untersucht die Verwendung von kanadischen Pässen im Zusammenhang mit der Affäre in Neuseeland«, *Ha'aretz,* 1. August 2004.

7 »Die Australier schweigen zur Ausweisung des israelischen Diplomaten«, *New Zealand Press Association,* 6. Februar 2005.

Am 12. Januar 2000 nahmen Agenten des indischen *Central Bureau of Intelligence* (CBI) [die indische Bundespolizeibehörde] elf als islamische Prediger (»Tabliqis«) verkleidete Israelis fest, bevor sie in Kalkutta an Bord einer Maschine der Fluggesellschaft *Biman Airlines* mit Ziel Dhaka gingen. Diese elf Israelis, von denen es zunächst hieß, dass es Afghanen wären, die einige Zeit im Iran verbracht hätten, wollten eine islamische Konferenz in Dhaka besuchen, aber die Regierung von Bangladesch verweigerte ihnen das notwendige Visum. Sie verfügten alle über einfache Tickets nach Dhaka, und dies löste Alarm in Bangladesch aus. Die Beamten des CBI waren überrascht, als sie entdeckten, dass die festgenommenen islamischen Prediger in Wirklichkeit Israelis aus dem Westjordanland waren. Nachdem die Israelis festgenommen wurden, übte Israel einen enormen Druck auf die Inder aus, sie freizulassen und die Rückkehr nach Tel Aviv zu gestatten. Ein Vertreter des CBI meinte dazu, »es hat den Anschein, dass sie für eine geheime Organisation in Israel arbeiten, und einen Auftrag in Bangladesch durchführen wollten.« Es wurde vermutet, dass die Israelis afghanische Juden gewesen sein könnten, die vom *Mossad* rekrutiert worden waren, um in Bangladesch al-Qaida zu unterwandern.[8]

Indiens *Bureau of Civil Aviation Security* (BCASA) [Büro für Sicherheit in der Zivilluftfahrt] gab am 11. Januar 2000 ein Rundschreiben mit dem Vermerk Top Secret (NO: ER/BCAS/PIC/CIRCULAR/99), über einen möglichen Entführungsversuch eines Flugzeuges der *Bangladesch Biman* in Indien heraus. Das Rundschreiben wurde von Indiens regionalem Sicherheitschef für die zivile Luftfahrt auf dem Flughafen von Kalkutta unterzeichnet, und Kopien wurden sowohl an andere indische Behörden sowie an das Büro der Fluggesellschaft *Bangladesh Biman* in Kalkutta gesandt. Es war dieser Alarm, der In-

8 Subir Bhaumik, »Mission abgebrochen; Untersuchung: Versuchte der *Mossad* radikale islamistische Gruppen in Südostasien zu infiltrieren?« *The Week* (India), 6. Februar 2000, *http://www.the-week.com/20feb06/events2.htm*

dien und Bangladesch dabei half, am folgenden Tag die elf Israelis zu erwischen.[9]

Israelische Agents Provacateurs wurden überall, selbst an den abgelegensten Orten der Welt, aufgespürt und festgenommen. Am 9. November 2005 wurde der in Russland geborene Vatang Agrunov (alias Bhatang Agranouve, Dahtang Mik Agarunov und Bathan Agranouve), ein 26 Jahre alter israelischer Staatsbürger und Einwohner von Tel Aviv, in Trinidad wegen des Verdachts der Beteiligung an den Bombenanschlägen vom 11. Juli, 10. August, 10. September und 3. November in Port of Spain [die Hauptstadt von Trinidad und Tobago] verhaftet. Bei diesen Terrorakten wurden insgesamt 28 Personen verletzt.[10]

Agrunov wurde auch mit einem gestohlenen Stempel für ein Einwanderungsvisum für Trinidad und Tobago erwischt, und die Polizei sagte, dass Agrunov, ein erfahrener Soldat der israelischen Streitkräfte, den Stempel bei der Einwanderungsabteilung in Port of Spain entwendet hätte. Die Polizei von Trinidad glaubte, dass Agrunov seinen Reisepass fälschen wollte, um illegal im Land bleiben zu können. Die israelische Botschaft in Caracas schaltete sich nach der Verhaftung von Agrunov ein. Dies erregte den Verdacht des FBI. Es gab Beweise dafür, dass Beamte des FBI nach dem Anschlag im Juli in Trinidad eintrafen, um die Beteiligung der Israelis zu vertuschen.[11]

Die örtliche Polizei beklagte sich und sagte, dass die Anwesenheit des FBI nicht erforderlich wäre. Premierminister Patrick Manning erklärte, dass er nichts davon wüsste, dass irgendjemand die Unterstützung des FBI angefordert hätte. Agrunov wurde am 15. November 2005 von Trinidad nach Israel ausgewiesen, nachdem die israelische Botschaft in Caracas in Venezuela seine Kaution in Höhe von

9 Ebd.

10 »Israelischer Mann in Haft genommen«, *Newsday* (Trinidad und Tobago), 5. November 2005.

11 Ebd.

2500 TT Dollar (416 US Dollar) bezahlt hatte.[12] Zunächst hatten die Behörden von Trinidad und Tobago, darunter die Abteilung für Innere Sicherheit und die Abteilung für Verbrechensbekämpfung, sowie der lokale Vertreter von Interpol, aufgrund der Geheimdienstberichte allen Grund zu glauben, dass Agrunov ein Terrorist wäre. Agrunov war durch Spanien und andere europäische Länder gereist, bevor er von Venezuela aus in Trinidad ankam. Bevor der massive israelische Druck auf Trinidad und Tobago ausgeübt wurde, hatte die Amtsrichterin Maureen Baboolal-Gafoor wegen der möglichen Fluchtgefahr im Falle von Agrunov eine Kaution abgelehnt.[13]

Genau wie im Fall der israelischen »Kunststudenten« und »Möbelpacker«, die in den Vereinigten Staaten und in Kanada festgenommen worden waren, stellte sich auch Agrunov dumm, und behauptete zunächst, dass er den Stempel für das Einwanderungsvisum nicht gestohlen hätte. Nach einem Bericht des *Trinidad and Tobago Express* sprach Agrunov in gebrochenem Englisch und präsentierte der Polizei eine rührselige Geschichte, als er erklärte, »Ich möchte ihnen sagen, dass ich den Stempel an mich genommen habe, und damit diese Geschichte abschließen. Ich möchte nicht noch länger in diesem Land bleiben. Ich will nach Hause zurückkehren. Ich will dies beenden und in mein Land zurück reisen, denn meine Familie weiß nicht, was mit mir geschehen ist.«[14]

Für die Bombenanschläge in Trinidad wurden zuerst lokale moslemische Aktivisten verantwortlich gemacht. Das israelische Außenministerium bezeichnete die Reaktion der Behörden von Trinidad auf die Anwesenheit eines vermeintlichen israelischen Terroristen in ihrem Land als ziemlich »seltsam«.

12 Stephen Cummings, »Der in Trinidad inhaftierte Israeli wird ausgewiesen«, *Caribbean Net News,* 17. November 2005.

13 Denyse Renne, »Israelischer Gefangener startet einen Hungerstreik«, *The Trinidad Guardian,* 8. November 2005; Agency Carribbean Press, »Der in Trinidad inhaftierte israelischer Staatsbürger droht mit einem Hungerstreik«, 9. November 2005.

14 John C.K. Daly, Intelligence Watch, UPI, 9. November 2005.

Die DEA und die INS hatten weiterhin ein »starkes Interesse« an den Aktivitäten der israelischen Kunststudenten. Die DEA glaubte, dass die israelischen Spionageteams in den Handel mit Ecstasy verwickelt sein könnten. Obwohl die Israelis jegliche Spionagetätigkeit in den Vereinigten Staaten abstritten, haben manche ihrer Anhänger in der Regierung Bush die Kunststudenten verteidigt, indem sie behaupteten, »Es ist für junge Israelis ziemlich normal, dass sie für ein Jahr rund um die Welt reisen, nachdem sie ihren Wehrdienst beendet haben.«

Ein am 8. März 2002 veröffentlichter Leitartikel im *Albuquerque Journal* fasste die generelle Angst und den Verdacht hinsichtlich der Aktivitäten der israelischen Kunststudenten in den folgenden Worten zusammen:

Wenn die amerikanischen Verwaltungsbehörden den Verdacht haben, dass ein organisiertes Team von Spionen versucht, in sensible Gebäude der Bundesbehörden und in die Häuser von Regierungsangestellten einzudringen, dann sollten diese Personen festgenommen und verhört werden, um das ganze Komplott aufzudecken.

Doch nach einem Bericht der Drogenvollzugsbehörde erfahren wir, dass junge Israelis, die sich als Kunststudenten ausgeben, aber der Spionage verdächtigt werden, lediglich ausgewiesen werden.

Die DEA erklärte zunächst, dass die Aktionen der jungen Leute »durchaus eine organisierte geheimdienstliche Aktivität zum Zweck des Sammelns von Informationen sein könnte«. Doch die Beamten der Einwanderungsbehörden verwiesen die verdächtigen Israelis, deren Zahl in die Dutzende gehen soll, ausschließlich wegen der Visavergehen des Landes.

Vielleicht hatten die Beamten den Fall von Jonathan Pollard, einem zivilen Angestellten des Marinegeheimdienstes, vergessen, der den Israelis geheime Informationen zukommen ließ. Es war eine Operation, bei der Israel schließlich einräumte, dass die höchsten Gremien der israelischen Regierung davon gewusst und ihre Durchführung genehmigt hatten.

Pollard hat inzwischen etwa 13 Jahre seiner lebenslänglichen Freiheitsstrafe abgesessen.
Die jüngsten Verhaftungen erfolgten in einer Reihe von größeren amerikanischen Städten von Kalifornien bis nach Florida. Grundlage hierfür waren die öffentlichen Warnungen der amerikanischen Geheimdienstbehörden vor dem verdächtigem Verhalten von Personen, die sich als israelische Kunststudenten ausgaben und »versuchten, die Sicherheitsmaßnahmen zu umgehen und Bundesgebäude zu betreten.«
Die Vereinigten Staaten dürfen die israelischen Spionageaktivitäten nicht ignorieren. Israel, so könnte man argumentieren, sollte zumindest gegenüber den Vereinigten Staaten so dankbar sein, dass sie damit aufhören sollten, Geheimnisse zu stehlen.[15]

Vielleicht wäre der Spionagevorfall völlig in Vergessenheit geraten, wenn nicht ähnliche Kunststudenten, die vollkommen unglaubhafte Alibis angaben, im Jahr 2003 von der kanadischen Sicherheitspolizei in der Nähe des Parlaments in Ottawa erwischt worden wären. Am 12. September 2003 wurden neun israelische Kunststudenten von Beamten der kanadischen Einwanderungsbehörde und der Polizei von Ottawa Polizei auf der Lisgar Street, nur wenige Blocks vom Parlament Hill [Hügel mit dem Gebäude des kanadischen Parlaments] entfernt festgenommen. Es war genau ein Tag nach dem zweiten Jahrestag der Terroranschläge von New York und Washington. Die kanadischen Polizei bekam einen Tipp vom *Canadian Security und Intelligence Service* (CSIS) [des wichtigsten zivilen Nachrichtendienstes der kanadischen Regierung], dass die Israelis, die im Zentrum von Ottawa Bilder verkauften, möglicherweise Agenten des *Mossad* sein könnten. Der Sprecher der israelischen Botschaft in Ottawa, Ben Forer, benutzte die gleichen Worte wie sein Amtskollege in Washington, D.C., um die Verhaftungen als reine Routinemaßnahme

15 »Wir sollten nicht den Spionagering ignorieren«, *Albuquerque Journal,* 8. März 2002, S. A14.

darzustellen: »Wir kennen noch nicht alle Details in Bezug auf die Bilder, aber es war eine rein kommerzielle Angelegenheit.«[16] Laut den kanadischen Einwanderungsbehörden folgten diesen Festnahmen ähnliche Verhaftungen von israelischen Kunststudenten in Calgary, Toronto und Saskatoon. Die Einwohner von Centrepoint, einem Vorort von Ottawa, hatten sich bereits im Jahr 2001 über Israelis beschwert, die gefälschte Kunstwerke anboten. Für alle neun in Ottawa festgenommenen Israelis ordneten die kanadischen Behörden die Ausweisung an.

Im August 2004 wurden die beiden Anführer Guy Grinberg und Yukov Senior der israelischen »Kunststudenten« wegen betrügerischen Haustürgeschäften mit Kunstgegenständen in Alberta aus Kanada ausgewiesen. Der Ring der »Kunststudenten« operierte in Calgary, Edmonton und Red Deer. Acht weitere Personen wurden zusammen mit den beiden Anführern gefasst. Drei andere dagegen scheinen der Verhaftung durch die kanadischen Strafverfolgungsbehörden entkommen zu sein.[17] In Winnipeg im benachbarten Manitoba wurden zwölf Israelis, – sechs Männer und sechs Frauen – wegen des Verkaufs minderwertiger Kunst in Gewahrsam genommen.[18]

Es ist interessant, sich die Antworten anzusehen, die einige der Israelis gaben, als sie vor Gericht vernommen wurden. Dank des *Canadian Immigration and Refugee Board* [einem unabhängigen Verwaltungsgericht, das für Einwanderungs- und Flüchtlingsfragen zuständig ist], können die Protokolle der Vernehmungen eingesehen werden. Sie geben dem Leser einen genauen Einblick in die Arbeitsweise der israelischen Kunstverkaufsorganisationen, die sowohl in Kanada wie auch den Vereinigten Staaten tätig waren. Fünf Protokol-

16 John Steinbach und Andrew Seymour, »Neun Israelis sollen ausgewiesen werden; Die Geheimdienste vermuten, dass sie ausländische Agenten sein könnten«, *Ottawa Sun,* 19.September 2003, S.8.

17 Paul Cowan, s.o. *Edmonton Sun,* 8. August 2004, S. 6.

18 Holliday, s.o., *Winnipeg Sun,* 8. August 2004.

le wurden zur Verfügung gestellt, aber nur zwei liefern interessante Details von den Kunstverkaufsringen. Die kanadischen Einwanderungsbehörden schenkten den zumeist ausweichenden Erklärungen der Israelis nur wenig Glauben. Die Antworten des Teamleiters Roy Laniado sind besonders interessant, speziell was seine Gespräche mit seinem »Chef« betraf, einer unbekannten Person, die von den Vereinigten Staaten nach Kanada reiste. Aufgrund der Verschwiegenheit, die die INS bei der Verhaftung von etwa 120 israelischen »Kunststudenten« in den Vereinigten Staaten an den Tag legte, hatten die Amerikaner dagegen nie die Gelegenheit zu erfahren, wie die Operationen im Einzelnen durchgeführt wurden:

Protokoll einer Anhörung
The Minister of Citizenship and Immigration
[Der für Einwanderungsfragen zuständige Minister]
Le ministre de la Citoyenneté et de l'Immigration

und/et
EINAV SOFER
AMIT YEHUDAI

17. September 2003, Ottawa

EIN MITARBEITER DER EINWANDERUNGSBEHÖRDE (im Folgenden »EIN MITARBEITER«):
Ich gebe an, dass mein Name Pierre Turmel ist. Ich bin ein Beamter der Einwanderungsabteilung. Heute ist der 17. September 2003, und ich bin darum gebeten worden, den Vorsitz bei der Vernehmung von Einav Sofer zu übernehmen.

EIN MITARBEITER (an die betroffenen Personen gerichtet)
– Ich bedauere es, falls ich Ihren Namen falsch ausspreche.
A: Ihre Aussprache ist gut.

– Und Amit Yehudai.
F: Das sind Sie?
A: Ja.
F: OK. Zunächst möchte ich wissen, ob Sie alles verstehen?
A: Ja.
F: Oder hätten Sie gerne die Hilfe eines hebräischen Dolmetschers?
A: Wir verstehen alles.
– Sie verstehen alles.
F: Was ist mit Ihnen, Herr Yehudai?
A: Ich verstehe alles
– Okay.

F: Nun, sind Sie damit einverstanden wenn diese Anhörung in der Gegenwart der anderen Person stattfindet? Möchte Sie einzeln angehört werden oder sind Sie damit einverstanden gemeinsam mit Herrn Yehudai angehört zu werden?
A: Wir sind damit einverstanden.

F: Es ist in Ordnung?
A: (Herr Cole) Ja.
– OK, dann fangen wir an. Die Person zu meiner Rechten ist die Rechtsberaterin des Ministers, Madame Sybill Powell.
F: Es ist Ihnen mitgeteilt worden, dass heute eine Anhörung stattfinden soll. Ist das zutreffend?
A: (Frau Sofer) Ja.

F: Sie haben die entsprechenden Unterlagen erhalten?
A: Ja.
A: Ja.
– Bei der schriftlichen Vorladung zu dieser Anhörung wird auch die Möglichkeit erwähnt, dass Sie sich von einem Rechtsanwalt vertreten lassen können.

A: (Frau Sofer) Nein, wir möchten nicht durch einen Rechtsanwalt vertreten werden.
– Sie wollen sich selbst verteidigen?
A: Ich möchte nicht von jemandem vertreten werden.
F: Sie möchten keinen Rechtsanwalt haben?
A: Ich habe nicht verstanden.
A: (unverständlich)
– Sie wollen auch keinen Rechtsanwalt. Okay, wenn Sie Ihre Meinung ändern, lassen Sie es mich wissen, und ich werde dementsprechend handeln.
Es gibt eine andere Person in diesem Zimmer, die Herr Yehudais Freundin ist. Sie ist hier als Beobachterin hier. Ich möchte nur darlegen, dass Beobachter in keiner Weise während des Verlaufs der Anhörung eingreifen dürfen.

Ich habe einige Unterlagen erhalten. Sie haben die Kopien ebenfalls vorliegen. Ich werde diese Unterlagen den Protokollen der Anhörung beifügen. Die Vorlage bei Unterabschnitt 44(2) des Gesetzes für die Einwanderung nach Kanada und des Schutzes der Flüchtlinge, datiert vom 15. September 2003, in Ottawa, ist das Beweismittel C-1 in Ihrer jeweiligen Akte.

BEWEISMITTEL C-1 – UNTERABSCHNITT 44(2) VORLAGE 15. SEPTEMBER 2003

Und das andere Dokument, der Bericht in Unterabschnitt 44(1), datiert vom 12. September 2003, in Ottawa, ist das Beweismittel C-2.

BEWEISMITTEL C-2 – UNTERABSCHNITT 44(1) BERICHT – 12. SEPTEMBER 2003

F: Nun, Frau Sofer, haben Sie diesen Bericht gelesen?
A: Ja.

F: Haben Sie seinen Inhalt vollständig verstanden?
A: Ja.
F: Und was ist mit Ihnen, Herrn Yehudai, haben Sie ihn vollständig gelesen?
A: (keine verbale Antwort)
– Sie nicken nur zustimmend mit dem Kopf.
A: Ja.
– Aber Sie müssen es laut und deutlich sagen. Alles wird aufgezeichnet.
A: Okay.
– Okay.
F: Und haben Sie den Inhalt des Berichts vollständig verstanden?
A: Ja.
– Ja.
Jetzt werde ich Ihnen mitteilen, warum ich hier bin. Zunächst muss ich feststellen, ob Sie das Recht haben, nach Kanada einzureisen und/oder zu bleiben. Dieses Recht ist auf kanadische Staatsbürger und permanente Bewohner von Kanada beschränkt. Wenn Sie nicht solch eine Person sind, werde ich mir den Bericht über Sie ansehen, um festzustellen, ob Sie gegen irgendeine der Auflagen des Einwanderungsgesetzes und insbesondere gegen die in diesem Bericht erwähnten Auflagen verstoßen haben.

Wenn ich feststelle, dass Sie dies nicht getan haben, werde ich dies erklären, und die Anhörung wird dann beendet sein. Doch wenn ich feststelle, dass Sie gegen die Auflagen des Einwanderungsgesetzes verstoßen haben, dann habe ich keine andere Wahl, als in ihren Fällen Ihre Ausweisung anzuordnen. Dies bedeutet, dass Sie das Land verlassen müssen, und es wird Ihnen für einen gewissen Zeitraum untersagt, in dieses Land zurückzukehren. Ich werde Ihnen am Ende der Anhörung abhängig von den Verstößen gegen das Einwanderungsgesetz mitteilen, wie lange es Ihnen untersagt wird, wieder zurückzukehren.

F: Haben Sie das verstanden?

A: (Herr Yehudai) Ja.
F: Nachdem ich meine Erklärung abgegeben habe, sind Sie noch immer dazu bereit jetzt weiter fortzufahren?
A: Ja.
A: Ja.
F: ... ohne einen Rechtsanwalt?
A: Ja.
A: Ja.
– Ja? Okay.

EIN MITARBEITER (an die Rechtsberaterin des Ministers gerichtet)
F: Frau Powell, möchten Sie diesen Personen als Zeugen aufrufen?
A: Ja.
– Okay.

EIN MITARBEITER (an die betroffene Person gerichtet)
F: Frau Sofer, würden Sie bitte aufstehen und Ihre rechte Hand heben. Erklären Sie feierlich, dass die Erklärungen, die Sie abgeben werden, der Wahrheit entsprechen, der ganzen Wahrheit und nichts als der Wahrheit?
A: Ja, Euer Ehren.
– Ich danke Ihnen.
A: Darf ich mich setzen?
– Ja.

F: Erklären Sie feierlich, dass die Erklärungen, die Sie abgeben werden, der Wahrheit entsprechen, der ganzen Wahrheit und nichts als der Wahrheit?
A: Ja, Sir.
– Ich danke Ihnen.

EIN MITARBEITER (an die Rechtsberaterin des Ministers gerichtet)
– Ihr Zeuge.

F: Mit welcher Person möchten Sie beginnen?
A: Frau Sofer.
– Frau Sofer.

DIE RECHTSBERATERIN DES MINISTERS (an die betroffene Person gerichtet)
– Bitte geben Sie ihren vollständigen Namen für die Akten an.
A: Einav Sofer. Der Vorname lautet E.I.N.A.V. und der Nachname S.O.F.E.R
F: Haben Sie noch andere Namen?
A: Nein.
F: Wie lautet Ihr Geburtsdatum?
A: 26. Dezember 1976.
F: Und wo wurden Sie geboren?
A: In Israel. Vesai (phonetisch) ist der Name der Stadt.
F: Und welche Staatsbürgerschaft haben Sie?
A: Ich bin Israelin.
F: Sind Sie eine kanadische Staatsbürgerin?
A: Nein.
F: Sind Sie permanente Bewohnerin von Kanada?
A: Bin ich was?
F: Haben Sie irgendeinen ständigen Wohnsitz in Kanada?
A: Nein.
F: Wann sind Sie nach Kanada eingereist?
A: Am 6. August.
F: Wo?
A: Toronto.
F: Was war der Zweck Ihrer Einreise nach Kanada?
A: Zunächst reisen, dann eine Arbeit zu finden.
F: Was erklärten Sie bei Ihrer Einreise, was Sie in Kanada tun wollten?
A: Dass ich als Tourist kam.
F: Nur als Tourist?
A: Ja.

– Okay.

EIN MITARBEITER (an die betroffene Person gerichtet)
F: Sie erklärten nicht, dass Sie hierher kamen, um zu …
A: Nein
F: … um hier zu arbeiten?
A: Nein.
F: Warum nicht?
A: Weil ich zunächst, als ich in dieses Land kam, nicht daran dachte hier zu arbeiten. Ich glaubte (unverständlich) in Kanada, weil ich eine Studentin bin, und nur für zwei Monate hierher kam, und dann traf ich einen Typen, der mir von diesem Gesetz erzählte. Ich ging arbeiten und dachte anfangs nicht, dass ich hier arbeiten würde, um mir mein Geld zu verdienen. Und dann erzählte er mir davon und ich dachte, warum nicht. Ich habe das nicht weiter überprüft.
F: Wussten Sie vor Ihrer Einreise, dass Sie hierher kamen um zu …
A: Arbeiten, nein.
F: Sie wussten, dass es diese Aktivitäten in Kanada gab …
A: Nein, ich erfuhr davon.
– Es gab Anzeigen für diese Tätigkeit …
A: In Israel.
– … die in Israel erschienen, ja.
A: Ich erfuhr es von Leuten, die hierher kamen. Sie sagten es mir: Ich bleibe bei meiner Aussage.
F: Sie hatten dieses Inserat zuvor nicht gesehen?
A: Nein, ich hatte nicht daran gedacht, hier zu arbeiten, denn ich arbeitete während meines Studiums in Israel als (unverständlich). Und ich dachte mir, das reicht mir, und ich fahre jetzt in Urlaub. Ich wollte für zwei Monate bleiben, und dann würde auch mein Freund kommen. Und das ist alles. Und als ich dann hier war, habe ich davon gehört. Ich traf einen israelischen Typen, und er erzählte mir, was sie taten, und ich dachte mir, das könnte auch was für mich sein. Doch es war ein großer Fehler, bitte verzeihen Sie mir.

F: Und wann wollten Sie Kanada wieder verlassen?
A: Zusammen mit meinem Freund am (unverständlich).
F: Wann wollten Sie ursprünglich Kanada wieder verlassen?
A: Geplant war, dass wir am 20. Oktober abreisen würden, denn ich wollte am 26. meine Ausbildung beginnen.
– Okay.
A: So, mein (unverständlich). Also bis zum Ende der Sommerferien.
– Okay.

RECHTSBERATERIN DES MINISTERS (an die betroffene Person gerichtet)
F: Wer ist Shara, es gibt eine Notiz mit diesem Namen.
A: Shahaman (phonetisch), dies ist der Israeli, den ich traf.
F: Okay, wann trafen Sie ihn?
A: In einer Bar. Er erzählte mir von dieser Sache.
F: Warum kamen Sie nach Ottawa?
A: Weil ich in Montreal begann und … Nein, ich begann in Toronto und dann ging ich nach Montreal, und dann weiter nach Ottawa, und ich dachte daran, danach vielleicht nach Vancouver zu gehen und immer so weiter zu reisen. Und auch weiter nach Norden zu gehen, um dann die Nordlichter in Alberta in Saskatchewan zu sehen. Und nur am Anfang die großen Städte besuchen.
F: Kannten Sie irgendjemanden in Ottawa?
A: Nein, niemanden. Ich kannte in der Tat niemanden, als ich nach Kanada kam. Ich kenne jetzt diese Familie hier.
F: Wer ist Dan?
A: Dan?
– Es gibt eine Notiz, dass Sie zwei Wochen in Montreal im Haus eines Freundes namens Dan verbrachten.
A: Ach, dies ist ein Freund, der auch aus Israel ist, mit dem ich dort zusammen war. Ich war in Isabels Haus, in Isabels Haus, und dann auch zusammen mit meinem Freund Dan. Aber er ist ein Typ, den ich auch auf der Straße traf. Ich kannte ihn nicht aus Israel. Sie müssen wissen,

dass wir Israelis uns schnell miteinander anfreunden. Wir gehen einfach aufeinander zu und beginnen mit den Leuten zu sprechen. So ist es.
– Okay.
F: Wann begannen Sie damit in Ottawa zu arbeiten?
A: ich erinnere mich nicht an das genaue Datum.
– Ungefähr.
A: Etwa vor zwei Wochen, so etwa.
F: Und was taten Sie?
A: Die Tätigkeit, so wie sie beschrieben war.

EIN MITARBEITER (an die betroffene Person gerichtet)
F: Ich verstehe nicht.
A: So wie es beschrieben war, der Verkauf von (unverständlich).
– Okay.

DIE RECHTSBERATERIN DES MINISTERS (an die betroffene Person gerichtet)
F: Und wieviel verkauften Sie?
A: Ich weiß nicht genau wieviel. Aber ich kann Ihnen sagen, wieviel ich glaube. Es müssten etwa achthundert (800) oder sechshundert (600) gewesen sein.
F: Achthundert (800) Dollar insgesamt oder pro Woche?
A: Nein, pro Woche.
F: Hatten Sie eine Arbeitserlaubnis?
A: Nein.
F: Haben Sie eine Arbeitserlaubnis beantragt?
A: Nein.

EIN MITARBEITER (an die betroffene Person gerichtet)
F: Sie verdienten also zwischen sechshundert (600) und achthundert (800) Dollar die Woche?
A: Ja.
F: Sie leisteten gute Arbeit?

A: (unverständlich).
– Sie leisteten gute Arbeit.
A: Ja.
– Sie sind eine gute Verkäuferin.
A: Tatsächlich tat ich es nicht für den Verkauf, aber es war wichtig.
F: Ich verstehe nicht.
A: Ich tat es nicht für den Verkauf, weil ich über etwas anderes nachdachte. Ich tat es tatsächlich nicht für das Geld.
– Ach so.
F: Aber ich denke, dass es für Sie leicht war, diese Bilder zu verkaufen?
A: Ja, weil ich einiges über Kunst sagen kann und viel über Kunst weiß, weil ich Kunst in Israel, meinem Land, verkaufte. So (unverständlich) und wie ich zuvor gesagt habe, mein Hauptanliegen war nicht, sie zu verkaufen. Mein Hauptanliegen war es, mit Leuten zusammen zu kommen und mit ihnen über das zu sprechen, wovon ich etwas verstehe und ihnen vielleicht ein wenig Wissen über Kunst zu vermitteln und über das, was ich tue. Und (unverständlich) deswegen.

DIE RECHTSBERATERIN DES MINISTERS (an die betroffene Person gerichtet)
F: Waren diese Bilder Ihre eigenen?
A: Nein, Nein. Ich male meine eigenen Bilder in Israel. Ich mache meine eigene Kunst.

DIE RECHTSBERATERIN DES MINISTERS (an den Mitarbeiter gerichtet)
– Ich habe keine weiteren Fragen an sie.
A: Okay.

DIE RECHTSBERATERIN DES MINISTERS (an die betroffene Person gerichtet)
– Nennen Sie bitte Ihren Namen für das Protokoll.
A: Mein Name ist Amit Yehudai, Y.E.H.U.D.A.I

F: Okay. Haben Sie noch andere Namen?
A: Nein.
F: Und wie lautet Ihr Geburtsdatum?
A: Der sechste August 78.
F: Der sechste August?
A: Achtundsiebzig.
– Okay.
F: Wo sind Sie geboren?
A: In (unverständlich).
F: Welche Staatsangehörigkeit haben Sie?
A: Ich bin Israeli.
F: Sind Sie ein kanadischer Staatsbürger?
A: Nein.
F: Haben Sie einen ständigen Wohnsitz in Kanada?
A: Nein.
F: Wann sind Sie nach Kanada gekommen?
A: Am fünften August.
F: Wo?
A: Toronto.
F: Was erklärten Sie bei Ihrer Einreise, warum Sie nach Kanada kamen?
A: Um das Land zu besuchen.
F: Und warum wollten Sie ausgerechnet nach Kanada kommen?
A: Ich wollte (unverständlich) sehen.
F: Waren Sie bereits zuvor hier gewesen?
A: Ja.

DURCH EINEN MITARBEITER (an die betroffene Person gerichtet)
F: Wo?
A: In Toronto.
F: Sie sind schon einmal hier gewesen?
A: (keine verbale Antwort)
F: Wann war das?
A: Etwa vor zwei Jahren.

F: Vor zwei Jahren?
A: (keine verbale Antwort)
F: Haben Sie in den letzten zwei Jahren den Kontakt aufrecht gehalten?
A: (keine verbale Antwort)

DIE BETROFFENE PERSON – FRAU SOFER (an den Mitarbeiter gerichtet)
– Herr, (unverständlich).
A: Ja.
– Es tut mir leid.

DER MITARBEITER (an die betroffene Person gerichtet)
F: Kennen Sie einander?
A: (Frau Sofer) (unverständlich).
F: Reisten Sie zusammen?
A: Nein.
F: Kamen Sie an demselben Tag hier an?
A: Ja. Wir trafen uns am Flughafen.
– Okay.
A: Und dann (unverständlich).
– Okay.

DIE RECHTSBERATERIN DES MINISTERS (an die betroffene Person gerichtet – Herrn Yehudai)
F: Wen trafen Sie im Flughafen?
A: Wen ich traf? Roy.

DER MITARBEITER (an die betroffene Person gerichtet)
F: Ich habe nicht verstanden.

DIE RECHTSBERATERIN DES MINISTERS (an die betroffene Person gerichtet)
F: Roy?

DER MITARBEITER (an die betroffene Person gerichtet)
F: Sie trafen Roy Maniato?
A: Ja.
F: Im Flughafen. Sie kannten ihn?
A: Ich kannte ihn aus Israel, aber das war bei einer anderen Gelegenheit gewesen.
F: Warum war er am Flughafen? Um Sie bei Ihrer Ankunft zu treffen?
A: Nein, er holte mich nur ab, und dann reiste ich nach Montreal.

DIE RECHTSBERATERIN DES MINISTERS (an die betroffene Person gerichtet)
F: Brachte er Sie nach Montreal?
A: Wie?
F: Brachte er Sie nach Montreal?
A: Nein, ich mietete ein Auto.
F: Wie lange blieben Sie in Montreal?
A: Etwa einen Monat, etwa solange.

DER MITARBEITER (an die betroffene Person gerichtet – Frau Sofer)
F: Wurden Sie auch im Flughafen von Roy Maniato abgeholt?
A: Nein. Ich ging und nahm ein Taxi, weil ich nicht wusste wohin. Ich nahm ein Taxi ins Hotel, und dann kam Amit ins Hotel, als ich ankam (unverständlich). Und dann reiste ich mit ihm nach Montreal.
F: Mit Roy?
A: Nein, mit Amit. Weil ich nicht wusste (unverständlich).

DIE RECHTSBERATERIN DES MINISTERS (an die betroffene Person gerichtet – Herrn Yehudai.)
F: Also, Roy holte Sie am Flughafen ab, und Sie fuhren dann zu seinem Haus?
A: Nein, ins Hotel.
F: In sein Hotel?

A: Nein, nicht in dieses Hotel. Ich suchte (… unverständlich …) nach einem Hotel ganz in der Nähe des Flughafens.
A: (Frau Sofer) Ich kann, wenn (unverständlich) reden, oder Sie können auch das Ticket kontrollieren. Ich kam und fuhr dann los und niemand war da um mich abzuholen. Ich nahm ein Taxi zu einem Hotel in Toronto, das mir eine Freundin empfohlen hatte und das ich dort aufsuchen sollte. Es war ein sehr gutes und billiges Hotel. Und dann kam auch Amit hierhin. Und am Tag darauf fuhren wir gemeinsam nach Montreal.
F: Trafen Sie sich im Flughafen oder im Hotel?

DER MITARBEITER (an die betroffene Person gerichtet – Frau Sofer)
F: Im Hotel, nicht am Flughafen?
A: Ja, am Flughafen.

DIE RECHTSBERATERIN DES MINISTERS (an die betroffene Person gerichtet – Frau Sofer)
F: Also reisten Sie dann nach Montreal?
A: Ja, weil, Sie müssen wissen, ich kannte niemanden und so fuhr ich mit ihm, als er sagte, er würde nach Montreal gehen.

DIE RECHTSBERATERIN DES MINISTERS (an die betroffene Person gerichtet – Herrn Yehudai)
F: Also gut, sie fuhren dann nach Montreal und besuchten Ihre Freundin?
A: Ja, meine Freundin.
F: Und das war Ihr Grund nach Kanada zu kommen?
A: Ja.
F: Was war Ihr … warum holte Sie Roy ab? Haben Sie ihn kontaktiert, bevor Sie nach Kanada kamen?
A: Man könnte sagen, es war wegen der Anzeige, etwas im Text der Anzeige. Es war eine Art Option, wie ein (unverständlich).
F: Also hatten Sie bereits in Israel auf das Inserat in Israel geantwortet?

A: Was?
F: Haben Sie auf die Anzeige in Israel reagiert und dort angerufen?
A: Ja, Ja. Ich wollte es, denn, Sie müssen wissen, es war mein Sommerurlaub, ich reise gern, so dass ich dort anrief, um eine Option zu haben. Es könnte eine sein. Es könnte nur eine Option sein.
F: Und wann stellten Sie fest, dass Roy daran beteiligt war?
A: Ich kannte diesen Roy nicht. Sie sagten mir, okay, wenn Sie wollen, können Sie kommen und ein Typ mit dem Namen Roy wird auf Sie warten. Das ist alles.

DER MITARBEITER (an die betroffene Person gerichtet)
F: Die Person, mit der Sie sprachen, sagte Ihnen …
A: Nein –
F: … zu kommen und eine Person mit dem Namen Roy …
A: Wird mich abholen, exakt.
Q … wird Sie abholen …
A: Genau.
F: … am Flughafen?
A: Exakt, denn dies boten sie mir an.
– Ja.
A: Genau wie (unverständlich), wenn Sie eintreffen.
– Gemurmel.
A: Aber der erste und der wichtigste Grund warum ich kam (… unverständlich …) und ich sagte ihm, dass ich nach Montreal gehen würde und darüber nachdenken müsste, ob ich es machen wollte.

DER MITARBEITER (an die betroffene Person gerichtet)
F: Aber er holte Sie ab. Sie wussten, dass eine Person, die Sie wegen der Arbeit kontaktiert hatten, Sie am Flughafen abholen würde.
A: Er holte mich ab.
– Okay.
F: Als Sie in das Land einreisten, haben Sie erwähnt, dass Sie sich mit einem künftigen Arbeitgeber treffen würden?

A: Er war nicht mein Arbeitgeber. Ich hatte ihn schon in Israel getroffen: Er war mein Freund. Ich wusste es nicht. Sie erzählten mir von Roy, aber ich kannte ihn schon aus Israel zwei Jahre zuvor. Als ich mit ihm sprach …
F: Sie wussten also und man hatte Ihnen gesagt, dass jemand von dieser Firma Sie am Flughafen abholen und Sie treffen würde, ist das richtig?
A: Ja.
F: Okay und sein Name war Roy?
A: Ja.
– Sie wussten nicht, dass Sie ihn bereits zuvor kannten. Da war jemand mit dem Namen Roy, der Sie am Flughafen abholte und der daran beteiligt war, Bilder zu verkaufen, war es so?.
A: Dies ist zutreffend.
F: Als Sie also im Flughafen eintrafen und von der Person am Port of Entry *[die englischsprachige Bezeichnung für einen Ort mit einer Zollabfertigung] gefragt wurden, warum Sie hierhergekommen sind, was sagten Sie da?*
A: Als Tourist.
– Okay.
A: Aber ich will etwas erklären. Als er mich abholte, war ich nicht in der Lage (unverständlich.) Ich sagte ihm auch gleich am Anfang, dass ich aus privaten Gründen nach Kanada gekommen bin, und wenn es passen würde, und wenn es so wäre, dass ich es damit kombinieren könnte, dann wäre es okay. Aber mein Grund in dieses Land zu kommen war um (unverständlich) zu sehen. Als er mich abholte, war es nicht so, dass er mich für die Arbeit abholte. Er wollte mir wohl einen Gefallen tun. Sie können (unverständlich) was Sie wollen. Sie behandelten mich nett. Sie müssen wissen, es war wie (unverständlich).
F: Wie viel verdienten Sie mit dem Verkauf der Bilder?
A: Etwa sechshundert (600), siebenhundert (700).

DER MITARBEITER (an die betroffene Person gerichtet)
F: Wann begannen Sie mit dem Verkauf der Bilder?
A: Wie?
F: Wann begannen Sie mit dem Verkauf der Bilder?
A: Ich verkaufe Rahmen, und keine Bilder.
F: Ich habe Sie nicht verstanden.
A: Ich sagte, ich verkaufe Rahmen keine Bilder.
F: Wann begannen Sie damit, Rahmen zu verkaufen?
A: Etwa (… unverständlich …)
F: Wie viel Zeit war nach Ihrem Eintreffen vergangen?
A: Etwa dreieinhalb Wochen, so etwa.
F: Und in welcher Stadt haben Sie diese Rahmen verkauft?
A: In Ottawa.
F: Nur hier, nicht auch in Montreal?
A: Nein, nicht in Montreal.

DIE RECHTSBERATERIN DES MINISTERS (an die betroffene Person gerichtet)
F: Wann trafen Sie Roy wieder?
A: Danach hatte ich keinen Kontakt mit ihm und bin nach Toronto gegangen.
F: Hatten Sie eine Arbeitsberechtigung?
A: (unverständlich.)
F: Haben Sie sich jemals um eine Arbeitsberechtigung beworben?
A: (unverständlich).
F: Ich habe Sie nicht verstanden.
A: Nein.

DIE RECHTSBERATERIN DES MINISTERS (an den Mitarbeiter gerichtet)
– Ich habe keine weiteren Fragen.
A: Ich danke Ihnen.

DER MITARBEITER (an die betroffene Person gerichtet)
F: Herr Yehudai, ...
A: Ja.
F: … wo lebt Ihre Freundin?
A: Meine Freundin?
– Ja.
A: In Montreal.
F: Wo? Wie lautet ihre Adresse?
A: Sie wohnt in der Rue Cuvillier.
F: Ich habe Sie nicht verstanden.
A: Rue Cuvillier.
– Können Sie mir das buchstabieren?
A: Ich kenne nicht die genaue Schreibweise auf Französisch. Es ist die Rue Avenue East Cauvillier, es schreibt sich C.A.U.V.I.L.L.E.R. Die Rue Cauviller liegt in der Nähe von Sherbrooke.
– Okay, sie sitzt hinten. Ich werde sie fragen.

EIN BEOBACHTER (an den Mitarbeiter gerichtet)
– La rue Cuvillier.
A: Cuvillier.

DER MITARBEITER (an die betroffene Person gerichtet)
F: Okay, wohnt sie dort allein oder mit ihren Eltern?
A: Nein, sie lebt allein.
– Allein.
F: Wissen Sie, ob sie erwerbstätig ist?
A: Ja.
F: Womit verdient sie sich ihren Lebensunterhalt?
A: Sie arbeitet in einer Buchhandlung, in einer Buchhandlung.
F: In einer Buchhandlung?
A: Ja.
F: Ist sie vollzeitbeschäftigt?
A: Ich kenne den genauen Status nicht, aber ich denke, es ist so.

F: Arbeitete sie fünf Tage die Woche?
A: Fünf Tage, ja, vier oder fünf Tage.
F: Vier, fünf Tage die Woche, okay.
F: Und arbeitete sie während der Zeit, als Sie in ihrem Haus waren?
A: Ja.
F: Sie war?
A: …
F: Nahm Sie keinen Urlaub?
A: Sie hatte manchmal drei freie Tage, so dass wir zusammen sein konnten. Aber ansonsten arbeitete sie von zehn bis sechs oder neun bis zehn. So hatten wir noch Zeit zusammen.
– Gemurmel.
A: Und manchmal ging ich zu ihr, um sie bei der Arbeit zu treffen (unverständlich).
F: Ich habe nicht verstanden.
A: Und manchmal ging ich zu ihr, um sie bei der Arbeit zu treffen (unverständlich). Und dann (unverständlich).
– Okay.
F: Und als Sie nach Ottawa gingen, um dort zu arbeiten, ging sie mit Ihnen nach Ottawa?
A: Ob sie mit mir ging?
– Ja.
A: Nein, an den Wochenenden fuhr ich nach Montreal.
F: Am Wochenende, während des ganzen Wochenendes?
A: Ja.
– Gut, okay.

DER MITARBEITER (an die Rechtsberaterin des Ministers gerichtet) – Frau Powell, ich möchte gerne Ihre Meinung im Hinblick auf den Vorwurf der falschen Angaben der beiden Personen hören.
A: Bezüglich dessen, was Frau Sofer ausgesagt hat …
F: Ich habe nicht verstanden?
A: Das, was Frau Sofer …

– Ja.
A: … heute ausgesagt hat …
– Ja.
A: … sie sagte im Wesentlichen, dass sie nach Kanada kam, und sich innerhalb weniger Stunden mit jemandem traf. Sie reisten beide am nächsten Tag nach Montreal. Einige Wochen später waren sie dann in Ottawa, und wussten nicht, dass sie dort landen würden, aber ich glaube es Ihnen nicht. Sie erklärt, dass sie nichts darüber wusste, über diese Bilder, bevor sie nach Kanada kam. Sie traf jemanden auf der Straße, der ihr davon erzählte. Und dennoch fuhr sie am Tag nach ihrer Ankunft mit jemandem, der sich sehr gut damit auskannte, die ganze Strecke nach Montreal. Ich stelle fest, dass sie heute ausgesagt hat, dass sie als Touristin in dieses Land kam, und dass sie im Grunde nur einige Personen auf der Straße traf und mit ihnen reiste. Das ist im Jahr 2004 kaum zu glauben, und ich glaube nicht, dass ihr einziger Grund nach Kanada zu kommen, darin bestand, zu reisen, und ich würde dies als eine falsche Angabe bezeichnen, genau wie (unverständlich). Im Hinblick auf …
– Warten Sie einem Augenblick. Ich werde ihr sofort die Möglichkeit geben darauf zu antworten.

DER MITARBEITER (an die betroffene Person gerichtet)
F: Haben Sie gehört, was Madame Powell sagte?
A: Was soll ich jetzt tun? Ich habe etwas Falsches getan. Ich weiß, dass ich etwas Falsches getan habe. Das ist der wichtigste Punkt, dass ich etwas Falsches getan habe. Und es ist so, dass wenn ich sagen würde, dass ich nur als Tourist gekommen bin, mir niemand glauben würde, denn jeder blickt nur auf die letzte Sache. Die letzte Sache war sehr schrecklich, und sehr unrecht. Und ich kann verstehen, warum es ihr schwer fällt, mir zu glauben. Ich kann sie verstehen, und ich respektiere das, was sie sagt, weil es für sie sehr seltsam klingt, und weil sie nicht weiß, wie Israelis wie wir miteinander umgehen. Wenn wir jemanden auf der Straße sehen, dann reden wir sofort miteinander. Aber der wichtige Punkt bleibt der, dass ich etwas Falsches getan habe, und ich bin mir dessen bewusst.

– Okay.

DER MITARBEITER (an die Rechtsberaterin des Ministers gerichtet)
– Wenden wir uns Herrn Yehudai zu.
A: Herr Yehudai hatte dieses Unternehmen kontaktiert, bevor er Israel verließ. Er hatte zugestimmt, sich von einem Vertreter dieses Unternehmens am Flughafen abholen zu lassen. Jemand, von dem er sagt, dass er später herausfand, dass er ihn schon kannte, und jemand, der sehr viel mit dem Geschäft des Bilderverkaufs zu tun hatte. Es fällt mir schwer zu glauben, dass er nicht zumindest daran gedacht hatte, auch in diesem Bereich zu arbeiten, als er in dieses Land kam. Und ich glaube, dass auch wenn es nicht sein Hauptgrund gewesen sein mag, war es sicherlich ein Teil von ... ein Teil von dem, was er hier tun wollte und ich bin Auffassung, dass wir dies als eine falsche Aussage bewerten sollten (unverständlich).

DER MITARBEITER (an die betroffene Person gerichtet)
– Ja.
A: Ich stimme mit dem, was sie sagt, weitgehend überein, und möchte nur noch einmal sagen, dass der Hauptgrund der Einreise nicht die Arbeit war. Ich habe zuvor nicht an Arbeit gedacht. Es war nur eine Option, eine Möglichkeit. Denn ich bin Student. Und dann die Sache, dass sie mich mitgenommen haben. Sie müssen wissen, es ging darum die fünfundzwanzig Dollar für das Taxi zu sparen, was mir zu teuer war. Und so kam ich nach Montreal. (unverständlich). So war es.

– Frau Sofer und Herr Yehudai, Sie haben jetzt beide während dieser Zulässigkeitsanhörung ausgesagt. Nach Ihren Aussagen stelle ich zunächst fest, dass Sie kein Recht auf Einreise bzw. Aufenthalt in Kanada haben, dass Sie weder kanadische Staatsbürger noch permanente Bewohner sind. Sie sind beide israelische Staatsbürger und auch dort geboren. Sie haben beide ausgesagt, am 5. August 2003 in Kanada, in Toronto, eingetroffen zu sein. Und Sie haben danach beide eine Tätig-

keit aufgenommen, ohne zuvor die schriftliche Genehmigung der Einwanderungsabteilung erhalten zu haben. Sie verkauften Bilder und Sie, Herr Yehudai, Rahmen, erhielten eine Provision als Honorar. Sie verdienten eine Summe zwischen sechs bis achthundert Dollar pro Woche. Allem Schein nach ist damit im Hinblick der gegen Sie erhobenen Beschuldigung nachgewiesen worden, dass Sie gegen die Voraussetzungen von Paragraph 41(a) des Gesetzes für die Einwanderung nach Kanada und des Schutzes der Flüchtlinge verstoßen haben, denn nach Abwägung der Wahrscheinlichkeiten gibt es gute Gründe anzunehmen, dass Sie ein Ausländer sind, der nicht die Auflagen des Gesetzes erfüllt hat. Diese bestanden darin, vor der Aufnahme einer Tätigkeit eine schriftliche Arbeitsgenehmigung zu beantragen.

Darüber hinaus gibt es in beiden Fällen eine weitere Beschuldigung dahingehend, dass Sie sich unrechtmäßig in Kanada aufhielten, aufgrund einer direkten oder indirekten Täuschung im Zusammenhang mit einer wichtigen Frage, die zu einem Fehler bei der Auslegung des Gesetzes führen konnte oder geführt haben könnte. Sie, Frau Sofer, haben jetzt ausgesagt, dass sie nichts von der Arbeit gewusst hätten, bevor sie nach Kanada kamen. Sie erklärten, dass sie davon erst in Kanada erfahren und sich dann entschieden hätten, diese Tätigkeit aufzunehmen. Aber ich werde später während noch auf Ihre Aussage zurückkommen. Ich will mich zuerst Herrn Yehudai zuwenden, der ausgesagt hat, dass er, bevor er nach Kanada kam, ein Inserat in einer Zeitung gesehen und daraufhin eine Person kontaktiert hätte. Ihm wurde erklärt, um was es bei dieser Arbeit ging, und er stimmte zu, am Tag seiner Ankunft am Flughafen eine Person zu treffen. So traf er dort einen Vertreter des Unternehmens. Er hatte den Namen Roy, doch es stellte sich heraus, dass es jemand war, den er schon seit einigen Jahren kannte. Er wusste zunächst nicht, dass dieser Roy jene Person war, die er bereits seit einigen Jahren kannte. Aber ich weiß nicht, ob ich diesem Teil seiner Aussage Glauben schenken kann. Doch wenn ich es glaube, dann halte ich fest, dass Herr Yehudai die Firma kontaktierte, sich nach der Arbeit erkun-

digte und zustimmte, sich am Tag seiner Ankunft in Kanada mit jemanden zu treffen. Und trotz dieser Tatsachen versucht er mich davon zu überzeugen, dass der einzige Grund für seine Reise nach Kanada darin bestand, einen Besuch bei seiner Freundin zu machen. Seine Freundin lebt in Montreal, und drei Wochen nach seiner Ankunft ging er nach Ottawa und begann, für diese Person namens Roy zu arbeiten, die als sein Vorgesetzter auftritt. Seine Freundin bleibt in Montreal, wo sie ganztags beschäftigt ist und keinen Urlaub hat, doch er kehrt jedes Wochenende zurück, um sie zu sehen. Daher denke ich, dass wir mit Wörtern spielen, Herr Yehudai, wenn Sie hier erklären, dass der Hauptgrund dafür, dass Sie in dieses Land kamen, darin bestand, ihre Freundin zu sehen. Nun, ich kann hier dieselbe Taktik benutzen. Es könnte durchaus wahr sein, dass der Hauptgrund für Ihre Einreise Ihre Freundin war, aber es gab auch einen zweiten und einen zusätzlichen Grund für Ihre Einreise, der darin bestand, während Ihres Aufenthalts in Kanada Geld zu verdienen. Sonst hätten Sie nicht vor Ihrer Abreise in Israel die Firma kontaktiert, um festzustellen welcher Arbeit Sie während Ihres Besuches in Kanada nachgehen könnten. Daher bin ich mir ziemlich sicher, dass selbst wenn es zutreffend ist, dass Sie vor allem deshalb hierhin kamen, um Ihre Freundin zu sehen, Sie dennoch gleichzeitig die Absicht verfolgten, einer Arbeit nachzugehen, auch wenn Sie dies nicht eindeutig erklärt haben. Aus diesem Grunde denke ich, dass die zweite Beschuldigung als erwiesen anzusehen ist. Im Falle von Frau Sofer gibt es einige sehr merkwürdige Zufälle. Sie kommt hier am selben Tag an wie Herr Yehudai, wenn auch mit einem anderen Flug, und zufällig trifft auch sie Herrn Roy, weil sie Herrn Yehudai in dem Hotel, in dem sie wohnte, getroffen hat. Und es ist ziemlich sonderbar, dass es dasselbe Hotel ist, in das Roy Yehudai gebracht hatte, nachdem er ihn am Flughafen abgeholt hatte. Zufällig reisen sie zusammen nach Montreal, und zufällig arbeiten Sie jetzt auch beide für den gleichen Roy.

Daher denke ich, dass ich nach Abwägung der Wahrscheinlichkeiten nur zu einer Schlussfolgerung gelangen kann. Es könnte sein, dass ich falsch liege, aber wenn ich mir die merkwürdigen Zufälle ansehe und all diese Tatsachen überprüfe, dann kann ich nach sorgfältiger Abwägung nur zu dem Schluss kommen, das Sie nicht nur als Tourist nach Kanada kamen, sondern dass Sie während ihrer touristischen Aktivitäten gleichzeitig auch einer Arbeit nachgehen wollten, vielleicht um ein wenig Geld zu verdienen, um ihre Reisen zu finanzieren. Ich denke daher, dass auch diese zweite Beschuldigung als erwiesen anzusehen ist. Daher ordne ich in beiden Fälle die Ausweisung aus Kanada an. Und es wird Ihnen wird untersagt, vor Ablauf von zwei Jahren wieder in dieses Land einzureisen. Wenn Sie während dieser zwei Jahre nach Kanada reisen wollen, müssen Sie zuvor bei einer kanadischen Botschaft vorsprechen und um die schriftliche Zustimmung des Einwanderungsministeriums bitten. Dann wird ein kanadischer Beamter die Gründe, warum Sie hierhin zurückkommen wollen, prüfen, und wenn er feststellt, dass Sie triftige Gründe für Ihre Rückkehr haben und in gutem Glauben handeln, wird er Ihnen die Zustimmung erteilen.

A: (Frau Sofer) Ich habe eine Frage.
– Ja, bitte.
A: Vielleicht können Sie bei mir zwei Jahre festlegen und bei Amit nur ein Jahr, weil … aber wir kennen das Gesetz ja nicht.
– Nein, Nein, Nein, so ist das Gesetz. Es sind zwei Jahre für jeden von Ihnen. Sie können nicht eines seiner zwei Jahre übernehmen.
A: Warum nicht?
– Nein, nein, das geht nicht. So sind die Bestimmungen.

Die heutige Anhörung ist damit beendet.

Sitzungsprotokoll einer Anhörung
The Minister of Citizenship and Immigration
[Der für Einwanderungsfragen zuständige Minister]
Le ministre de la Citoyenneté et de l'Immigration

und/et
ROY LANIADO

17. September 2003, Ottawa

DER MITARBEITER:
– Guten Morgen. Mein Name ist Pierre Turmel. Ich bin Mitarbeiter der Einwanderungsabteilung. Heute ist der 17. September 2003, und ich bin gebeten worden, den Vorsitz bei einer Zulässigkeitsanhörung im Fall Roy Laniado zu übernehmen.

DER MITARBEITER: (an die betroffene Person gerichtet)
F: Sind Sie das?
A: Ja.
F: Herr Laniado, ich habe gehört, dass Sie die englische Sprache fließend sprechen. Sie benötigen nicht die Dienste eines hebräischen Dolmetschers?
A: Nein, das brauche ich nicht.
– Nein. Okay. Die Dame zu meiner Rechten ist die Rechtsberaterin des Ministers, Madame Sybill Powell.
F: Nun, Herr Laniado, ich nehme an, dass Ihnen gesagt worden ist, dass heute eine Zulässigkeitsanhörung stattfinden soll. Ist das richtig?
A: Ja.
– Bei der schriftlichen Vorladung zu dieser Anhörung, die Ihnen zugegangen ist, wird auch die Möglichkeit erwähnt, dass Sie die Dienste eines Rechtsanwalts in Anspruch nehmen können. Es ist ein Recht, dass Ihnen zusteht. Es ist keine Verpflichtung, wenn Sie die Entscheidung treffen, sich selbst zu verteidigen.

F: Also zu welcher Entscheidung sind Sie gelangt?
A: Ich denke, dass ich mich weitgehend selbst verteidigen kann.
– Gut. Ich fahre dann fort. Doch wenn Sie zu irgendeinem Zeitpunkt während des Verlaufs der Anhörung Ihre Meinung ändern sollten, und Sie der Auffassung sind, dass die Anwesenheit eines Rechtsanwalts notwendig werden könnte, müssen Sie es mich nur wissen lassen.
A: Ich habe eine Frage.
– Ja.
A: Nach dem Abschluss der Anhörung …
– Ja?
A: … könnte ich dann einen Anwalt hinzuziehen und gegen diese Anhörung Berufung einlegen?
– Nein, es gibt hier kein Recht auf Berufung.
A: Keine Berufung?
– Nein, keine Berufung.
A: Okay.
– Unabhängig davon, ob hier ein Rechtsanwalt anwesend ist oder nicht, es gibt kein Recht auf Berufung im Hinblick auf das Ergebnis der Anhörung.
A: Okay.
– Fahren wir fort.
Nun, Ihnen liegen eine Reihe von Unterlagen vor. Hier bei mir liegen die Originale. Das erste ist eine Vorlage für eine Untersuchung nach Unterabschnitt 44(2) des Gesetzes für die Einreise nach Kanada und des Schutzes der Flüchtlinge, datiert vom 15. September 2003, in Ottawa. Nur aufgrund dieses Dokuments verfüge ich über die Zuständigkeit mit der Anhörung fortzufahren. Ich werde es als Beweismittel C-1 zu den Akten nehmen.

BEWEISMITTEL C-1 – UNTERABSCHNITT 44(2) VORLAGE – 15. SEPTEMBER 2003

Das andere Dokument, das für Sie am wichtigsten ist, ist der Bericht aufgrund des Unterabschnitts 44, Paragraph (1) Gesetzes für die Einrei-

se nach Kanada und des Schutzes der Flüchtlinge. Auch er hat ein Datum, einen Augenblick, er ist datiert auf den 12. September 2003 unter Unterabschnitt 44 Paragraph (1)

F: Haben Sie diesen Bericht vollständig gelesen?
A: Ich habe ihn nur kurz überflogen. Ich werde jetzt …
F: Sie benötigen dafür einige Minuten?
A: Ja.
– Es sind zwei Seiten. Während Sie ihn lesen, teile ich ihnen mit, dass ich diesen Bericht als Beweismittel C-2 zu den Akten nehmen werde.

BEWEISMITTEL C-2 – UNTERABSCHNITT 44(1) BERICHT - 12. SEPTEMBER 2003

A: Es gibt hierbei eine Unterlage, die nicht richtig kopiert worden ist.
– Okay, wir müssen nicht jetzt darüber sprechen. Sie werden im Laufe der Anhörung die Gelegenheit erhalten sich dazu zu erklären.
F: Nun, haben Sie alles gelesen? Verstehen Sie, was dort niedergeschrieben ist?
A: Ja, das tue ich.
– Okay. Lassen Sie mich Ihnen jetzt einige Erklärungen bezüglich des Zwecks der Anhörung und ihrer möglichen Konsequenzen für Sie machen. Zunächst habe ich die Aufgabe festzustellen, ob Sie ein Recht haben in Kanada zu bleiben. Kanadische Staatsbürger und permanente Bewohner von Kanada haben das Recht hier zu bleiben. Wenn Sie nicht zu diesem Personenkreis gehören, muss ich die Rechtmäßigkeit der in diesem Bericht erhobenen Beschuldigungen beurteilen Und wenn ich zu der Auffassung gelange, dass diese Beschuldigungen zutreffend sind, habe ich keine andere Wahl als in Ihrem Fall eine Ausweisung anzuordnen. Dies ist eine Anordnung auf Entfernung. Dies bedeutet, dass Sie Kanada verlassen müssen und es Ihnen zudem für einen gewissen Zeitraum untersagt wird, in dieses Land zurückzukehren.

Wenn ich feststellen sollte, dass die erste Anschuldigung, also nur die allererste Anschuldigung, begründet ist, dann wird Ihnen untersagt, binnen eines Jahres nach Kanada zurückzukommen. Wenn ich feststelle, dass beide begründet sind, das heißt auch die zweite, dann wird Ihnen für einen Zeitraum von zwei Jahren die Rückkehr untersagt. Wenn Sie während dieses Zeitraums nach Kanada zurückkommen wollen, müssen Sie zunächst bei einem kanadischen Konsulat oder einer kanadischen Botschaft in jedem Land, in dem Kanada diplomatisch vertreten ist, die schriftliche Zustimmung des Ministers für Ihre Einreise beantragen.
F: Haben Sie diese Erklärungen verstanden?
A: Ja.
– Okay.
F: Ich werde jetzt meine Ausführungen fortsetzen. Wollen Sie noch immer, dass wir ohne einen rechtlichen Beistand fortfahren?
A: Ja.
– Die Rechtsberaterin des Ministers, Madame Powell, trägt die Beweislast. Sie wird Sie sehr wahrscheinlich als Zeuge aufrufen. Sie kann andere Zeugen aufrufen. Sie kann dokumentarische Beweise präsentieren. Sie dagegen haben die Gelegenheit, das gesamte Beweismaterial zu prüfen, Zeugen ins Kreuzverhör zu nehmen, wenn Personen aufgerufen werden, um auszusagen.
A: Okay.
– Und Sie haben zudem die Möglichkeit Ihre eigenen Beweisevorzulegen. Haben Sie das verstanden?
A: Ja, das habe ich.

DER MITARBEITER (an die Rechtsberaterin des Ministers gerichtet)
– Madame Powell.
A: Ja, Herr Turmel.
F: Möchten Sie ihn als Zeugen aufrufen?
A: Ja, bitte.

DER MITARBEITER (an die betroffene Person gerichtet)
– Herr Laniado, Sie werden als Zeuge dieser Anhörung aufgerufen. Ich möchte Sie bitten, aufzustehen und Ihre rechte Hand zu heben.
F: Bekräftigen Sie feierlich, dass die Aussage, die Sie ablegen werden, der Wahrheit, der ganzen Wahrheit und nichts als der Wahrheit entspricht?
A: Ja.
– Ich danke Ihnen. Nehmen Sie Platz.

DER MITARBEITER (an die Rechtsberaterin des Ministers gerichtet)
– Ihr Zeuge.

DIE RECHTSBERATERIN DES MINISTERS (an die betroffene Person gerichtet)
– Bitte geben Sie für das Protokoll Ihren vollständigen Namen an.
A: Roy Ezra Laniado.
F: Haben Sie noch andere Namen?
A: Nein.
F: Wie lautet Ihr Geburtsdatum?
A: Der 7. Februar 1979.
F: Und wo wurden Sie geboren?
A: Israel.
F: Welche Staatsbürgerschaft haben Sie?
A: Ich bin Israeli.
F: Sind Sie ein kanadischer Staatsbürger?
A: Nein.
F: Haben Sie einen ständigen Wohnsitz in Kanada?
A: Nein.
F: Wann sind Sie nach Kanada eingereist?
A: Am 23. März.

DER MITARBEITER (an die betroffene Person gerichtet)
F: In welchem Jahr?

A: 2003.

DIE RECHTSBERATERIN DES MINISTERS (an die betroffene Person gerichtet)
F: Und wo war das?
A: In Toronto.
F: Als Sie nach Kanada kamen, was gaben Sie am Port of Entry dem Beamten als Grund für Ihre Einreise an?
A: Reisen.

DER MITARBEITER (an die betroffene Person gerichtet)
F: Ich habe nicht verstanden.
A: Ich erzählte ihm, dass ich das Land bereisen wollte.
F: Als Tourist?
A: Ja.

DIE RECHTSBERATERIN DES MINISTERS (an die betroffene Person gerichtet)
F: Warum kamen Sie nach Kanada?
A: Um zu reisen.
F: War das Ihr einziger Grund, nach Kanada zu kommen?
A: Ja.
F: Am 12. September wurden Sie mit einigen anderen Personen festgenommen. Können Sie mir sagen, warum Sie bei dieser Gruppe von Personen waren?
A: Ja, ich kam hierher, um diese Leute zu treffen.

DER MITARBEITER (an die betroffene Person gerichtet)
F: Sie kamen hierher, um jemanden zu treffen. Wen?
A: Um die Personen zu treffen, die verhaftet wurden.
– Gemeinsam mit Ihnen.
A: Um ihnen Rahmen und Bilder zu geben. Und um dann am selben Tag nach Toronto zu fahren.

DIE RECHTSBERATERIN DES MINISTERS (an die betroffene Person gerichtet)
F: Warum gaben Sie ihnen Rahmen und Bilder?
A: Damit sie sie verkaufen.
F: War das das erste Mal, dass Sie sie trafen?
A: Nein.
F: Wie oft haben Sie diese Personen mit Rahmen und Bildern beliefert?
A: Einmal pro Woche oder einmal in zwei Wochen.
F: Haben Sie ihnen diese Rahmen und Bilder berechnet?
A: Ich habe sie nicht im Voraus berechnet, nein.

DER MITARBEITER (an die betroffene Person gerichtet)
F: Sie haben sie nicht im Voraus berechnet, aber mussten sie Sie dann später bezahlen?
A: Ja, nachdem sie die Bilder verkauft hat, mussten Sie mich bezahlen, mir das Geld geben, ja.

DIE RECHTSBERATERIN DES MINISTERS (an die betroffene Person gerichtet)
F: Wie viel mussten sie Ihnen pro Bild geben, oder gab es eine feste Summe, die sie Ihnen jede Woche geben mussten?
A: Es gab eine feste Summe, 80 Dollar für die Bilder und 85 Dollar für die Rahmen.
F: Wie lange taten Sie dies? Wie viele Wochen?
A: Ungefähr 16 bis 18 Wochen.
F: Wie viele Wochen nach Ihrer Einreise nach Kanada war das?
A: Acht Wochen.
DER MITARBEITER (an die betroffene Person gerichtet)
F: Sie begannen damit acht Wochen, nachdem Sie in Kanada eigereist waren?
A: Ja.

DIE RECHTSBERATERIN DES MINISTERS (an die betroffene Person gerichtet)
F: Wie bekamen Sie diese Arbeit?
A: Es gab ein Inserat in der Zeitung in Israel.
F: Wann war das?
A: Anfang März.
F: Also bevor Sie nach Kanada kamen?
A: Ja.
F: Sie hatten also den Job schon bevor, Sie nach Kanada kamen?
A: Ja. Aber es war nur eine Option für mich. Ich kam ursprünglich hierhin, um zu reisen. Und dann begann ich zu arbeiten, weil ich so wenig Geld hatte. Ich wollte für eine gewisse Zeit arbeiten, und dann meine Reisen fortsetzen. Ich wollte dann Kanada verlassen und nach Südamerika gehen.

DER MITARBEITER (an die betroffene Person gerichtet)
F: Wie viel bekamen Sie für sich selber für diese …
A: Geld?
– Ja.
A: Ich bekam zwischen zwei- bis dreieinhalbtausend Dollar pro Monat. Ich bekam es jeden …
F: Und das Geld war für Sie?
A: Ja, das war für mich.
– Okay.

DIE RECHTSBERATERIN DES MINISTERS (an die betroffene Person gerichtet)
F: Die Leute, die für Sie arbeiteten, wie viel bekamen sie?
A: Das kann ich nicht genau sagen, denn einige von ihnen verkauften gar nichts, so bekamen sie auch nichts. Einige verkaufen ein wenig. Ich kann es wirklich nicht genau sagen.
F: Erhielten sie einen Prozentsatz von dem Umsatz durch die Bilder?
A: Ja, von ihren Verkäufen.

F: Hatten Sie irgendwelche Unkosten …
A: Ja.
F: … außer … was hatten Sie für Unkosten?
A: Mobiltelefon, Fahrzeug, Unterkunft.
F: Unterkunft für Sie selber …
A: Ja.
F: … oder die Unterkunft für sie?
A: Für mich.
F: Mobiltelefon, Sie sagten Mobiltelefon.
A: Ja, Mobiltelefon.
– Auto.
A: Auto und Unterkunft, Fahrzeug und Benzin. Ich fahre einen Mietwagen. Es ist nicht mein eigenes Auto. Alles, was ich für meine Arbeit brauche.
F: Wer machte ihre Zimmer?
A: Sie taten es.
F: Sie bezahlten ihre Zimmer?
A: Ich bezahlte sie im Voraus, und sie gaben mir das Geld zurück. Sie konnten sich keinen Monat im Voraus leisten.
F: Also zahlten Sie einen Monat im Voraus?
A: Ja.
F: Also …
A: Es kam nicht von mir, es war nicht mein Geld.

DER MITARBEITER (an die betroffene Person gerichtet)
F: Von wem kam es?

DIE RECHTSBERATERIN DES MINISTERS (an die betroffene Person gerichtet)
F: Von wem kam das Geld?
A: Wie ich den Einwanderungsbeamten bereits erklärte, bin ich nicht für dieses Geschäft verantwortlich. Ich bin nicht der Leiter dieser Grup-

pe von Studenten. Es gab einen anderen Typen, es gibt in der Tat einen anderen Typen oder zwei oder zwanzig, ich weiß es nicht genau. Es gab einen, der über mir stand. Ich bekam das Geld von ihnen und ich musste ihm das Geld weitergeben, nachdem ich meinen Anteil bekommen hatte. Und von diesem Geld konnte ich ihre Häuser mieten, und wenn sie es mir dann zurückgaben, konnte ich das Geld der Summe hinzufügen und es ihm geben.

DER MITARBEITER (an die betroffene Person gerichtet)
F: Wer ist diese Person?
A: (unverständlich) Ich habe keine genauen Informationen über ihn. Sie müssen verstehen, der Eigentümer dieser Art von Geschäften wollte sich nicht öffentlich präsentieren …
– Okay.
A: Irgendein Problem mit dem Gesetz. So ist es normal, dass sie, wie in diesem Fall, im Dunklen bleiben, keine Namen, keine Telefonnummern, keine Adresse.
– Gut …
A: Selbst wenn ich es wollte …
– Sie mussten mit ihm in Kontakt treten. Sie mussten ihm das Geld geben.
A: Er rief mich auf meinem Mobiltelefon an und ließ mich wissen, wann ich ihn in Toronto treffen konnte. Meistens in Toronto. Er gab mir das Geld, entschuldigen Sie, ich gab ihm das Geld.
– Ja.
A: Er gab mir die Rahmen und die Bilder. So lief es.
F: Lebt diese Person in Kanada? Wissen, ob diese Person ein kanadischer Staatsbürger oder ein Ausländer ist?
A: Er ist ein Israeli.
– Ja.
A: Er sagte mir, dass er in den Staaten lebt. Ich würde dies aber nicht ernst nehmen.
– Okay.

DIE RECHTSBERATERIN DES MINISTERS (an die betroffene Person gerichtet)
F: Warum wurden Sie zum Leiter dieser Gruppe bestimmt?
A: Ich schätze, er mochte mich irgendwie. Ich traf ihn in Israel und sprach eine Weite mit ihm, und er …

DER MITARBEITER (an die betroffene Person gerichtet)
F: Sie trafen ihn in Israel, bevor Sie nach Kanada kamen?
A: Ja. Ich bekam diesen Job durch seine Hilfe. Ich rief ihn an und ich bekam die Nachricht, dass sie zu mir kommen würde, wenn ich den Job (unverständlich). Ich traf ihn beim (unverständlich).
– Ja.
A: Er erklärte mir zunächst, dass ich ihn anrufen sollte, wenn ich als Verkäufer arbeiten wollte, der von Tür zu Tür gehen und versuchen würde, die Bilder zu verkaufen. Dann fragte er mich nach meinem Wehrdienst. Was ich hier und dort getan hätte. Und mein Wehrdienst hatte einen gewissen …
– Hintergrund.
A: … Hintergrund. Ich hatte Erfahrungen. Es genügte für diese Art von Job. Das ist der wohl Grund, warum ich diesen Job machen sollte und keinen anderen. Er wollte mich als Verkäufer oder so etwas wie ein …
– Eine Art Vorgesetzter.
A: Ja. Ich kümmerte mich nur um die Angestellten, und das waren keine Mossad[sic]-Agenten, und ich hoffe, dass ist jedem klar.
F: Was?
A: Das wir keine Mossad[sic]-Agenten sind. Man sorgte sehr gut für sie. Ich kümmerte mich um alles, was sie brauchten, angefangen mit der Unterkunft bis zu allen möglichen Problemen, die sie hatten, und alle möglichen Angelegenheiten, die sie als Ausländer in diesem Land erledigen mussten. Und sie wurden auf die anständigste Weise behandelt, die mir nur möglich war.
– Gemurmel.

DIE RECHTSBERATERIN DES MINISTERS (an die betroffene Person gerichtet)
F: Wie viel Geld hatten Sie bei der Einreise nach Kanada dabei?
A: Ich kam mit viertausend amerikanischen Dollar und einigen … nicht sehr vielen kanadischen Dollar. Aber als ich meine Eltern traf, die bereits eine Woche zuvor in Kanada eingetroffen waren, gaben sie mir eine weitere Summe in kanadischen Dollar.
F: Wie viel Geld führten Sie bei sich, als Sie festgenommen wurden?
A: Zunächst einmal bekam ich nie einen Bericht von der Polizei, wie viel Geld wir bei uns hatten, als wir festgenommen wurden.
F: Was denken Sie, wie viel könnte es gewesen sein?
A: Es müssen dreitausend und vier- oder fünfhundert amerikanische Dollar, und sieben bis achttausend kanadische Dollar gewesen sein.
F: Woher hatten Sie viertausend amerikanische Dollar, als Sie nach Kanada kamen? Hatten Sie in Israel gearbeitet?
A: Zunächst einmal habe ich stets gearbeitet, nicht im letzten Jahr, aber ich lebte und arbeitete in Israel. Ich habe gearbeitet, seitdem ich 16 Jahre alt war.

DER MITARBEITER (an die betroffene Person gerichtet)
F: Aber wie lange hatten Sie nicht mehr gearbeitet?
A: Zwei Jahre, etwas mehr als zwei Jahre.
F: Zwei Jahre ohne eine Tätigkeit bevor Sie hierher kamen?
A: Ja, aber ich möchte noch einmal betonen, dass ich seit meinem 16. Lebensjahr arbeite.
– Ja.
A: Um für meinen Lebensunterhalt zu sorgen.
– Ja.
A: Und ich wollte nicht … Ich habe eine wohlhabende Familie, die etwas Geld zurückgelegt hat. Daher habe ich in dieser Phase meines Lebens, als ich vorwiegend auf Reisen war, dieses Geld dafür verwendet.
– Okay.

DIE RECHTSBERATERIN DES MINISTERS (an die betroffene Person gerichtet)
F: Wohin sind Sie gereist?
A: Oh, nein.
F: Nein, Nein, aber wohin?

DER MITARBEITER (an die Rechtsberaterin des Ministers gerichtet)
– Nun, Madame …

DER MITARBEITER (an die betroffene Person gerichtet)
– Sie müssen diese Frage nicht beantworten.

DER MITARBEITER (an die Rechtsberaterin des Ministers gerichtet)
– Diese Frage ist nicht wirklich …
A: Relevant.
– … relevant im Hinblick auf die Beschuldigung.
A: Okay.

DIE RECHTSBERATERIN DES MINISTERS (an die betroffene Person gerichtet)
F: Wie lange ist diese Gruppe in Ottawa gewesen? Nicht alle Mitglieder der Gruppe, aber die Gruppe der Verkäufer.
A: Ungefähr anderthalb Monate.
F: Hatten Sie eine Arbeitserlaubnis, eine Genehmigung, dieser Arbeit nachzugehen?
A: Nein.
Q. Wo reisten Sie in Kanada?
A: Überall. Ostküste, Westküste, überall hin.
F: Kannten Sie irgendjemanden in Kanada?
A: Ja.

DIE RECHTSBERATERIN DES MINISTERS (an den Mitarbeiter gerichtet)
– Ich habe keine weiteren Fragen.
A: Ich danke Ihnen.

DER MITARBEITER (an die betroffene Person gerichtet)
– Madame Powell hat ihre Beweisaufnahme beendet, und sie ist der Auffassung, dass Ihre Aussagen genügen, um die Zulässigkeit der gegen Sie erhobenen Beschuldigungen festzustellen.

F: Gibt es noch etwas, das Sie hinzufügen möchten?
A: Ich habe keine Frage, aber ich habe noch einige Dinge zu sagen, wenn Euer Ehren bereit ist, sie anzuhören.
– Bitte, ich höre.
A: Zunächst möchte ich sagen, dass ich Ihr Land wirklich schätze und liebe. Ich denke, es ist eines der großartigsten Länder auf der Welt, wenn man es sich näher ansieht, und ich bin viel herumgereist. Ich habe so viel gesehen, dass ich die Unterschiede zwischen den Staaten beurteilen kann. Als ich damit begann, in diesem Job zu arbeiten, hatte ich viele Ideen, und ich habe lange überlegt, ein Geschäft hier in Kanada zu gründen. Ich will nicht die kanadische Staatsbürgerschaft erlangen. Ich möchte den Rest meines Lebens in Israel verbringen. Ich bin gerne unter meinen Mitbürgern, und ich bin gern israelischer Staatsbürger, und dennoch denke ich, dass Kanada ausländischen Investoren viel zu bieten hat. Und ich glaube, dass ich, so kann ich sagen, mit meinem Talent und meiner Bereitschaft zu arbeiten, eine Menge für Kanada tun kann.
– Aber dies, Herr Laniado, müssen Sie auf die richtige Weise tun.
A: Ich weiß. Das heißt …
– Das heißt, dass Sie dafür einen ständigen Wohnsitz beantragen müssen.
A: Eine Woche vorher.
– … bei einer Botschaft.
A: Eine Woche vor dem Ereignis, vor der Festnahme, begann ich tatsächlich, etwas zu tun. Ich ging zu einem Anwalt und versuchte, ein

Geschäft zu eröffnen. Ein legales Geschäft, um damit aufzuhören, dieses komische Geschäft zu betreiben, und etwas legal zu beginnen, um Steuern zu bezahlen wie jeder andere, und alles zu richtig tun, auf die richtige Weise. Ich bin mir darüber bewusst, dass das, was ich getan habe, falsch ist, und ich kann verstehen, warum die kanadische Regierung uns dieser Anhörung unterzieht und uns wahrscheinlich am Ende in unsere Heimat schicken wird.

– Ja.

A: Ich möchte zumindest die Gelegenheit nutzen, um zu sagen, dass ich eines Tages zurück Kanada kommen möchte, und natürlich mit einer legalen Genehmigung ein Geschäft eröffnen und versuchen will, etwas zu tun, von dem ich weiß, dass es hier sehr gut laufen könnte. Es kann mir von Nutzen sein, es kann Kanada von Nutzen sein, und es kann der kanadischen Bevölkerung von Nutzen sein. Denn Kanada ist alles in allem ein weiter wachsendes Land, und Sie brauchen junge Männer und Frauen, die hier arbeiten. Und ich möchte gerne noch etwas hinzufügen, dass für diesen Fall von Bedeutung ist.

– Ja?

A: Nachdem wir festgenommen worden waren, und dann wieder in unsere Wohnungen zurückkehren durften, (unverständlich), wurden uns einige persönliche Dinge nicht zurückgegeben. Ich hatte eine Brieftasche, eine Lederbrieftasche, 35 Dollar in der Brieftasche mit zwei Kreditkarten, zwei Kundenkarten, einen israelischen Führerschein und meinen internationalen Führerschein.

F: Diese Dokumente wurden von den Polizisten beschlagnahmt?

A: Sie wurden nicht beschlagnahmt. Ich habe Kopien all dieser Dokumente. Aber sie wurden irgendwie nicht an mich zurückgegeben. Ich kam hierher, wir wurden am Freitagabend freigelassen. Am Samstag und am Sonntag kam ich hierher, aber es war niemand da. Ich konnte mit niemandem sprechen. Ich hinterließ eine Nachricht.

– Okay, okay.

A: Es ist unmöglich. Und bis jetzt hat sie niemand gefunden.

F: Oh, sind die Dokumente verloren gegangen?
A: Die Dokumente sind da, aber meine Kreditkarten und mein Führerschein. Es fehlen vier oder fünf …
F: Wo sind diese Dokumente? Sind sie bei den Akten?
A: Die Polizei und die Einwanderungsbeamten machen sich gegenseitig dafür verantwortlich, dass sie verlorengingen. So stellt es sich dar …
– Nun …
A: Genau in dem Augenblick als sie das Geld beschlagnahmt haben.
– Ja.
A: Und all meine Dokumente und mein Reisepass sind hier, ich sitze in Kanada fest.
– Leider kann ich Ihnen in dieser Angelegenheit nicht weiterhelfen, aber ich verstehe Ihre Sorgen, und Sie werden sicherlich Nachforschungen bei der Einwanderungsbehörde und der Polizei anstellen müssen um herauszufinden, was mit diesen Dokumenten passiert ist. Und irgendjemand wird Ihnen sicherlich antworten können und einen Grund dafür angeben, warum diese Papiere so plötzlich verschwunden sind. Das ist alles, was ich dazu sagen kann.
A: Ich meine nur, dass ich aus diesem Grund keinerlei Ausweisdokumente habe. Ich kann …
– Nein …
A: Weil meine Familie …
– … die Einwanderungsbehörde hat Ihren Reisepass in Gewahrsam genommen. Der Reisepass wird Ihnen zurückgegeben, wenn Sie Kanada verlassen werden.
A: Aber bis dahin habe ich nichts. Vor einigen Tagen wurde ich von einem Polizisten angehalten. Es dauerte dann fast drei Stunden, nur wegen einem Verkehrsvergehen.
– Ja.
A: … es dauerte zwei Stunden bis zu er schließlich verstand, wer ich bin, was ich hier tue und was er mit mir tun soll; oder was auch immer. Er hätte mich sofort einsperren können, wenn er gewollt hätte. Er war nett und versuchte die Sache auf eine unkomplizierte Weise zu lösen.

Ich habe keine Kreditkarten, also müsste ich mir neue besorgen. Ich kann es aber nicht. Ich habe keine Ausweisdokumente. Ich habe kein Geld. Ich kann keine Western-Union-Überweisungen entgegen nehmen. Bitte geben Sie mir meinen Reisepass zurück. Ich bitte Sie nicht darum, die Brieftasche zu finden, aber ich brauche irgendwelche Dokumente, um mich auszuweisen. Ich werde nicht aus Kanada abhauen und irgendwas mitnehmen. Ich verfüge über fünfzehntausend Dollar.

– Herr Laniado, dies müssen Sie mit der Einwanderungsbehörde erörtern. Ich kann der Einwanderungsbehörde nicht die Anweisung geben, Ihnen den Reisepass zurückzugeben. Sie sind die einzigen, die darüber entscheiden werden, ob sie ihn weiter in ihrem Gewahrsam behalten oder an Sie zurückgeben. Soweit zu diesem Punkt. Aber ich bin sicher, dass Madame Powell sich Notizen von Ihren Aussagen zu dieser Angelegenheit gemacht hat, und ich hoffe, dass die Einwanderungsbeamten oder die Polizisten in der Lage sein werden, Ihre Kreditkarten und den Rest Ihres persönlichen Eigentums aufzuspüren.

A: Ich danke Ihnen.

– Herr Laniado, die im Verlauf der heutigen Zulässigkeitsanhörung zusammengetragenen Beweise beruhen auf Ihrer alleinigen Aussage, die zuerst ergeben hat, dass Sie ein Bürger Israels sind, der am 7. Februar 1978 dort geboren wurde. Sie sind weder ein kanadischer Staatsbürger noch ein permanenter Bewohner von Kanada, und dies genügt mir, um zu der Schlussfolgerung zu gelangen, dass Sie kein Recht haben, in diesem Land zu bleiben. Sie haben ausgesagt, dass Sie am 23. März 2003 in Toronto kanadischen Boden betreten haben. Zu diesem Zeitpunkt erklärten Sie gegenüber der Einwanderungsbehörde am Port of Entry, dass Sie als Tourist einreisten. Sie haben auch während des Verlaufs der heutigen Zulässigkeitsanhörung erklärt, dass diese Tatsache der einzige Grund für war, dass Sie nach Kanada kamen. Als Sie danach gefragt wurden, haben Sie ausgesagt, dass dies für Sie der einzige Grund dafür war, nach Kanada zu kommen.

A: Ja, um zu reisen.

– Ja.

A: Ja.

– Sie wurden am 12. September 2003 festgenommen und Sie haben zugegeben, dass Sie in Kanada als Aufsichtsperson gearbeitet haben. Sie erhielten zwischen zwei bis drei oder dreitausendfünfhundert Dollar pro Monat, plus der Unkosten, die Ihnen bezahlt wurden. Die waren für Ihr Mobiltelefon, Ihre Unterkunft, Ihre Fahrzeuge, Benzin und all diese Dinge. Sie haben nie eine Arbeitserlaubnis beantragt oder eine solche bekommen. Sie haben ausgesagt, dass Sie vor Ihrer Reise nach Kanada eine Anzeige in einer Zeitung in Israel gesehen, und daraufhin jemanden angerufen haben, sich mit dieser Person in Tel Aviv trafen und mit ihr über die Arbeit sprachen. Und aufgrund Ihrer Qualifikationen wurde beschlossen, dass Sie nicht als Verkäufer von Tür zu Tür gehen, sondern stattdessen die Aufsicht über ein Team von Verkäufern übernehmen sollten. Und Sie begannen mit dieser Tätigkeit acht Wochen nach Ihrer Ankunft in Kanada. Unter Berücksichtigung der mir vorliegenden Beweise gelange ich zu der Auffassung, dass Sie, Herr Laniado, eine Person sind, wie sie im Paragraph 41(1)a) des Gesetzes in Bezug auf die Einreise nach Kanada und dem Schutz für Flüchtlinge beschrieben wird. Deshalb wird nach Abwägung aller Umstände entschieden, dass Sie ein ausländischer Staatsangehöriger sind, der durch eine Handlung oder eine Unterlassung, die unmittelbar oder mittelbar gegen die Bestimmungen des Gesetzes verstößt und die Voraussetzungen von § 30 Absatz (1) nicht erfüllt, was bedeutet, dass Sie nicht in Kanada einer Tätigkeit nachgehen dürfen, es sei denn, dass Sie im Rahmen des Gesetzes dazu autorisiert werden. Daneben gibt es eine weitere Beschuldigung, dass Sie sich nach Abwägung aller Umstände aufgrund einer falschen Aussage zu Unrecht in diesem Land aufhalten. Bei Ihrer Einreise erklärten Sie am Port of Entry gegenüber dem Einwanderungsbeamten, dass Sie hierher kamen, um sich das Land anzusehen. Und auf die Frage von Madame Powell erklärten Sie, dass dies der einzige Grund für Ihre Einreise war. Doch dabei ist zu berücksichtigen, dass Sie vor Beginn Ihrer Reise nach Kanada jemanden kontaktierten, der eine Anzeige in einer Zeitung platziert hatte, bei der es um eine Tätigkeit in

Kanada ging. Sie erkundigten sich nach den Einzelheiten der Tätigkeit, und Sie trafen sich sogar mit der Person, die Ihnen nach dem Gespräch die Tätigkeit einer Aufsichtsperson anbot, so dass Sie nicht von Tür zu Tür gehen mussten, um auf diese Weise die Bilder zu verkaufen. Daher glaube ich, dass einiges dafür spricht, dass Sie nicht nur nach Kanada kamen, um sich das Land anzusehen, sondern gleichzeitig vor, hier einer Tätigkeit nachzugehen. Vielleicht wollten Sie beides gleichzeitig tun. Doch Sie hatten auf jeden Fall die Absicht, hier zu arbeiten, denn Sie hatten bereits vorhatten Ihrer Ankunft in Kanada über die Art der Tätigkeitgesprochen. Daher stelle ich fest, dass nach Abwägung aller Umstände auch die zweite Beschuldigung als erwiesen anzusehen, ist und aus diesem Grund werde ich die Anordnung erteilen, Sie auszuweisen. Und dies bedeutet, dass Sie aus Kanada ausgewiesen werden. Sie werden aufgefordert das Land zu verlassen und es wird Ihnen für einen Zeitraum von zwei Jahren untersagt nach Kanada zurückzukehren.
A: Für zwei Jahre.
– Ja, zwei Jahre dürfen Sie nicht wieder in dieses Land. Wenn Sie dennoch zurückkommen wollen, können Sie dies innerhalb dieses Zeitraums von zwei Jahren tun, aber Sie benötigen dafür die schriftliche Zustimmung des kanadischen Einwanderungsminister, die Sie in jeder kanadischen Botschaft in jedem Land, wo Kanada eine diplomatische Vertretung hat, beantragen können:
A: Wann soll ich das Land verlassen?
– Die Einwanderungsbehörde wird Ihnen mitteilen, wie viel Zeit Sie haben werden um die notwendigen Vorkehrungen zu treffen und das Land zu verlassen. Gut, die heutige Anhörung ist damit beendet. Ich werde Ihnen den Beschluss zur Unterschrift vorlegen.

Die Protokolle der Anhörungen über die Abschiebung der Kunststudenten sind sehr aufschlussreich. Ehemalige und gebildete Mitglieder der israelischen Streitkräfte agierten auf eine Weise, als ob sie nie davon gehört hätten, dass sie gegen Gesetze verstoßen würden, wenn sie in einem anderen Land ohne die entsprechende Genehmigung einer

Tätigkeit nachgingen. Es gab Hinweise auf einen namentlich nicht bekannten »Chef«, der in den Vereinigten Staaten lebte und Inhaber der Firma war, die die Kunstverkäufe organisierte, und der alles tat, um nicht mit den Strafverfolgungsbehörden in Konflikt zu geraten. Vielleicht wussten die Kunststudenten in Kanada nicht, dass die Operation der Kunstverkäufe in Kanada den zwei Jahre zuvor in den Vereinigten Staaten durchgeführten Aktivitäten glich. Es gab ein gemeinsames Muster der Täuschung. In diesem Zusammenhang ist das Motto des *Mossad* im Hinblick auf seine Operationen im Ausland bemerkenswert, das da lautet: »Der Krieg wird mit den Mitteln der Täuschung geführt.«

Es gab einen interessanten Nachtrag zur Tätigkeit der israelischen Spione in den Vereinigten Staaten vor, während und nach dem 11. September. Im Dezember 2004 wurde berichtet, dass ein ehemaliger hochrangiger Beamter der amerikanischen Regierung als Kommentar zur Razzia des FBI in den Büros der AIPAC in Washington erklärte, dass das FBI im Jahr 2001 eine »umfangreiche« israelische Spionageoperation an der Ostküste, insbesondere in New York und New Jersey, aufgedeckt hätte.[19] Die Sicherheitsberaterin Condoleeza Rice und ihr Stellvertreter Stephen Hadley wurden kurz nach ihrer Amtsübernahme Anfang 2001 über die Ermittlungen des FBI hinsichtlich der israelischen Spionage in den Vereinigten Staaten informiert.[20] Eine vertrauliche Quelle aus dem Justizministerium räumte ein, dass es Justizminister John Ashcroft war, der eigenhändig die Einstellung der Ermittlungen in Bezug auf die israelischen Aktivitäten in den Monaten vor dem 11. September anordnete. Und diese Entscheidung sollte sich für die Tausenden von Menschen, die am 11. September umkamen, als verhängnisvoll erweisen.

19 Richard Sale, »FBI forciert die AIPAC-Untersuchung«, UPI, 9. Dezember 2004.

20 Richard. H. Curtiss, »Neue Spionageuntersuchung zu einem entscheidenden Zeitpunkt unterdrückt«, *Washington Report on Middle East Affairs,* November 2004, S.26-27.

Kapitel 9

Weitere unwiderlegbare Beweise der israelischen Beteiligung

Eine israelische »Kunststudentin«, die für ein Jahr in einem Kibbuz lebte und auch die britische Staatsbürgerschaft hatte, erzählte einer vertraulichen Quelle in London, dass sie in den Wochen vor dem 11. September »Kunst in Washington [D.C.] verkauft« hätte. Vor ihrer Ankunft in Washington besuchte sie in der Gegend von San Francisco ein College als »Kunststudentin«, aber sie bestritt, dass sie während ihres Aufenthaltes dort irgendwelche Bilder verkauft hätte. Sie berichtete überdies, dass sie vor dem 11. September auch einige Zeit in South Carolina verbracht hätte.

Aus dem durchgesickerten Bericht der Drogenvollzugsbehörde über die Aktivitäten der israelischen Kunststudenten vor den verhängnisvollen Terroranschlägen ging hervor, dass weibliche israelische Kunststudenten in Palo Alto und Fresno aktiv gewesen waren. Die britisch-israelische Kunststudentin sagte aus, dass sie sich am Morgen des 11. September direkt vor dem Pentagon befand. Sie gab zu Protokoll, dass sie nicht gesehen hätte, dass ein Flugzeug das Gebäude traf, aber sie sah nach der Explosion ein riesiges »Loch« in dem Gebäude. Die Kunststudentin erwähnte auch, dass sie am nächsten Tag, dem 12. September, am Times Square in New York gewesen wäre, um an einem Gedenkgottesdienst für die Opfer der Anschläge teilzunehmen. Sie sagte, dass sie über ein Flugticket verfügte, um am 12. September vom New Yorker John-F.-Kennedy-Airport abzufliegen, doch da alle Verkehrsmaschinen auf dem Boden bleiben mussten, musste sie einen anderen Weg finden, um das Land zu verlassen.

Die Kunststudentin erzählte, dass sie aus den Vereinigten Staaten ›rauskommen musste‹, denn sie hatte kein richtiges Visum, um dort weiter arbeiten zu dürfen. Nach ihren Angaben verließ sie die USA über die kanadische Grenze. Als sie danach gefragt wurde, warum sie so rasch nach dem 11. September das Land verließ, erklärte die Kunststudentin, dass »sie ausreisen musste, weil die Regierung der Vereinigten Staaten glaubte, dass Israelis in die Terroranschläge verwickelt seien.«

Später begann diese Kunststudentin in zwei Läden in London zu arbeiten, die vorwiegend Handtaschen für Frauen verkauften. Die Geschäfte befanden sich in den Stadtteilen Notting Hill und Camden, einer Gegend, wo viele Menschen aus Pakistan, Afghanistan und anderen arabischen Ländern wohnen.

Am 31. Dezember 2008 wurden zwei Israelis, die in einem kleinen Laden für Haarprodukte in der Rosengaard Mall auf der Insel Fünen in Odense in Dänemark arbeiteten, von einem dänischen Attentäter angeschossen und leicht verwundet. Der Attentäter war im Libanon geboren, und palästinensischer Herkunft. Einem der Israelis gehörte der Laden, in dem Haar- und Hautpflegeprodukte vom Toten Meer verkauft wurden. Dies war eine der üblichen Tarnfirmen für israelische Geheimdienstoperationen. Anscheinend hatten die Aktivitäten der Israelis wenige Tage vor dem Anschlag die Aufmerksamkeit einiger im Nahen Osten geborener Jugendliche auf sich gezogen. Zunächst begannen die jungen Leute, die beiden Israelis zu belästigen. Es gab Berichte, denen zufolge die dänischen Sicherheitskräfte und der Geheimdienst des Landes von der Polizei in Odensee über die Auseinandersetzungen der arabischen Jugendlichen mit den Israelis informiert worden waren. Die beiden Israelis, beide noch keine 30 Jahre alt, waren erst seit etwa einer Woche in Dänemark.

Der israelische Geschäftsträger Dan Oryan meinte, dass es sehr beunruhigend sei, dass die beiden Israelis nur deswegen zum Ziel wurden, weil sie Israelis waren. Oryans Reaktion entsprach den üblichen israelischen Dementis, um zu verschleiern, dass ihre jungen Staatsangehörigen geheimdienstliche Operationen durchführten, während sie sich als Kunststudenten, Verkäufer in Einkaufszentren und Angestellte von Umzugsfirmen ausgaben.

Die NSA und andere Nachrichtendienste der Vereinigten Staaten hatten davor gewarnt, dass israelische Geschäfte in den großen Einkaufszentren vermeintliche Tarnfirmen des israelischen Geheimdienstes wären. Doch vom Büro des Immigration und Customs Enforcement (ICE) [Polizei und Zollbehörde] des amerikanischen

Heimatschutzministeriums unter dem damaligen Minister Michael Chertoff wurden nur jene Israelis, die illegal mit Touristenvisa arbeiteten, des Landes verwiesen. Keiner von ihnen wurde jemals der Spionage oder anderer Staatsverbrechen bezichtigt.

Der israelische Staatsbürger Ohad Cohen bereiste im Jahr 2004 mehrfach die Vereinigten Staaten, um Geschäfte zu führen und Israelis zu beaufsichtigen, die alle illegal im Lande arbeiten. Die Geschäfte befanden sich in zwei großen Einkaufszentren, der Oakview Mall in Omaha und in der Gateway Westfield Mall in Lincoln in Nebraska. Neun Israelis wurden festgenommen, und sie alle wurden ohne ein Gerichtsverfahren des Landes verwiesen. Cohen verlor mehr als 35.000 Dollar, die er durch die Geschäfte in Nebraska erzielt hatte. Im Dezember 2004 verhafteten FBI und ICE 15 Israelis in verschiedenen Geschäften in den Einkaufszentren von Minnesota, die illegal Computerspiele kopiert hatten. Yonatan Cohen wurde beschuldigt, gegen das Urheberrecht verstoßen zu haben. Im Jahre 2004 nahmen Agenten der ICE drei Israelis fest, die in einem Geschäft in einem Einkaufszentrum in Grand Forks in North Dakota tätig waren. In Grand Forks und Omaha befinden sich wichtige Stützpunkte der amerikanischen Luftwaffe.

Bereits ein paar Jahre zuvor, am 31. Oktober 2001, wurden neun Israelis von Agenten des *Immigration and Naturalization Service* in Haft genommen, die in einem kleinen Laden in einem Einkaufszentrum von Toledo in Ohio arbeiteten. Sie verkauften dort israelische Spielzeughubschrauber, die den Namen »Zoom Copter« trugen. Sieben Israelis wurden später wieder freigelassen, aber zwei von ihnen wurden als Fälle von »speziellem Interesse« bei einer Untersuchung der Strafverfolgungsbehörden im Zusammenhang mit terroristische Aktivitäten und den Angriffen vom 11. September eingestuft. Hani und Behr berichteten der Nachrichtenagentur *Associated Press,* dass die FBI-Agenten sie gefragt hätten, ob sie Spione der israelischen Regierung wären. Die Beamten des FBI stellten den Israelis auch detaillierte Fragen über ihren israelischen Wehrdienst. Mark Regev, der damalige Sprecher der israelischen Botschaft in Washington und später in gleicher Funktion für das israelische Außenministerium in Jerusalem tätig, bestritt nachdrücklich, dass die in den Vereinigten Staaten festgenommenen Israelis als Spione tätig wären.

Nach dem 11. September wurden etwa dreißig Israelis in St. Louis, Kansas City und Columbia in Missouri verhaftet, weil sie sich illegal in den Vereinigten Staaten aufhielten. In Kalifornien wurden weitere Israelis verhaftet, die ebenfalls in kleineren Geschäften arbeiteten. Die Israelis erklärten, dass sie von einem Unternehmen in Miami Beach namens Quality Sales angeheuert worden waren, um in den Läden der Einkaufszentren von Missouri als Verkäufer zu arbeiten.[1]

Im Jahr 2011 gab der britische Geheimdienst bekannt, was er über die Verwicklung des *Mossad* in die Terroranschläge vom 11. September wusste. Es wurde bekannt, dass der britische Geheimdienst im Februar 2002 einen Bericht vorbereitete, in dem behauptet wurde, dass der *Mossad* die Zellen jener arabischen Entführer geführt hätte, die später von der 9/11-Kommission der amerikanischen Regierung für die Durchführung der Angriffe auf das World Trade Center und auf das Pentagon verantwortlich gemacht wurden. Die Details des britischen Spionageberichts wurden laut britischer Nachrichtenquellen von der Regierung des damaligen Premierministers Tony Blair unterdrückt. Dennoch wurden bekannt, dass eine aus sechs in Ägypten und im Jemen geborenen Juden bestehende Einheit des *Mossad* in den Monaten vor dem 11. September die »Al-Qaida«-Zellen in Hamburg (die Atta-Mamoun-Darkanzali-Zelle) im südlichen Florida und in Schardscha in den Vereinigten Arabischen Emiraten unterwandert hätte. Der *Mossad* infiltrierte nicht nur die Zellen, sondern begann auch damit, sie zu führen und ihnen genaue Anweisungen zu geben,

1 »Operationsweise des *Mossad* enthüllt. Von Kunststudenten zu Verkäufern«, *WayneMadsenReport,* 5. Januar 2009.

die schließlich dazu führten, dass sie bei den geplanten Linienflügen an Bord jener Passagiermaschinen dabei waren, die am 11. September von Boston, Washington Dulles und Newark, New Jersey, starteten.

Das Infiltrationsteam des *Mossad* bestand aus sechs Israelis, jeweils zwei Zellen aus drei Agenten, die alle eine Spezialausbildung auf einem Stützpunkt des *Mossad* in der Negev-Wüste für die geplante Kontrolle und Führung der »Al-Qaida«-Zellen erhalten hatten. Eine der Zellen reiste nach Amsterdam, wo sie der operativen Kontrolle durch die europäische Zentrale des *Mossad* unterstand, die sich im Gebäude der israelischen Fluggesellschaft *El Al* am internationalen Flughafen Schiphol befindet. Die aus drei Männern bestehende Einheit des *Mossad* reiste dann nach Hamburg und nahm Kontakt mit Mohammed Atta auf. Atta glaubte, dass sie von Osama Bin Laden geschickt worden sei. Tatsächlich wurde sie von Ephraim Halevy, dem Direktor des *Mossad*, entsandt.

Das zweite, aus drei Männern, bestehende Team des *Mossad* flog nach New York und von dort weiter in das südliche Florida, wo es damit begann, die »Al-Qaida«-Zellen zu führen, die von Hollywood, Miami, Vero Beach, Delary Beach und West Palm Beach aus tätig waren. Israelische »Kunststudenten«, gegen die die Bundesbehörden bereits wegen des Auskundschaftens von Bürogebäuden und Privathäusern ermittelten, hatten ganz in der Nähe der Zellen der künftigen arabischen Attentäter, insbesondere in Hollywood und Vero Beach, gewohnt. Ihre Aktivitäten, darunter auch ihre Flugausbildung, wurde sorgsam überwacht.

Im August 2001 flog das erste *Mossad*-Team mit Atta und anderen Mitgliedern der Hamburger »Al-Qaida«-Zelle nach Boston. Die Sicherheitsmaßnahmen am Internationalen Flughafen Logan wurden von der Firma *Huntleigh USA* betreut. Sie gehörte einem israelischen Unternehmen für Flughafensicherheit namens *International Consultants on Targeted Security* (ICTS), das eng mit dem *Mossad* zusammen arbeitete. Die Eigentümer von ICTS standen politisch mit der

Likud Partei, insbesondere der Netanyahu-Gruppe und dem damaligen Bürgermeister von Jerusalem und späteren Ministerpräsidenten Ehud Olmert in Verbindung. Es war Olmert, der sich persönlich beim New Yorker Bürgermeister Rudolph Giuliani für die Entlassung von fünf Angestellten der Firma *Urban Moving Systems* aus dem Gefängnis einsetzte, die von den Agenten der CIA und des FBI als *Mossad*-Agenten identifiziert worden waren. Die Israelis waren die einzigen Personen, die am 11. September unter dem Verdacht, an den Anschlägen auf das World Trade Center beteiligt gewesen zu sein, festgenommen wurden.

Die zwei *Mossad* Teams schickten regelmäßig verschlüsselte Berichte über den Fortschritt der Operation des 11. Septembers über die israelische Botschaft in Washington nach Tel Aviv. Laut einer Quelle des Pentagon waren am 10. September führende Vertreter der amerikanischen Medien in der israelischen Botschaft, um ihre geplanten Aktionen in den Medien in den folgenden Tagen und Wochen nach den Anschlägen zu koordinieren. Der Zweck bestand darin, die Verantwortung für die Geschehnisse vom 11. September den arabischen Entführern, Osama Bin Laden und den Taliban in die Schuhe zu schieben. Es ist mehr als wahrscheinlich, dass die Spionageabwehragenten des FBI, die die israelische Botschaft überwachten, von der Gegenwart der Amerikaner am 10. September wussten. Einige dieser Amerikaner waren den Zuschauern der amerikanischen Nachrichtensender gut bekannt.

Mitte August berichtete das *Mossad*-Team, das die Hamburger Zelle in Boston dirigierte, nach Tel Aviv, dass die endgültigen Planungen für den 11. September abgeschlossen wären. Die *Mossad*-Zelle in Florida teilte mit, dass die »Anwesenheit« der arabischen Entführer in den Flugschulen von Florida bestätigt worden sei. Die beiden *Mossad*-Zellen vermieden bei ihren verschlüsselten Nachrichten nach Tel Aviv sorgsam jede Erwähnung des World Trade Centers oder von Zielen in Washington, D.C. Halevy versuchte die

Spuren zu verwischen, indem er die CIA vor einer »allgemeinen Bedrohung« durch einen Angriff arabischer Terroristen auf ein Atomkraftwerk irgendwo an der Ostküste der Vereinigten Staaten warnte. CIA-Direktor George Tenet tat die Warnung Halevys als »zu ungenau« ab. Das FBI, das damals noch von Louis Freeh geführt wurde, erhielt ebenfalls die »ungenaue« Warnung vor einem möglichen Anschlag auf eine Nuklearanlage und verbreitete die Information in ihren routinemäßigen Bulletins an die Außenstellen, aber es wurde keine erhöhte Alarmstufe angeordnet.

Der Mangel an schriftlichen Beweisen, die auf »al-Qaida« als die Verantwortlichen der Anschläge vom 11. September sowie ihre Verbindung zu den Agenten des *Mossad* hinwiesen, beschäftigte das FBI. Am 19. April 2002 erklärte der FBI-Direktor Robert Mueller während einer Rede im Commonwealth Club in San Francisco: »Im Laufe unserer Untersuchung haben wir kein einziges Stück Papier gefunden – weder hier in den Vereinigten Staaten noch in Afghanistan und an anderen Orten –, das irgendwelche Informationen im Zusammenhang mit den Anschlagspläne vom 11. September geliefert hätte.«[2]

Die beiden *Mossad*-Teams für die Infiltration und Kontrolle der »Al-Qaida«-Mitglieder trafen auch Vorkehrungen für die rasche Ausreise der *Mossad*-Agenten aus den Vereinigten Staaten nach den Terroranschlägen. Zwei Informanten der *El Al*, die für die israelische Fluggesellschaft am New Yorker John-F.-Kennedy-Flughafen arbeiteten, berichteten vertraulich, dass am 11. September, einige Stunden nachdem die Bundesluftfahrtbehörde für alle zivilen Verkehrsflugzeuge in den Vereinigten Staaten ein Start- und Landeverbot verfügt hatte, eine vollbesetzte Boeing 747 der *El Al* vom JFK in Richtung des internationalen Flughafens Ben Gurion in Tel Aviv startete. Die beiden Angestellten der *El Al* waren keine israelischen Staatsangehörigen, sondern legale Immigranten aus Ecuador, die in den Vereinigten

2 Eric Lichtblau und Josh Meyer, »Amerikanische Ermittler verfügen über keine Details der Pläne vom 11. September«, *Los Angeles Times*, 30. April 2002.

Staaten für die Fluggesellschaft arbeiteten. Die Maschine hob um 16:11 Uhr vom Flughafen JFK ab. Ihr Start war laut Aussagen der Quellen der El Al, durch die direkte Intervention des amerikanischen Verteidigungsministeriums genehmigt worden. Vertreter der amerikanischen Streitkräfte waren vor Ort am Flughafen und sprachen persönlich mit der Flughafen- und der Flugsicherheitsbehörde, um für den Start der Maschine zu sorgen. Doch nach dem Bericht der 9/11-Kommission hatte der Verkehrsminister Norman Mineta am 11. September um 9:45 Uhr angeordnet, dass alle zivilen Maschinen auf dem Boden bleiben mussten. Die Quellen des britischen Geheimdienstes hatten mitgeteilt, dass das sechsköpfige *Mossad*-Team an Bord der Boeing 747 war. Auf der Passagierliste der *El Al* wurden sie als Angestellte der Fluggesellschaft aufgeführt.

Der Ablauf der Ereignisse

Am 23. Oktober erklärte sich der 21 jährige Yechezkel Wells, der sowohl die amerikanische als auch die israelische Staatsbürgerschaft besaß, schuldig, am 26. August 2006 durch einen Anruf von einem

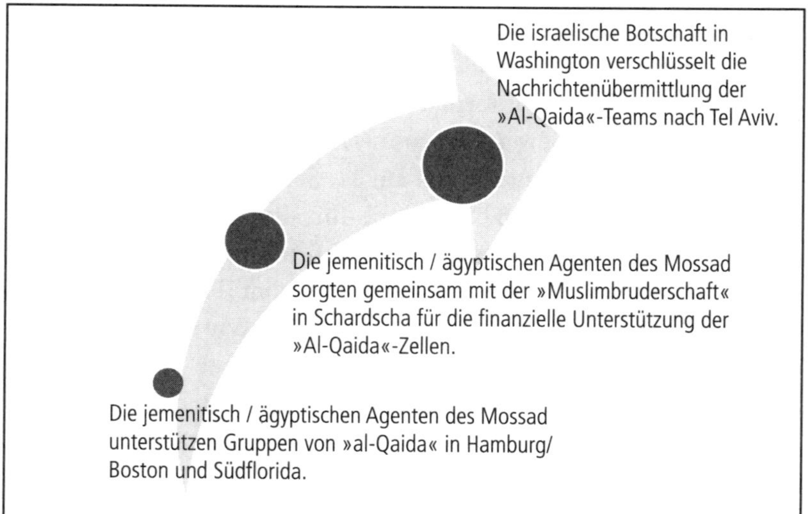

Münztelefon in der Notrufzentrale des Flughafens in Long Beach, Kalifornien aus eine falsche Bombendrohung durchgegeben zu haben. Wells behauptete, dass er angerufen hatte, weil er sich für seinen Flug verspätet hatte, und auf diese Weise hoffte, den Start des Flugzeuges zu verzögern. In seinem Telefonat hatte Wells behauptet, dass sich in der Maschine der Fluggesellschaft *Jet Blue*, die von Long Beach nach Fort Lauderdale, Florida fliegen sollte, eine Bombe befände. Der Start der Maschine von *Fort Blue* verzögerte sich so um eine Stunde.

Man wusste nur wenig über Wells. Er erklärte, dass er Student sei, aber es lagen keine Angaben vor, welche Hochschule er besuchte. Die von ihm besuchte Bildungsstätte war angeblich die *Talmudic University* in Miami Beach. Wells erklärte sich in dem Anklagepunkt schuldig, eine falsche Information in Bezug auf die mögliche Gefährdung eines Flugzeuges verbreitet zu haben. Wells musste mit einer fünfjährigen Gefängnis- oder Bewährungsstrafe rechnen. Am 25. Oktober 2006 erläuterte der Autor, wenn »so wie in der Vergangenheit vorgegangen wird, dann können wir erwarten, dass die Regierung Bush der Bewährungsstrafe für Wells im Ausgleich für seine Ausweisung nach Israel zustimmen wird, so wie Hunderte anderer Agenten des *Mossad*, Shin Bet, Sayeret Matkal und der LAP, die bei terroristischen und psychologischen Operationen unter falscher Flagge in den Vereinigten Staaten vor, während und nach den Anschlägen vom 11. September erwischt wurden, weiter ihrem Gewerbe der Täuschung nachgehen können.«

Am 29. Januar wurde Wells in Los Angeles zu einer Bewährungsstrafe verurteilt, jedoch nicht nach Israel ausgewiesen. Stattdessen verurteilte ihn die amerikanische Amtsrichterin Florenz-Marie Cooper zu sechs Monaten Hausarrest, wo er eine elektronische Fußfessel tragen musste, einer Geldstrafe von 1000 Dollar, 200 Stunden Sozialdienst und zwei Jahren auf Bewährung.

Wells handelte nicht allein. Eine eidesstattliche Versicherung des FBI-Agenten David Gates enthüllte, dass Wells nach der Bombendrohung zusammen mit drei Freunden vom FBI festgenommen worden war. Die anderen drei Personen wurden nach ihrer Befragung wieder freigelassen. Die Mutter von Wells, Tziporah Wells, reiste aus Israel an, um bei der Urteilsverkündigung anwesend zu sein. Die *Los Angeles Times* berichtete, dass sich Frau Wells die Ohren zuhielt, als die Richterin Wells das Verhalten ihres Sohnes auf das Schärfste missbilligte.

Bei seinen Vernehmungen präsentierte Wells eine Geschichte nach der anderen. Dem Abfertigungsbeamten am Schalter der Fluggesellschaft *Jet Blue* hatte er gesagt, er müsste nach Miami, um am nächsten Tag an der Beerdigung seines Bruders teilzunehmen. Als er nicht mehr an Bord gelassen wurde, weil er zu spät zur Abfertigung erschienen war, rief er an und drohte mit der Explosion einer Bombe an Bord der Maschine. Seinem Anwalt Donald Etra sagte Wells, dass er wegen einer Hochzeit in Los Angeles sei. Die geringe Strafe für Wells war das Resultat der nicht sehr schwerwiegenden Anklagepunkte durch den stellvertretenden Generalstaatsanwalts Donald F. Gaffney. Etra war Yale-Absolvent des Jahres 1968, ein Klassenkamerad von George W. Bush, und ebenso wie dieser Mitglied der Skull & and Bones [eine Studentenverbindung der Yale Universität] und Direktor der *Russell Trust Association*. Außerdem wurde er von Bush in den U.S. Holocaust Memorial Council berufen. Bush und die First Lady Laura Bush waren Gäste bei Etras Hochzeit im Jahre 1985, und er und seiner Familie wurden auch ins Weiße Haus eingeladen. Überdies unterstützte Etra auch den Wahlkampf von Bush und Cheney im Jahr 2000.

Man behandelte Wells sehr nachsichtig im Vergleich mit dem kanadischem Staatsbürger Maher Arar, der im Jahr 2002 von den amerikanischen Behörden in New York zu Unrecht auf dem JFK Flughafen verhaftet wurde, als er sich im Transitbereich auf seiner Reise aus dem Ausland zurück nach Kanada befand. Obwohl er im Hinblick auf die gegen ihn vorgebrachten Anschuldigungen unschuldig war, wurde Arar nach Syrien gebracht, wo er 10 Monate lang gefoltert und dazu gezwungen wurde, falsche Geständnisse abzulegen. Kanada hat die Unschuld von Arar eingeräumt, sich bei ihm entschuldigt und beabsichtigt, ihn finanziell zu entschädigen. Von Seiten der USA steht Arar noch immer auf einer Liste der No-Fly Personen und möglicher Terroristen. Sie hat sich geweigert, sich bei ihm zu entschuldigen, wie es Kanada gefordert hat. Arar´s einziges Verbrechen bestand darin, dass er Araber war. Wells dagegen entkam einer angemessenen Bestrafung, weil er Israeli war.[3]

Ein weiterer Vorfall betraf einen israelischen Kunststudenten, der im Büro eines Ermittlers spionierte, der den mysteriösen Tod des mazedonischen Präsidenten Boris Trajkovski am 26. Februar 2004 untersuchte. Die Beechcraft King Air 200 Trajkovskis war in der Nähe von Stolac im südlichen Bosnien und Herzegowina abgestürzt, als er auf dem Weg zu einer Konferenz von Investoren in Mostar war.

Nach dem Absturz der Maschine traf sich der amerikanische Botschafter in Mazedonien, Lawrence Butler, eilends mit Nikolai Gruevski, dem Finanzminister in der VMRO-DPMNE-Regierung. Obwohl der methodistische Laienprediger Trajkovski auch der VMRO-DPMNE-Partei angehörte, schien er für die internationalen Forderungen nach der Privatisierung staatlicher Firmen in Mazedonien wenig Verständnis zu haben.

Nachdem Trajkovski und seine Begleiter bei dem Flugzeugabsturz getötet worden waren, beklagten sich die mazedonischen und bosnischen Behörden darüber, dass die Untersuchung der NATO über die Ursache des Absturzes hinter verschlossenen Türen geführt wurde, und man die Luftfahrtbehörden der beiden Länder nicht informierte. Viele mazedonische Beamte waren dagegen, den Vereinigten Staaten zu gestatten, den Vorfall zu untersuchen, und es war unklar, wer Zugang zu den beiden Flugschreibern an Bord der Maschine von Traj-

3 31. Januar 2000, »Eine telefonische Bombendrohung endet mit einer Bewährungsstrafe,« *WayneMadsenReport.com*

kovski hatte. Die ersten, die am Absturzort eintrafen, waren die in Bosnien stationierten NATO-Truppen.

Im April 2004 gewann der amerikafreundliche Crvenkovski die mazedonischen Präsidentschaftswahlen. Vertreter der VMRO-DPMNE behaupteten, dass es bei der Wahl zu massiven Wahlfälschungen gekommen sei, und weigerten sich, die Wahlergebnisse zu akzeptieren. Obwohl für den Unfall der King Air 200 dichter Nebel verantwortlich gemacht wurde, berichtete die chinesische Nachrichtenagentur *Xinhua* am 27. Februar 2004 von einem ganz anderen Szenario, das eher auf einen terroristischen Anschlag hindeutet:

»Eine verdächtigte Explosion ereignete sich an Bord, kurz bevor die mazedonische Präsidentenmaschine vom Radar verschwand und abstürzte«, verkündete ein lokaler bulgarischer Radiosender am Donnerstag. Der Bericht zitierte Sasho Yordanovski, den Chefredakteur der mazedonischen Zeitschrift Forum. *Dieser erklärte, dass es zwei mögliche Ursachen für den tragischen Vorfall gab, der zum Tod des mazedonischen Präsidenten und weiterer acht Menschen geführt hatte. Möglicherweise war der Absturz am frühen Donnerstag auf die schlechten Wetterbedingungen in dem Gebiet zurückzuführen. Vielleicht war es aber auch ein technischer Defekt, der die 25 Jahre alte Maschine zum Absturz brachte … Neben dem Präsidenten kamen seine Berater Dimka Ilkova Boshkovic, Risto Blazhevski und Anita Lozanovska, der Beamte des Außenministeriums Mile Krastevski, die zwei Leibwächter Atse Bozhinovski und Borsi Velinov sowie die beiden Piloten Marko Markovski und Branko Ivanovski ums Leben.*

Der Autor erfuhr, dass eine unabhängige Firma, die beauftragt worden war, den Absturz zu untersuchen, nicht in der Lage war, ihre Ermittlungen durchzuführen, weil ihr privater Ermittler Todesdrohungen erhielt, als er auf den Balkan reiste, um mit seiner Untersuchung zu beginnen. Außerdem tauchte ein junger israelischer »Kunststudent« in der amerikanischen Niederlassung der Untersuchungsfirma auf und gab vor, Kunstskizzen verkaufen zu wollen. Ohne dazu eingeladen worden zu sein, betrat der Israeli in arroganter Manier drei Büroräume in dem Gebäude. Als er von einem der Angestellten dort gefragt wurde, was er denn wollte, verließ er rasch das Gelände. Keine anderen Büros in der Umgebung erhielten einen Besuch von jenem Kunststudenten. Später wurde zudem entdeckt, dass die Überwachungskamera des Büros von einem Einbrecher außer Betrieb gesetzt worden war.

Einen weiteren Aspekt im Zusammenhang mit den Spionageaktivitäten in den Monaten vor dem 11. September, in die israelische Kunststudenten verwickelt waren, zeigt der folgende Bericht der Drogenvollzugsbehörde (DEA) über die Beteiligung israelischer Sicherheitsberater an dem Staatsstreich in Honduras:

Tegucigalpa Bezirksbüro
170. Am 28. Februar 2001 versuchte ein Paar, am Amtssitz des Attachés des Bezirks Tegucigalpa Kunst zu verkaufen. Seine Nachbarn berichteten dem Attaché, dass ein Mann und eine Frau in einem roten Auto versucht hatten, seine Tür zu öffnen. Die Nachbarn fragten das Paar, was sie hier wollten und erzählten ihnen, dass niemand zu Hause sei. Das Paar verließ den Ort. Es gab keinerlei Hinweise auf ihre Identität.

Einige Spionageabwehragenten des FBI wissen nur zu genau, dass die Israelis, die mit Touristenvisa in die Vereinigten Staaten einreisen, als Kunststudenten, Möbelpacker und Verkäufer in den großen Einkaufszentren auftreten und so ihre wahren Absichten tarnen, eine erhebliche Gefahr für die nationale Sicherheit darstellen. Doch die Agenten des FBI sind sich auch darüber klar, dass jede Aktion gegen israelische Agenten durch den Einfluss der allzu mächtigen Pro-Israel-Lobby in den USA sehr schnell zum Ende der eigenen Karriere führen kann.[4]

4 10.–13. Juli 2009, »Israelische Kunststudenten tauchen zu interessanten Zeitpunkten auf«, *WayneMadsenReport.com*

Am 25. Januar 2010 veröffentlichte das amerikanische Außenministerium einen ausführlichen Bericht über die Operationen israelischer Verkäufer in Einkaufszentren überall in den Vereinigten Staaten. Obwohl in diesem Bericht, der in Teilen von *WikiLeaks* veröffentlicht wurde, nicht die Verbindungen dieser israelischen Verkäufer zu israelischen Geheimdienstoperationen in den USA erwähnt wurden, liefert er gleichwohl einen interessanten Einblick in die Verbindungen der Verkäufer zu Geldwäsche, organisiertem Verbrechen und Visavergehen.

Die amerikanische Botschaft in Tel Aviv empfahl, keinem Israeli, der gerade seinen Wehrdienst beendet hat, ein Visum für die Einreise in die Vereinigten Staaten auszustellen. Die meisten Israelis, die in Einkaufszentren arbeiteten, hatten erst vor kurzem ihren obligatorischen Dienst bei den Streitkräften beendet. In zahlreichen amerikanischen Geheimdienstberichten wurde vermerkt, dass unter diesen Verkäufern viele Sprengstoff-, Geheimdienst- und Spionageexperten waren.

Die Ladenverkäufer waren auch in Kanada aktiv, wie aus diesem *CBC*-Bericht vom 22. Dezember 2010 hervorgeht.

Ein Mann, der angeklagt wurde, illegale Arbeiter nach Halifax gebracht zu haben, darf bis zu seinem nächsten Gerichtstermin in Toronto bleiben.
Iftash Jacob wurde am Donnerstag aus der Haft entlassen, nachdem er seinen Reisepass abgegeben und eine Kaution in Höhe von 7500 Dollar hinterlegt hatte.
Er muss sich jede Woche bei der Canada Border Services Agency [eine kanadische Behörde, die für den Grenzübergang, Einwanderungskontrollen und Zollkontrollen zuständig ist] melden und im Februar vor dem Provinzgericht in Halifax erscheinen, um ein Gesuch einzureichen.
Jacob und neun weitere Personen – alle aus Israel – wurden am Mittwoch bei der Durchsuchung eines Hauses in Halifax und diverser Läden in drei Einkaufszentren der Region festgenommen.
Beamte des Border Services verhafteten am Donnerstag eine 11. Person außerhalb eines Gerichtsgebäudes.

Acht Personen – zwei Frauen und sechs Männer – wurden am Mittwoch für schuldig befunden, ohne Genehmigung in Kanada gearbeitet zu haben. Jeder von ihnen musste eine Geldstrafe in Höhe von 1000 Dollar zahlen. Sie dürfen im Land bleiben, aber nicht hier arbeiten.[5]

Die Zusammenfassung des Telegramms des amerikanischen Außenministeriums über die verdächtigen israelischen Ladenverkäufer lautet wie folgt:

ID 10 TELAVIV 140
THEMA KOSMETIKA UND HAUTPFLEGEPRODUKTE VOM TOTEN MEER BETRUG
DATUM 25.01.2010 00:00:00
KLASSIFIZIERUNG: KEINE GEHEIMHALTUNGSSTUFE
NUR FÜR DEN DIENSTGEBRAUCH
ABSENDER BOTSCHAFT TEL AVIV
1. (SBU) ZUSAMMENFASSUNG: Tel Aviv hat seit 2007 den Visumbetrug durch die amerikanische Firma für Kosmetik- und Hautpflegeprodukte vom Totem Meer untersucht, der seit diesem Zeitpunkt zu einem echten Problem wurde. Seit dem September 2008 war dieser Betrug einer der Schwerpunkte der Fraud Prevention Unit *(FPU) [Betrugsdezernats] und des* Assistant Regional Security Officer-Investigators *(ARSO-I) [des stellvertretenden regionalen Sicherheitsermittlers]. Seitdem hat Tel Aviv eine Menge über diese Branche, die Millionen Dollar im Jahr umsetzt, und ihre betrügerischen Aktivitäten erfahren. Von besonderem Interesse ist, dass die meisten Arbeiter in diesem Wirtschaftszweig Israelis sind, ob sie nun Personen mit einem B1B2 Visum, LPRs sind oder sowohl die amerikanische als auch die israelische Staatsbürgerschaft. Die wichtigsten Unternehmen haben uns mitgeteilt, dass sie es vorziehen, Israelis statt Amerikaner einzustellen. In letzter Zeit hat die Branche ihre Marketingerfahrungen genutzt, um ihre Produkte über Läden zu verkaufen und*

5 »Angeklagter Anführer illegaler Arbeiter vor Gericht«, *CBC*, 22. Dezember 2010.

in ähnlichen Bereiche zu expandieren: Haarverstärkungen, Haarverlängerungen, Haarschmuck und ähnliches sowie andere Sorten von Kosmetika, Parfüms, Kissen, Spielzeuge und sogar gebrannte Mandeln. Die Unternehmen vom Toten Meer haben sich über mehr als 36 Staaten ausgebreitet. Sie ist besonders in den Vereinigten Staaten stark vertreten. Darüber hinaus ist sie auch in Ländern wie Australien, Neuseeland, dem Vereinigten Königreich und Deutschland vertreten. Leider ist ihre Präsenz in den USA nicht ganz »sauber«. So ist bekannt, dass sie Personen mit einem Visum der Klassifizierung B1B2 beschäftigt; illegale Arbeiter werden ausgebeutet; es werden keine Bundessteuern oder Kommunalabgaben vom Einkommen der Arbeiter gezahlt; Erweiterungen bzw. Änderungen des Status als Mittel der kontinuierlich illegalen Arbeit; vorgetäuschte Eheschließungen, um eine Aufenthaltsgenehmigung für die wichtigsten Mitarbeiter in den Vereinigten Staaten zu gewährleisten; B1 statt H3 und H3-Visabetrügereien; undurchsichtige Unternehmensstrukturen bei der Beschäftigung illegaler Arbeiter und der Transfer riesiger Bargeldsummen nach Israel deuten auf organisiertes Verbrechen und Geldwäsche hin; ebenso wie eine zunehmende Zahl von Immobilieninvestitionen. Für Israelis, die gerade ihren Wehrdienst abgeschlossen haben, ist es nicht ungewöhnlich, illegal in den Vereinigten Staaten zu arbeiten. Bei den wichtigsten Industrieunternehmen vom Toten Meer ist es durchaus üblich, Arbeiter illegal zu beschäftigen.

Diese Fragen und andere wichtige Angelegenheiten werden in diesem ausführlichen Telegramm behandelt. Es steht außer Zweifel, dass all diese Dinge große Auswirkungen haben. Abgesehen von den strafbaren Aspekten dieses Betrugs hat es zur Folge, dass Visaanträge von Personen, die gerade ihren Wehrdienst in Israel beendet haben, annulliert oder abgelehnt werden und das Bestreben Israels, ein Abkommen zur Visabefreiung mit den Vereinigten Staaten zu erreichen, erschwert wird. Weitere Kontaktinformation für Leser, die E-Mail-Aktualisierungen erhalten möchten, finden sich am Ende dieses Telegramms.
ENDE DER ZUSAMMENFASSUNG

2. (SBU) Die bekannten (in Israel ansässigen) B1H3 Antragsteller sind: STS (der größte Antragsteller mit mehreren TECS Datensätzen), AK Global Investments und Management LLC, KIT, Gaya Inc, Global Spa LTD, Ela Marketing LLC, Tal Yosifun LTD, JNS Global Israel LTD, Sol Enterprise Israel LTD, Market Trade LTD, Mor Universal Management Consultants und Global Market Trade LTD (die ehemalige JG Cosmetics LTD). [Anmerkung: Gaya Inc und Sol Enterprise Israel LTD geben Privatwohnungen als Geschäftsadressen an.]

(SBU) Die uns bekannten US-Pendants zu den oben genannten israelischen Gesellschaften sind:

A&B United, Coral Cosmetics, E-Marketing, Enias Beauty, Everesteam, Feel Free LLC, Gill Cosmetics, Gizbo Trading, JNS Global, Lali Beauty (alias Cart Planet), Libra LLC, LMD 4 Florida, Lucidity Enterprises, Mall Security Enterprises, MDS, Micaella, Nine DEC, Sound Creation, Spa to Go (MI), Stanga and Suns Inc.

3. Die Unternehmen des Toten Meers und das organisierte Verbrechen (SBU) Das organisierte Verbrechen in den Wirtschaftsunternehmen des Toten Meeres ist ein ziemliches Problem. Tel Aviv hat ständig Informationen darüber erhalten, dass angeblich große Geldsummen zwischen den Vereinigten Staaten und Israel gewaschen und transportiert werden. Aufgrund der Höhe dieser Geldsummen hat Tel Aviv bereits seit langem den Verdacht, dass es eine Verbindung zwischen den Unternehmen des Toten Meeres und dem organisierten Verbrechen gibt. Anfang Dezember erhielt FPU eine E-Mail eines Informanten, der behauptete, er habe erfahren, dass eines der großen Unternehmen vom Toten Meer Verbindungen zum organisierten Verbrechen habe. ARSO-I und FPU haben diesen Informanten anschließend näher befragt. In dem Bericht von ARSO-I über dieses Gespräch heißt es: »Der INFORMANT erklärt, dass er im Besitz von Festplatten mit all den Konten des Unternehmens sei, die die Überweisungen der Geldsummen und den Transport des ge-

schmuggelten Bargeld aus den USA nach Israel nachweisen. Zudem habe er umfangreiche Kenntnisse von den angeblichen illegalen Aktivitäten wie der Beschäftigung von illegalen Arbeitern, Drogenschmuggel, Geldwäsche, Einschüchterung, Drohungen, Erpressung und Steuerhinterziehung. Der INFORMANT behauptete auch, dass diese Gesellschaft angeblich zu einer größeren Verbrecherorganisation in Israel gehört, die das Leben des INFORMANTEN bedroht, Geld vom INFORMANTEN erpresst und Personen entsandt hat, um den INFORMANTEN zu töten.« Aufgrund der andauernden strafrechtlichen Ermittlungen in den Vereinigten Staaten können im Augenblick keine zusätzlichen Einzelheiten dargelegt werden.

46. (SBU) Unser Verdacht erhält zusätzliche Glaubwürdigkeit durch die Verhaftungen in diesem Sommer in Japan, wo das organisierte Verbrechen die Geschäfte junger Israelis nutzte, um die Erlöse zu waschen, die aus dem Drogenschmuggel und durch Immobiliengeschäfte erzielt wurden. Wie bereits erwähnt, gehören bei einigen Unternehmen vom Toten Meer Immobilien- und Investmentfirmen zum Teil ihrer Gesamtstruktur.

47. (SBU) Briefkastenfirmen und Holdinggesellschaften sind überall Teil der Strategie dieser Unternehmen, die hauptsächlich dazu gedacht sind, von den illegalen Arbeitern in den Läden abzulenken. So besitzt beispielsweise eine Holdinggesellschaft vom Toten Meer mehr als 60 Subunternehmen. Eines dieser mehr als 60 Subunternehmen trifft eine Vereinbarung mit einer anderen Firma, und diese stellt dann die illegalen Arbeiter ein. Diese Methode ist ziemlich verbreitet und erschwert unsere Bemühungen, diesen Betrug zu bekämpfen und aufzudecken. Darüber hinaus haben wir auch einmal erlebt, dass ein Unternehmen, das illegale Arbeiter beschäftigte, einfach seinen Namen veränderte oder einen neuen Eigentümer für eine Briefkastenfirma einsetzte und einen Antrag auf H2B stellte. Wie bereits erwähnt wurde, gibt es eine Handvoll Anwälte, die den größten Teil der Anträge und I539s für die Unternehmen des Toten Meers gestellt haben. Sie scheinen sich engagiert für diese neu-

en Unternehmen einzusetzen, – fast so als ob es eine vorherige Zusammenarbeit (mit den »alten« Unternehmen) gegeben hätte.

48. (SBU) Manchmal sind wichtige Firmen vom Toten Meer trotz ihrer undurchsichtigen Unternehmensstrukturen »ertappt« worden. Vor kurzem erhielt Tel Aviv eine E-Mail mit der Beschwerde eines der bekannten Anwälte für die Unternehmen des Toten Meers, der auch die E-Mail des verärgerten Vorstandsvorsitzenden an diesen Rechtsanwalt beigefügt war. Das Problem hierbei war aber, dass der Vorstandsvorsitzende theoretisch nichts mit diesem Unternehmen zu tun hatte, denn er stand an der Spitze eines ganz anderen Unternehmens. FPM forschte nach und entdeckte, dass das Unternehmen des Vorstandsvorsitzenden die Läden an das andere Unternehmen vermietet hatte. Zudem hatte die Firma einen TECS-Eintrag, nach dem sie überhaupt nicht existierte.

49. (SBU) Eine zusätzliche Anmerkung: Die FPU in Tel Aviv verfügt über eine umfangreiche und ständig anwachsende Liste bekannter Personen des organisierten Verbrechens, die durch dokumentarische Beweise vom ARSO-I und durch Quellen der israelischen Strafverfolgungsbehörden bestätigt worden sind. Tel Aviv, FPU und ARSO-I arbeiten an gesetzlichen Möglichkeiten und möglichen Strategien, um das organisierte Verbrechen durch die Verweigerung von Visa für verurteilte Mitglieder des organisierten Verbrechens zu bekämpfen.

KOPFZEILE VZCZCXYZ0008
RR RUEHWEB DE RUEHTV #0140/01 0250537
ZNR UUUUU ZZH R 250537Z JAN 10
FM US BOTSCHAFT TEL AVIV
TO RUEHC/AUSSENMINISER WASHDC 5076
INFO RUEHRO/US BOTSCHAFT ROM 8617
RUEHJM/US KONSUL JERUSALEM 3571
RHMFIUU/HEIMATSCHUTZMINISTERIUM
SECURITY WASHDC

Kapitel 10

Ein Mossad-Ziel: Der Hafen von Houston

Der belebte Hafen von Houston hätte das Ziel eines zweiten großen Terroranschlags auf die USA gewesen sein können, an dem der *Mossad* beteiligt war. Der Verdacht ergab sich durch den gewaltsamen Tod eines langjährigen Angehörigen der CIA namens Roland »Tony« Carnaby, der im April 2008 von der Polizei in Houston erschossen wurde.

Carnaby war der Präsident der Houstoner Sektion der *Association for Intelligence Officers* (AFIO), einer Vereinigung ehemaliger Mitglieder der CIA und anderer Geheimdienste. Er war an Aktionen beteiligt, bei denen israelische Firmen beobachtet wurden, die Geld und Waren von und nach Israel brachten. Carnaby wurde am 29. April bei einer Razzia von zwei Polizeibeamten aus Houston niedergeschossen. Die anschließende Untersuchung des Vorfalls war voller Widersprüche. Die Polizeibehörde von Houston identifizierte zunächst einen der Polizisten fälschlicherweise als »Charles Foster«. Es stellte sich später jedoch heraus, dass es sich nicht um Charles Foster handelte, sondern um Cecil Foster. Ein Charles Foster war kurz zuvor bei der Polizei von Houston ausgeschieden.

Carnaby arbeitete auch mit der *Joint Terrorism Task Force* in Houston sowie mit dem *Counter-Terrorism Center* (CTC) [der Anti-Terror-Abteilung der CIA] zusammen, um die Sicherheitsmaßnahmen für den Hafen von Houston zu verstärken. Carnaby führte zu diesem Zweck Studien über den Hafen durch, und stellte fest, dass das US-Heimatschutzministerium große Sicherheitsmängel im Hinblick auf den Hafen toleriert hatte.

Gemeinsam mit Angehörigen des Geheimdienstes in Houston und den Strafverfolgungsbehörden untersuchte Carnaby die Anwesenheit von »Personen aus dem Nahen Osten«, die den Hafen von Houston auskundschafteten. Der Begriff »Personen aus dem Nahen Osten« ist der vom FBI verwendete Begriff für Israelis, um zu vermeiden, dass sie gegen die politische Korrektheit verstießen und damit bei ihren Vorgesetzten aneckten. Die Bundesagenten, deren Aufgabe es war, Schwächen bei der Sicherheit des Hafens von Houston festzustellen, wollten unbedingt Fehler vermeiden, wie sie beim 11. September gemacht wurden.

Carnaby befasste sich bereits seit vielen Jahren mit geheimdienstlichen Angelegenheiten in Houston und pflegte eine enge Beziehung zum ehemaligen Präsidenten George H. W. Bush. Die libanesische Familie von Carnaby, deren Namen ursprünglich Karnabe lautete, wurde von den verschiedenen politischen und religiösen Gruppen im Land sehr respektiert. Carnaby war über einige wichtige geheimdienstliche Hinweise gestolpert, die die Gesamtlage im Nahen Osten betrafen, und kurz vor seinem Tod wollte er, dass diese Informationen direkt und ohne Verzögerung an den CIA-Direktor Michael Hayden gingen. Carnaby wusste auch, dass die CIA und das FBI von Personen infiltriert worden waren, die dafür sorgten, dass wichtige Informationen nicht die obersten Repräsentanten des Geheimdienstes und der Strafverfolgungsbehörden erreichten.

In dem Bericht der Polizei von Houston über Carnabys Erschießung wurde seine Adresse mit 1302 Waugh Drive, Nummer 475, Houston, angegeben. Die Adresse gehört zu einer UPS-Niederlassung, und 475 ist eine Briefkastennummer. Diese Anschrift wurde für Carnabys inoffizielle Tarnfirma, die *Carnaby Shipping Company Ltd.*, verwendet. Seine Arbeit im Sicherheitsbereich gemeinsam mit der CIA und *Houston's Joint Terrorism Task Force* betraf in erster Linie den Hafen und die Flughäfen im Bereich von Houston. Houston und die Flughäfen in diesem Gebiet. Carnaby hatte zwei Briefkästen in der UPS-Niederlassung.

Carnaby hatte nicht nur enge Verbindungen zum ehemaligen Direktor der CIA, George Tenet, sondern er pflegte auch Kontakte zu Mitgliedern des *Mossad*. Laut einem Kollegen sagte Carnaby, dass er den Kontakt mit den Agenten des *Mossad* unterhielt, weil er glaubte, »dass man sich eng an seine Freunde halten sollte, aber noch enger an seine Feinde.«

Eine Kopie von Tenets Buch enthielt eine Widmung von Tenet für »Tony«, die als Tenets Handschrift identifiziert wurde. Eine Quelle

Carnabys Postanschrift in der Niederlassung des UPS

des amerikanischen Geheimdienstes behauptete, dass es eine gemeinsame Anstrengung seiner Feinde gab, das Bild von Carnaby und seinen guten Ruf zu erschüttern. Diese »sorgfältig orchestrierte Bemühung« zielte darauf ab, Gerüchte in die Welt zu setzen, um Carnabys Reputation als Agent zu beschädigen. In der Klageschrift seiner Witwe gegen die Polizeibehörde von Houston wurde erklärt, dass Carnaby »an einer Schusswunde im Rücken starb, die zu einem tödlichen Blutverlust führte.«[1]

Die Polizei von Houston beschlagnahmte Carnabys Laptop, auf dem sich Details über ein inoffizielles Netzwerk der CIA befanden, dessen Aufgabe darin bestand, amerikanische und ausländische Häfen vor Terroranschlägen und dem Schmuggel von Massenvernichtungswaffen zu bewahren.[2] Carnaby benutzte häufig die von der CIA

1 14. Mai 2008, »CIA Agent hat enge Verbindungen zum *Mossad*«, *WayneMadsonReport.com*

2 20. Mai 2008, »Carnaby hatte Kontakte zum Büro des israelischen Ministerpräsidenten«, *WayneMadsenReport.com*

entworfenen und entwickelten Tarnungen. Diese stammten von Antonio (Tony) und Jonna Mendez, die beide innerhalb der CIA als »Meister der Tarnung« galten. Die Eheleute waren Mitverfasser des Buches *Spy Dust: Two Masters of Disguise Reveal the Tools & Operations That Helped Win the Cold War.* Sie hielten am 1. September 2007 auch eine Rede bei der Galaveranstaltung der *Association for Intelligence Officers*, deren Vorsitz Carnaby innehatte. Tony, der bei der CIA »Q« genannt wurde, und seine Frau Jonna waren angeblich gute Freunde Carnabys.

Carnaby war nach amerikanischen Geheimdienstquellen ein regelmäßiger Benutzer der von Mendez entworfenen Tarnungen, insbesondere im Nahen Osten. Bei einem Anlass war Carnaby in Amman wie ein jordanischer Straßenreiniger angezogen, als er ein Ziel beobachtete. Er beherrschte den jordanischen Dialekt der arabischen Sprache perfekt. Einige Stunden später war der »Straßenreiniger« in seiner Tätigkeit als Geheimdienstangehöriger mit einem blauen Blazer bekleidet und trug eine Sonnenbrille. Neben der Beherrschung verschiedener arabischer Dialekte, darunter levantinisch, ägyptisch und jemenitisch, konnte Carnaby auch fließend Hebräisch sprechen, und er unterhielt enge Verbindungen zu israelischen Geheimagenten und Einrichtungen im Ausland und in Houston. Doch er hatte auch die Befürchtung, dass es wie bei den »beiden CIAs« auch »zwei *Mossads*« gab, eine offizielle Organisation und daneben eine andere, gefährliche Verbrecherorganisation.

Carnabys heimliche texanische Lizenz für Handfeuerwaffen hatte die Kategorie »SA«, was »Spezialagent« bedeutete. Dies war ein Code, der bei den Lizenzen für die Angehörigen der Strafverfolgungsbehörden und der Geheimdienste verwendet wurde, zu denen die Agenten von CIA, FBI und DEA gehörten. Die Polizei von Houston, die Carnaby anhielt, sah diesen Code eindeutig auf seiner Lizenz. Kollegen von Carnaby haben mir berichtet, dass er während des Indochinakriegs in Laos mit dem langjährigen CIA-Agenten Ted Shackley zusammengearbeitet hatte. Einige seiner Kollegen bei der CIA glaubten auch, dass Carnaby älter gewesen sein musste als die 52 Jahre, die er angab. Bei den CIA-Agenten ist es üblich, dass sie unterschiedliche Altersangaben machen, um ihre Identifizierung in öffentlichen Archiven zu erschweren.

Es gab weitere Intrigen in Texas im Zusammenhang mit verdächtigten israelischen Agenten. Ehemalige Angehörige der CIA in Texas erklärten vertraulich, dass der Einbruch im Jahre 2011 in das Gerichtsgebäude des Landkreises Bexar in San Antonio nicht das Werk einiger betrunkener französischer Staatsangehöriger von angeblich marokkanischer Abstammung war, sondern Teil einer größeren Geheimdienstoperation gegen die Vereinigten Staaten durch einen ausländischen Nachrichtendienst. Und dahinter stand angeblich Israel.

Obwohl sie in ein Gerichtsgebäude einbrachen und angeblich französische Staatsbürger marokkanischer Herkunft waren, wurde die Anklage gegen drei der fünf »Touristen« durch die Friedensrichterin des Landkreises, Richter Amalia ›Molly‹ Cavazos, fallen gelassen. Diese Entscheidung verblüffte das Büro des Sheriffs und das des Bezirksstaatsanwalts. Der Vorfall vom 19. Oktober 2011 im Gerichtsgebäude beunruhigte auch das Mitglied des Repräsentantenhauses Henry Cuellar, der ebenfalls im Ausschuss für nationale Sicherheit saß. Cuellar informierte den Sender *KSAT-TV* in San Antonio, dass in der Nacht bevor die »Franzosen« in das Gerichtsgebäude eingedrungen waren, ein türkischer Staatsangehöriger festgenommen worden war, weil er auf verdächtige Weise Bilder von dem alten Postgebäude aufgenommen hatte, das sich neben dem Alamo befindet. Wie die französischen Staatsangehörigen sollte auch der türkische Staatsangehörige angeblich nur ein Tourist sein. Diverse Quellen glauben, dass der Einbruch der »Franzosen« in das Gerichtsgebäude mit dem in der Nähe stattfindenden GEOINT-Symposium in Verbindung stand, das als das größte nationale Geheimdienstereignis des Jahres gilt und im Henry-B.-Gonzales-Kongresszentrum veranstaltet wurde.

Im Laufe seiner Recherchen hat der Autor erfahren, dass es den Strafverfolgungsbehörden und dem Geheimdienst der Vereinigten Staaten untersagt ist, israelische Agenten in den USA festzunehmen und vor Gericht zu bringen, selbst wenn es sich herausstellt, dass die Agenten in Operationen verwickelt sind, die Fragen der nationalen Sicherheit betreffen und die Unversehrtheit amerikanischer Staatsbürger gefährden. Israelische Geheimdienstoperationen zu verfolgen, ist ein ungeschriebenes Verbot, und ein FBI- oder CIA-Agent, der dagegen verstößt, unterschreibt damit quasi sein eigenes berufliches Todesurteil, denn der Vorwurf des »Antisemitismus« besiegelt das Schicksal jeder Person, die es wagt, die Politik des Wegschauens im Hinblick auf die israelischen Agenten in Frage zu stellen. Die folgenden Details stammen von einem langjährigen Angehörigen des Geheimdienstes in Texas:

Zu viele unbeantwortete Fragen. Die Klagen gegen die drei wurden von einer Friedensrichterin bereits fallengelassen, noch bevor die Durchsuchung des RV [Abkürzung für Recreational Vehicle, dt.: ein Wohnmobil oder ein Fahrzeug mit einem Wohnwagen] beendet worden war. Ich frage mich, ob sie nicht möglicherweise irgendwelche Abhörgeräte im Innern des Gerichtsgebäudes installierten. Und wenn es wirklich das Gerichtsgebäude ist, das ich vermute, dann besteht ein direkter Sichtkontakt zum Henry-B.-Gonzalez-Kongresszentrum. Wenn es dieses bestimmte Gerichtsgebäude ist, dann hätte man leicht irgendwo in dem Gebäude einen Minisender installieren können, mit dem man die National Geospatial Intelligence Convention abhören konnte. Ihre Computer hätten sicherlich die erforderlichen Empfänger gehabt, und sie wären weiter in dem Bereich geblieben um das aufzunehmen, was im Kongresszentrum gesprochen wurde. Ich finde es auch interessant, dass die Anklagen von einer Friedensrichterin verworfen wurden, bevor das Wohnmobil durchsucht worden war, und bevor die Computer hätten entdeckt werden können. Die fünf Personen sind wahrscheinlich jetzt wieder unterwegs, was auch immer ihr nächstes Ziel sein mag.

Es ist eine lange Fahrt vom New Yorker Flughafen JFK nach Miami, um dort eine Person abzuholen. Wo hielten sie unterwegs? Warum fuhren sie nach Miami, anstatt einen Flug zu nehmen? Wie lange brauchten die vier, um vom JFK nach Miami zu gelangen? Wann bestellten sie das Wohnmobil in New Jersey? Warum schritten nicht die Beamten der Bundesbehörden ein, und warum überließen sie den Fall dem Staatsanwalt im Landkreis Bexar? Die Bundesbeamten hätten die fünf oder zumindest drei von ihnen erwischen können. Die einzig mögliche Schlussfolgerung wäre, dass es mehrere unbeantwortete Fragen gab, denen sogar ein einfacher Beamter nachgegangen wäre. Installierte das FBI ein GPS-Gerät an ihrem Fahrzeug? Wenn nein, warum nicht? Nichts in diesem Fall entspricht dem üblichen Vorgehen bei einer Untersuchung. Wenn drei normale Menschen dabei erwischt worden wären, in genau dasselbe Gerichtsgebäude einzubrechen, dann hätte man sie wegen Hausfriedensbruchs, Einbruchs oder wegen Sachbeschädigung angeklagt, und nicht alle Beschuldigungen fallengelassen. Wenn Sie mit dem GPS-Gerät verfolgt worden wären, hätte man eine Menge Informationen bekommen und nachweisen können, was sie wirklich geplant hatten. Es gab keinen Grund, sie nicht sofort zu verfolgen.

Israel schien seine Lektion aus den vergangenen geheimdienstlichen Pannen auf amerikanischem Boden gelernt zu haben. Durch den Einsatz französischer und türkischer Staatsangehöriger, die als Sayanim [passive »Schläfer«] dem israelischen Geheimdienst in großer Zahl zur Verfügung standen, konnten die israelischen Konsulatsbeamten den möglichen diplomatischen Schaden vermeiden, wie z. B. nach den landesweiten Verhaftungen der israelischen »Kunststudenten«, »Möbelpacker« und Ladenverkäufer entstanden war. Statt der israelischen Diplomaten mussten sich jetzt französische und türkische Konsulatsangestellte in Texas den Vorwürfen stellen. Es gab auch einen merkwürdigen Bericht darüber, dass das französische Konsulat in Dallas kontaktiert wurde, um die Angelegenheit der fünf Einbrecher im Gerichtsgebäude in San Antonio zu regeln. Doch die

Franzosen sind in Dallas nur durch einen Honorarkonsul vertreten, und das war kaum der Richtige für eine potentielle Strafsache, in die französische Staatsangehörige verwickelt waren. In Houston unterhielt Frankreich dagegen ein richtiges Konsulat.

Die fünf festgenommenen französischen Staatsangehörigen behaupteten zwar, die englische Sprache nicht zu beherrschen, doch sie konnten englisch sprechen. Wenn Israelis festgenommen wurden, behaupteten sie oft, kein Englisch zu verstehen, was die Verhöre so lange verschleppt, bis israelische Diplomaten die Kaution für sie stellen können.

Der folgende Bericht stammt ebenfalls von einer Geheimdienstquelle in Texas: »In diesem Zuständigkeitsbereich für amerikanische Bezirksgerichte [das Hipolito-F.-Garcia-Bundesgebäude und das Gericht für den südlichen Bezirk von Texas] gibt es mehr Agenten der CIA als irgendwo sonst in Texas außerhalb von Houston. Das wurde mir mitgeteilt. Die juristische Fakultät der *St. Mary University* in San Antonio spielt eine wichtige Rolle bei allen Fragen der nationalen Sicherheit und der Bedrohung durch den internationalen Terrorismus. Bei dieser Geschichte gibt es eine Verbindung des wichtigsten *Mossad*-Spions in Texas mit diesem Programm in St. Mary.«[3]

Die Aktionen in New York City und Houston, von denen die eine vom *Mossad* durchgeführt wurde, waren nicht die einzigen terroristischen Operationen, die von Israelis auf amerikanischem Boden durchgeführt wurden. Nach den Angaben eines ehemaligen Enthüllungsjournalisten von *CBS News*, der ein vertrauliches Gespräch mit dem Autor führte, war der Bombenanschlag auf das Alfred-P.-Murrah-Bundesgebäude am 19. April 1995 das Ergebnis eines koordinierten Komplotts durch inländische Spione des israelischen *Mossad* und einen deutschen Geheimdienstagenten, mit der Absicht, die Ver-

3 25.–26. Oktober, »Der Einbruch in das Gerichtsgebäude in San Antonio hat Auswirkungen auf die nationale Sicherheit«, *WayneMadsenReport.com*

antwortung für den Anschlag den Arabern in den Vereinigten Staaten zuzuschieben und ihn in Verbindung zum irakischem Präsidenten Saddam Hussein zu bringen.

Das offizielle Urteil der Bundesankläger lautete, dass der Armeeveteran Timothy McVeigh und sein Komplize Terry Nichols den Bombenanschlag, bei dem 169 Menschen, darunter 19 Kinder, getötet worden waren, allein durchgeführt hatten. Es war der bis dahin schrecklichste Terroranschlag auf amerikanischem Boden. Das FBI schloss jegliche Verbindungen von McVeigh und Nichols zum Ausland aus. McVeigh wurde in allen 11 Punkten der Anklageschrift schuldig gesprochen und am 11. Juni 2001 durch eine Giftspritze hingerichtet. Nichols erhielt für seine Mitwirkung an dem Bombenschlag eine lebenslange Gefängnisstrafe.

Die Quelle der *CBS News* brachte McVeigh mit einer rechtsgerichteten und offen antisemitischen christlichen Gruppe namens Elohim City Group in Oklahoma und einem deutschen Geheimdienstler mit dem Namen Andreas Strassmeier in Verbindung, der die Elohim City Group infiltriert hatte. Er sprach Hebräisch, war mit einer israelischen Staatsangehörigen verheiratet, und der Sohn von Gunther Strassmeier, dem Parlamentarischen Staatssekretär des deutschen Bundeskanzlers Helmut Kohl.

Der Quelle der *CBS News* wurde schon bald klar, dass Strassmeier an der Spitze eines Komplotts stand, um das Murrah-Gebäude in die Luft zu jagen. An diesem Komplott war nicht nur der deutsche Geheimdienstmitarbeiter Strassmeier beteiligt, sondern auch der *Mossad*, sowie wichtige Beamte in Schlüsselpositionen des FBI und des *Bureau of Alcohol, Tobacco and Firearms* (BATF).

Jener Informant bestätigte auch, dass ein Sträfling namens Kenny Trentadue, der im Bundesgefängnis in Oklahoma City inhaftiert war, und der irrtümlicherweise von den Ermittlungsbeamten des FBI für den mysteriösen »John Doe Nummer 2«, den Komplizen von McVeigh, gehalten wurde, am 21. August 1995, zwei Tage nach dem Bombenanschlag auf das Murrah Bundesgebäude, im Gefängnis totgeschlagen wurde. Trentadue war am 10. Juni 1995 an der mexikanischen Grenze festgenommen worden, weil er mit einem ungültigen Führerschein unterwegs war. Die Quelle erklärte, dass das FBI eine Geschichte zusammengebraut hätte, nach der Trentadue Selbstmord begangen hatte, obwohl es forensische Beweise dafür gab, dass er zu Tode geprügelt worden war.

In den Tagen nach dem Anschlag in Oklahoma City wurden eine Reihe arabischer Amerikaner von den Bundesbehörden festgenommen und befragt, bis dann offiziell verkündet wurde, dass der Bombenanschlag ein Racheakt rechtsradikaler Elemente für die 51-tägige Belagerung der Siedlung Mount Carmel Center der Branch-Davidaner in der Nähe von Waco in Texas war, die zwei Jahre zuvor von Bundesbehörden durchgeführt wurde, und bei der 82 Mitglieder dieser religiösen Sekte zu Tode kamen.

Obwohl die Person Strassmeier und die israelische Verbindung zu Oklahoma City in den europäischen Medien eingehend behandelt wurden, tauchte diese Geschichte nie in den großen amerikanischen Medien auf, und viele Einzelheiten darüber finden sich nur auf einigen wenigen Websites im Internet.

Die unter einer »falschen Flagge« durchgeführten israelischen Angriffe auf Ziele in den Vereinigten Staaten werden bis heute weiter durchgeführt und scheinen eher die Regel als die Ausnahme zu sein. Am 23. März verurteilte ein jemenitisches Gericht eine Person zum Tode und zwei andere zu Haftstrafen, weil sie für Israel spioniert hatten. Die drei Jemeniten und ihr Führer beim *Mossad*, Bassam Abdullah al Haidari, sollen ihre Dienste direkt dem israelischem Ministerpräsidenten Ehud Olmert angeboten haben, der dieses Angebot akzeptiert haben soll. Man gründete eine Gruppe unter »falscher Flagge« mit der Bezeichnung »Islamischer Dschihad des Jemen«, die behauptete, im September 2008 einen Bombenanschlag auf die amerikanische Botschaft in Saana durchgeführt zu haben, bei dem 18 Personen, darunter auch die sechs Attentäter, getötet worden waren. Sechs Verdächtige des »Islamischen Dschihad des Jemen« wurden im

Oktober 2008 festgenommen. Drei von ihnen wurden aufgrund fehlender Beweise wieder aus der Haft entlassen.

Die israelische Verwicklung in den Anschlag auf die amerikanische Botschaft im Jemen ist die letzte in einer langen Geschichte von Anschlägen des *Mossad* auf amerikanische Ziele, bei denen der Eindruck erweckt wurde, dass Araber dafür verantwortlich wären. Im Jahre 1968 klagte König Hussein von Jordanien Israel an, hinter der Gruppe Kateb al-Nasr zu stehen, die einen Anschlag auf die amerikanische Botschaft in Amman durchführte, der danach zu gewalttätigen Unruhen führe, bei denen insgesamt 29 Personen zu Tode kamen. Hussein erklärte, dass Jordanien Opfer »einer weiteren Lawon-Affäre« sei, ein Verweis auf den misslungenen Anschlag des *Mossad* im Jahre 1954 auf die amerikanische Bibliothek in Kairo, der so durchgeführt wurde, dass man zunächst Ägypten als den Urheber verdächtigte. Die Operation wurde von dem israelischem Verteidigungsminister Pinhas Lawon vorbereitet.[4]

In den Folgejahren gab es Verbindungen des *Mossad* mit islamistischen Terrorgruppen wie Ansar al-Sharia, die hinter dem Angriff auf die amerikanische Vertretung im libyschen Benghasi im Jahre 2012 stand, dem Islamischen Staat im Irak und der Levante (ISIL), die Terroranschläge auf amerikanische Bürger, sowie auf religiöse und ethnische Minderheiten wie Christen, Jesiden, Kurden, Turkmenen, Schiiten, Alawiten und Sunniten im Irak und in Syrien verübten.

4 25.–26. März 2009, »Der Bombenanschlag in Oklahoma City war eine israelisch-deutsche Geheimdienstoperation«, *WayneMadsenReport.com*

Kapitel 11

Erfahrungen und Lehren

Es ist immer wieder gesagt worden, dass Nationen keine Freunde haben, sondern nur Interessen. Israels Aktionen gegen die Vereinigten Staaten, die es als seinen engsten Verbündeten bezeichnet, waren nie die Handlungen eines »Freundes«. Während die Medien von der Anwesenheit der von den Saudis finanzierten Terrorzellen in den Vereinigten Staaten berichteten, kann man dasselbe nicht über die Präsenz der israelischen Terroristenzellen in Amerika sagen.

Eine sachkundige Quelle mit engen Verbindungen zu hochrangigen Beamten des Justizministeriums teilte dem Autor mit, dass das Ziel der verdächtigen Aktivitäten junger israelischer Männer und Frauen, die überall im Land israelische kosmetische Produkte in den Läden der Einkaufszentren verkauften, nicht nur daran bestand, nachrichtendienstliche Informationen über die Militär- und Regierungseinrichtungen in der Nähe zu sammeln, sondern auch darin, amerikanische Juden für ein spezielles »Terrorismusbekämpfungstraining« in einem jüdischen Ausbildungslager in den Catskills [einem Hügelgelände im nördlichen Teil des Bundesstaates New York] zu rekrutieren.

Laut dieser gut unterrichteten Quelle führten ehemalige Angehörige und Reservisten der israelischen Verteidigungsstreitkräfte eine paramilitärische Ausbildung im Lager in den Catskills durch. Das Lager gehörte früher der *Jewish Defense League* (JDL), einer militanten jüdischen Organisation in den Vereinigten Staaten. Der israelische Außenminister Avigdor Lieberman war früher ein Anhänger des Gründers der JDL, Rabbi Meir Kahane, und der rechtsextremen und rassistischen Kach-Partei in Israel. Viele ihrer Anhänger begrüßten und feierten das Attentat auf Premierminister Jitzhak Rabin im Jahre 1995. Rabins Mörder, Yigal Amir, stand in Kontakt mit den Kahanisten, und ein ehemaliger Direktor des *Mossad* erzählte einmal, dass die Spuren dieses ersten Attentats auf einen israelischen Ministerpräsidenten bis hin zum gegenwärtigen israelischen Regierungschef Benjamin Netanyahu hinwiesen.

Heute wird die Ausbildung von militanten Juden durch die israelischen Verteidigungsstreitkräfte unter der Leitung von Kitat Konenut (KK) [einer jüdischen paramilitärischen Organisation] durchgeführt, die sich selbst als eine »unpolitische, überparteiliche Vereinigung freiheitsliebender Amerikaner versteht, die sich der Aufgabe widmet, die notwendigen Maßnahmen gegen Terrorismus und Naturkatastrophen durchzuführen«, und von der es weiter heißt: »Kitat Konenut bildet mit Veteranen der israelischen Verteidigungsstreitkräfte aus und lehrt herausragende israelische Kampffertigkeiten.«

Obwohl sie sich als überparteilich bezeichnet, sind die Helden der KK allesamt israelische Terroristen, einschließlich ihres zionistischen faschistischen Führers Zeev Jabotinsky, Avraham (Yair) Heck, des Gründers der jüdischen terroristischen Stern Gang [auch als Lechi bekannt] und erster Premierminister der Likud Partei, sowie der ehemalige Terrorist Menachem Begin. Tatsächlich wird das Lager in den Catskills manchmal auch »Camp Jabotinsky« genannt. Es hat Verbindungen zu der *Jewish Defense Organization*, einem Ableger der JDL. Die extrem zionistische KK behauptet, dass sie mit der Polizei und der Feuerwehr von New York City eng zusammenarbeitet. KK verfügt auch über eine Einheit in Los Angeles, und nach eigenen Angaben hat sie sogar Mitglieder unter den Beamten der dortigen Polizeibehörde.[1]

Es gab einige loyale Beamte der amerikanischen Strafverfolgungsbehörden und der Geheimdienste, die den Versuch unternahmen, vor der Bedrohung durch die Israelis und Saudis und ihrem gemeinsamen Terrorplan für den 11. September zu warnen. Viele von ihnen zahlten dafür mit ihrer Karriere. Einer dieser Beamten ist der FBI-Agent Michael Dick, der nach dem 11. September gegen die israelischen Möbelpacker in New Jersey ermittelte.

1 27. Juni 2009, »Berichte über diese israelischen Verkäufer in den Einkaufszentren: Die Geschäfte sorgen für die Tarnung der Ausbildung militanter Juden in den Vereinigten Staaten durch die israelischen Verteidigungsstreitkräfte«, *WayneMadsenReport.com*

Der ehemalige FBI-Beamte Michael Dick ist nicht jemand, von dem man glauben würde, dass er seinen ehemaligen Arbeitgeber wegen der erlittenen Nachteile verklagt, die aus einer Reihe von Vorgängen resultieren, die er selbst als Vergeltungsmaßnahme betrachtet. Dick war nicht nur seit 17 Jahren beim FBI, sondern auch Reserveoffizier der amerikanischen Landstreitkräfte, der beim Kampf der USA gegen den Terrorismus seinen Dienst in einigen der gefährlichsten Gegenden der Welt versah. Er war auch ein Kollege des verstorbenen FBI-Chefs John O'Neill von der New Yorker *Joint Terrorism Task Force*. O'Neill wurde wenige Tage vor den Anschlägen als Sicherheitschef für das World Trade Center angestellt. Er starb beim Zusammensturz des Nordturms.

Im Rahmen seiner engagierten Ermittlungen gegen Mitglieder von Al-Qaida begann O'Neill nach der Aussage von Personen, die eng mit ihm zusammenarbeiteten, allmählich an eine Mittäterschaft von Personen innerhalb der Regierungen von Clinton und Bush zu glauben. Im Sommer des Jahres 2000 wurde ihm während eines Seminars in einem Hotel in Tampa, Florida, an dem nur 150 FBI-Agenten teilnahmen, die Aktentasche gestohlen. Darin befanden sich einige geheime E-Mails und ein geheimes Dokument mit dem Titel »Jahresbericht der Außenstellen«, eine Zusammenfassung der Antiterrorismus- und Spionageabwehroperationen der New Yorker Niederlassung des FBI, wozu auch eine sehr streng geheime Untersuchung gehörte, die von einem anderen FBI-Beamten der New Yorker Spionageabwehr geführt wurde. Es handelte sich um den FBI-Agenten Michael Dick. Als die Aktentasche 90 Minuten später in einem anderen Hotel in der Nähe wieder auftauchte, waren lediglich ein Feuerzeug, ein Zigarrenabschneider und ein teurer Stift gestohlen worden. Alle Papiere waren noch da. Doch natürlich waren 90 Minuten ausreichend, um die Dokumente zu photokopieren und auf diese Weise festzustellen, was O'Neill von al-Qaida und von ihren israelischen »Schatten« wusste.

Der FBI-Beamte Dick, der eng mit O'Neill zusammenarbeitete, hatte einen verdächtigen Ring von israelischen Möbelpackern ent-

COMPLAINANT LN PO-DeCarlo FN Scott DOB
Address Ph.

Prior to the transportation to the State Police facilities this officer was told without question by the driver "We are Israeli, We are not your problem. Your problems are our problems, The Palestinians are the problem." I was also told by Mr. Yaron Shimuel "We were on the west side highway during the incident." The black bag that the driver was fumbling with contained all of his belongings (see attached Receipt from the FBI for its contents). Mr. Oded Ellner was in possession of a white sock like sack filled with $4,700 in cash (see attached receipt from FBI). This officer did not speak to the Special Agent in charge Kevin Donovan and there were many other agents involved in the investigation. Two of which were Dan O'Brien (973) 792-3389 and Robert F Taylor Jr.(973)792-3327.

Der Bericht der Polizei von East Rutherford über die Verhaftung der fünf Israelis, die dabei beobachtet wurden, wie sie feierten und johlten, als die erste Passagiermaschine am 11. September ins World Trade Center stürzte. Die Israelis versuchten, die Schuld für die Angriffe auf die Palästinenser abzuwälzen, doch nicht ein einziger Palästinenser war in die Terroranschläge verwickelt.
Text in der Abbildung:
Vor dem Transport zu den Einrichtungen der Staatspolizei wurde diesem Beamten vom Fahrer ungefragt mitgeteilt, »Wir sind Israeli, wir sind nicht Ihr Problem. Ihre Probleme sind unsere Probleme, die Palästinenser sind das Problem.« Yaron Shimuel sagte mir auch, »Wir befanden uns während des Vorfalls auf dem Highway im Westen.« Die schwarze Tasche, in der der Fahrer herumfummelte, enthielt seine sämtlichen persönlichen Gegenstände (siehe beigefügte Liste des FBI). Oded Ellner war im Besitz einer weißen Socke, in der Bargeld in Höhe von 4700 Dollar steckte (siehe beigefügte Liste des FBI). Dieser Beamte sprach nicht mit dem verantwortlichen Spezialagenten Kevin Donovan, und es gab viele andere Agenten, die an der Untersuchung beteiligt waren. Einer von ihnen hieß Dan O'Brien (973) 792-3389, ein anderer Robert F. Taylor Jr. (973)792-3327.

deckt, der in der Gegend von New York und New Jersey tätig war. Zudem hatten einige dieser Israelis nicht nur Verbindungen zum *Mossad* und anderen israelischen Geheimdiensten, sondern sie beschatteten auch Araber und Moslems, die verdächtigt wurden, zu Terroristenzellen zu gehören. Aber die Israelis handelten selbstständig, und sie dachten überhaupt nicht daran, das FBI oder die örtliche Polizei über die Erkenntnisse zu informieren, die sie bei der Beobachtung ihrer Ziele gewannen.

Die Abwehrmaßnahmen gegen die israelischen Spionageaktivitäten durch Dick wurden noch durch die Tatsache erschwert, dass die Israelis Kommunikationsmittel nutzten, die es beinahe unmöglich machten, ihre Gespräche abzuhören: Sie benutzen Prepaidhandys von Verizon, zwei Walkie-Talkies von Nextel und Internetcafés. Zur selben Zeit hatte die Drogenvollzugsbehörde einen landesweiten Ring israelischer »Kunststudenten« aufgedeckt, der im Raum New York und New Jersey operierte. Viele dieser Studenten hatten in der Vergangenheit Kontakt zum israelischen Geheimdienst und zu militärischen Einheiten. Die DEA bemerkte dabei aber nicht, dass die Kunststudenten auch genau jene arabischen Zellen beschatteten, die später die Angriffe am 11. September durchführen sollten.

Dick war als einer der Ersten an jenem verhängnisvollen Tag vor Ort und beobachtete die furchtbaren Geschehnisse am World Trade Center. In seiner Zivilklage gegen Generalstaatsanwalt Eric Holder, den ehemaligen FBI-Direktor Robert Mueller und »andere unbekannte Angeklagte« erklärt er: »SA Dick war bei den Angriffen am 11. September 2001 schon sehr früh am Ort der beiden Zwillingstürme. Er sah Leichen, verkohlte Überreste und die schrecklichen Zerstörungen und Verluste an Menschenleben, die durch den Zusammensturz der Zwillingstürme verursacht wurden. SA Dick musste auch hilflos mit ansehen, wie Menschen aus den Türmen in den Tod stürzten.« In seiner Klageschrift beschreibt Dick seine Tätigkeit für das FBI:

Dick leitete auch die Ermittlungen im Fall der Entführung des Wall-Street-Journalisten Daniel Pearl. Pearl wurde von Khalid Scheich Mohammed brutal enthauptet. SA Dick war an der Suche nach den Verantwortlichen für die Ermordung von Daniel Pearl beteiligt, sowie an der Aufklärung anderer terroristischer Anschläge. Als die diplomatische Enklave im pakistanischen Islamabad angegriffen und ein Bombenanschlag auf eine Kirche verübt wurde, ging SA Dick zu der Kirche und sah das Blutbad, das entstanden war, als ein Selbstmordattentäter während eines Gottesdiensts einige Granaten zur Explosion gebracht hatte. Es gab insgesamt fünfundzwanzig Tote. SA Dick nahm in Pakistan an gefährlichen Aktionen gegen Terroristen teil, die ihn einer sehr hohen persönlichen Gefahr aussetzten. Er half auch dabei, ein entführtes pakistanisches Mädchens wiederzufinden, dessen Vater enge Verbindungen zum pakistanischen Präsidenten Pervez Musharraf hatte.

…

Im Jahr 2004 wurde Spezialagent Dick zum Supervisory Special Agent (SSA) befördert. Zu seinen Aufgaben gehörte die Koordinierung der Informationen über potentielle terroristische Bedrohungen. Als Teil seiner Pflichten wurde SSA Dick damit betraut, Informationen der Rechtsanwaltsfirma Motley Rice sicherzustellen, die die Familien der Opfer des 11. September vertrat, die Zivilklagen gegen hochrangige saudische Beamte und Bankiers erhoben hatten. SSA Dick sollte die Informationen von Motley Rice zusammentragen, aber er durfte keine eigenen Erkenntnisse des FBI weitergeben. SSA Dick folgte dieser Anweisung gewissenhaft. Der Informationsfluss lief nur in eine Richtung, von den Anwälten der Familien zum FBI.

Die von Motley Rice angeheuerten privaten Ermittler führten investigative Untersuchungen außerhalb der Vereinigten Staaten durch und waren dabei nicht den Beschränkungen durch die Regierung, durch die Strafverfolgungsbehörden, durch das Militär oder durch andere Bundesbehörden unterworfen. Die Untersuchungen führten zur Ergreifung eines hochrangigen Terroristen, und die Person, die bei dieser Aktion geholfen hatte, erhielt vom Justizministerium eine Belohnung in Höhe von einigen Millionen Dollar … Einer der Ermittler von Motley Rice namens Michael Patrick Jost war verstimmt, als ihm ein Anteil an der Belohnung verweigert wurde, und er gab dafür SSA Dick die Schuld. Jost führte eine Kampagne gegen SSA Dick und behauptete, dass dieser sensible Informationen an die Familien der Opfern der Terroranschläge vom 11. September 2001 weitergegeben und von den Anwälten dafür ein Honorar erhalten hätte. Jost präsentierte eine phantasievolle Geschichte, wie SSA Dick zu einem großen Vermögen gekommen war, indem er seine Position beim FBI nutzte, um sich privat zu bereichern.«

Dick erfuhr, dass das FBI auf Betreiben von Jost gegen ihn eine Untersuchung eingeleitet hatte. Es muss jedoch auch erwähnt werden, dass Dick wegen seiner Kenntnisse, die er über die israelische Beteiligung an den Anschlägen vom 11. September besaß, bereits auf dem Radar von Gruppen wie dem *American Israel Public Affairs Committee* (AIPAC) war. Dicks Klageschrift erklärt den Hintergrund der vom FBI gegen ihn erhobenen Beschuldigungen:

Im Oktober 2005 wurde Dick von der U.S.-Armee im Rahmen der Operation Enduring Freedom eingezogen. Er diente bis 2008 bei verschiedenen Kampfeinsätzen. Im April 2006, während seiner aktiven Dienstzeit in den Streitkräften der Vereinigten Staaten wurde Dick darüber informiert, dass aufgrund der Behauptungen von Jost gegen ihn eine strafrechtliche Untersuchung eingeleitet worden war. Zwei Jahre lang, 2005 und 2006, führte der Generalinspekteur des Justizministeriums eine gründliche Untersuchung durch. Er gelangte zu dem Schluss, dass kein strafbares Verhalten oder eine Verletzung der Anweisungen des Justizministeriums vorliegen würde, und wies die Anklage zurück. Im Frühjahr des Jahres 2007 wurde Dick mitgeteilt, dass er von den Ermittlern des OIG von dem Vorwurf eines kriminellen Verhaltens freigesprochen worden war.

Dick glaubte, dass alle Beschuldigungen gegen ihn ausgeräumt worden seien. Er dann sehr überrascht, als er erfuhr, dass das FBI weiter gegen ihn ermittelte. In der Schrift der Zivilklage hieß es:

Die Angelegenheit wurde dann anscheinend an das FBI Office of Professional Responsibility *(OPR) [Amt zur Sicherstellung der Integrität und Professionalität] übergeben, das erst im November 2007 aktiv wurde. Am 26. November 2007 empfahl das FBI die Entlassung von SSA Dick, weil er unsachgemäße Untersuchungstechniken verwendet hätte, bei der Wahrnehmung seiner Aufgaben unsachgemäß vorgegangen sei, geheime oder sensible Informationen enthüllt, und es ihm an der Auf-*

richtigkeit bei der Befragung unter Eid im Rahmen der Untersuchung des Generalinspekteurs gefehlt hätte. Zum dem Zeitpunkt, da seine Entlassung vorgeschlagen wurde, war SA Dick im aktiven Dienst. Das FBI wandte sich an die Armee, und diese betrachtete die empfohlene Beendigung seines Dienstes beim FBI als Anlass, dessen Unbedenklichkeitsbescheinigung aufzuheben. Die Armee entließ Dick im April 2008 aufgrund der Aussetzung seiner Unbedenklichkeitsbescheinigung aus dem aktiven Dienst,, aber er blieb weiterhin Reservist.

Das OPR führte 2007 bis 2009 eine weitere zweijährige Untersuchung durch. Dick legte Widerspruch gegen seine Entlassung ein. Bei seinem Widerspruch gegen diese Entscheidung wandte sich Dick mit aller Entschiedenheit sowohl gegen den Vorwurf der unbefugten Weitergabe von Informationen als auch gegen die angebliche Unrechtmäßigkeit, ein Darlehen zu vergeben. [Mit dem Geld sollte einem ehemaligen FBI-Agenten aus einer für ihn gefährlichen Situation geholfen werden]. Bei seinem Widerspruch wies Dick auch darauf hin, dass er einem ehemaligen FBI-Beamten, der als privater Auftragnehmer im Nahen Osten arbeitete, lediglich ein Darlehen gewährt hätte. Diese Person, mit der Dick eng zusammengearbeitet hatte, rief Dick an, um ihm zu berichten, dass seine Tarnung gefährdet sei und sein Leben in Gefahr wäre. Der Mann bat ihn um ein sofortiges Darlehen über 10 000 Dollar, um seine Ausreise sicherzustellen. Dick gab ihm das Geld, um ihn vor der Gefangennahme, Folter oder gar dem Tod zu schützen.

Im Hinblick auf die angeblichen unbefugten Enthüllungen wies Dick darauf hin, dass er dazu bevollmächtigt worden war, die Nachrichten zu versenden, die er über die genehmigten elektronischen Kommunikationswege von seinem Vorgesetzten erhalten hatte, der über sein Vorgehen vollständig informiert gewesen war. Er wies auch darauf hin, dass er die direkte und eindeutige Zustimmung seines Vorgesetzten hatte, selbst darüber zu entscheiden, wie er die Informationen weitergab.

Am 29. April 2008 kam das OPR des FBI zu dem Ergebnis, dass es Dick zwar nicht an der notwendigen Aufrichtigkeit fehlte, und er bei der Durchführung seiner Pflichten auch nicht unsachgemäß vorgegangen war, aber er dennoch »sensible Informationen« weitergegeben und »ungeeignete Verfahren« verwendet hätte. Das OPR behauptete, dass Dick zu Unrecht einen privaten Dienst nutzte, um sensible Berichte zu versenden, und unzulässigerweise 10 000 Dollar an einen zivilen Mitarbeiter weitergegeben hatte. Das OPR änderte die beantragte Beendigung seines Arbeitsverhältnisses in eine 40-tägige Suspendierung um. Dick wandte sich daraufhin an das Disciplinary Review Board *(DRB). Das DRB ist eine interne Beschwerdestelle, die bei seinen Überprüfungen in der Regel zu vernünftigen Ergebnissen kommt. Solange aber die Entscheidungen des OPR angemessen sind, wird das DRB sie nicht in Frage stellen.*

Am 3. November 2008 traf das FBI mit Hilfe des DRB seine endgültige Entscheidung. Das Gremium gelangte zu dem Schluss, dass die Entscheidung des OPR in Bezug auf die sehr schwerwiegende Beschuldigung der Weitergabe von sensiblen Informationen nicht korrekt sei, und Dick den Beweis dafür erbracht hätte, dass sein Vorgesetzter über seine Handlungsweise informiert gewesen sei, und dieser auch zugestimmt hätte. Im Hinblick auf das angeblich ungerechtfertigte Darlehen gelangte das FBI zu dem Resultat, dass trotz der Tatsache, dass Dick einem privaten Ermittler Geld zur Verfügung gestellt hatte, der in Übersee für die Familien der Opfer vom 11. September gearbeitet hatte, und trotz der vermeintlichen Übertretung der üblichen Vorschriften des FBI bezüglich solcher Darlehen seine Motivation allein darin bestand, das Leben des Ermittlers zu schützen, der das Land im Nahen Osten, in dem er tätig war, sofort verlassen musste, weil er ansonsten mit Gefangennahme, Folter oder Tod zu rechnen hatte. Ich möchte hierzu noch einmal bemerken, dass es sich bei dem Ermittler um einen ehemaligen FBI-Agenten handelte.

Das DRB entschied auch, dass Dick einen geringfügigen administrativen Fehler bei der Kommunikation mit Patrick Jost gemacht hatte, als sie über eine zu schützende Informationsquelle sprachen. Diese Entscheidung wurde getroffen, obwohl Jost schon von der Quelle wusste, denn der Informant hatte Jost selbst darüber informiert. Das FBI verhängte eine 13-tägige Suspendierung für das angeblich falsche Verhal-

ten. Dick legte dann gegen diese Suspendierung Berufung beim MSPB ein. Dies führte indes zu einem juristischen Problem, da die Dauer der Suspendierung weniger als 14 Tage betrug und das MSPB allgemein berechtigt war, bei Suspendierungen von weniger als 14 Tagen die Berufung zuzulassen. Bevor es zu einer endgültigen Entscheidung kam, beendeten beide Parteien den Fall. Dick glaubte, dass die Angelegenheit mit dem FBI damit endlich zum Abschluss gebracht worden sei.

Es ist hervorzuheben, dass diese Verfahrensweise eine Art administrativer Kriegführung war, die von den amerikanischen Geheimdienststellen praktiziert wurde, um Vergeltungsmaßnahmen gegen Mitarbeiter durchzuführen, die unrechtmäßig Informationen weitergaben, die sie bei der Durchführung ihrer Missionen in Erfahrung gebracht hatten. Dies betraf insbesondere Informationen zum 11. September und zu den falschen Erkenntnissen der Geheimdienste, die dann zum amerikanischen Einmarsch in den Irak führten.

Dicks Probleme mit dem FBI hatten gerade erst begonnen. In seiner Klageschrift heißt es dazu:

Im Januar 2011 wurde SA Dick von Ermittlern des FBI verhört. Dabei ging es hauptsächlich um dieselben von Patrick Jost erhobenen Beschuldigungen, die zum vorherigen Disziplinarverfahren geführt hatten. Die Befragung wurde durchgeführt, obwohl Dick dagegen protestierte. Bei der Vernehmung behauptete er, dass ihm ein ordentlicher Prozess und der Beistand durch einen Rechtsbeistand verwehrt würde. Das FBI dagegen hatte einen Rechtsberater, der während des Verhörs anwesend war.
Im Mai 2011 kehrte Spezialagent Dick in den aktiven Dienst in den amerikanischen Streitkräften zurück. Zu dieser Zeit war er Oberstleutnant und beim Spezialoperationskommando im Bereich der Antiterrorbekämpfung im Einsatz. Dick blieb bis zum August 2011 im aktiven Einsatz, als er plötzlich entlassen wurde. Das FBI hatte sich an die U.S. Armee gewandt und ihr mitgeteilt, dass gegen Dick eine Untersuchung laufen würde, und dass das Militär ihm die »Flagge« zeigen sollte. Eine

»Flagge« bedeutet, dass ein Beamter darüber informiert wird, dass er nur beschränkten Zugang zu geheimen Informationen hat. Da Dicks Position in der Armee den Umgang mit geheimen Nachrichten erforderlich machte, bedeutete die Verhängung einer Flagge für seine Karriere in den Streitkräften eine erhebliche Einschränkung und verhinderte seine Beförderung zum Oberst. Die U.S.-Armee entließ Dick aus dem aktiven Dienst und teilte ihn den Reservestreitkräften zu. Dick kehrte im August 2011 zum FBI zurück. Anfangs wurde ihm gesagt, dass er nicht wieder eingestellt werden würde. Als Dick drohte, eine Beschwerde aufgrund des Uniformed Services Employment and Reemployment Rights Act (USERRA) [ein Bundesgesetz, das die Rechte und Pflichten der uniformierten Mitglieder der Streitkräfte und ihrer zivilen Mitarbeiter festlegt] einzulegen, wurde er wieder vom FBI eingestellt.

Für Dick hörten die Probleme mit dem FBI aber nicht auf:

Am selben Tag, als er zum FBI zurückkehrte wurde SA Dick darüber informiert, dass er Gegenstand einer erneuten Untersuchung des FBI OPR sei, die im Wesentlichen auf den gleichen Beschuldigungen basierte, wie bei der Untersuchung des OPR im Jahre 2006. Das FBI behauptete, dass SA Dick die übliche Verfahrensweise beim FBI verletzt hätte, weil er unrechtmäßige Geldmittel verwendet hätte, um davon seinen Rechtsanwalt zu bezahlen. Diese Maßnahme war offensichtlich ergriffen worden, um Dick dafür zu bestrafen, dass er sich gegen das FBI gewandt hatte, um jeden zukünftigen Rechtsvertreter einzuschüchtern und jede von Dick ergriffene Maßnahme, sich finanzielle Mittel für einen Rechtsbeistand zu beschaffen, zu vereiteln. In den folgenden zwei Jahren verlangte das FBI Informationen über die Beziehung von Dick zu seinen Anwälten bei Holland and Knight und zu Joseph Smith, einem weiteren Anwalt, der Dick bei seiner Auseinandersetzung mit der Bundesbehörde unterstützt hatte. Das FBI behauptete, ohne dass es irgendeinen konkreten Hinweis darauf gab, dass Dick einen Betrug begangen hätte, als seine Anwälte privat und einzeln eingewilligt hatten, ihm einen Teil des Honorars für die Anwaltsfirma zukommen zu lassen um dieses Geld an seinen Anwalt Joseph Smith weiterzugeben.

Dick protestierte dagegen, dass das FBI Informationen über die unter einem besonderen Schutz stehende Kommunikation eines Mandanten mit seinem Anwalt sammelte.

Dick legte Einspruch gegen den Vorwurf ein, dass eine Vereinbarung zwischen ihm und seinem früheren Anwalt über eine Reduzierung des Honorars und der teilweisen Weitergabe jenes Geldes an ihn unberechtigt sei, und wandte ein, dass kein Betrug vorgelegen hätte, weil die Anwaltsfirma zugestimmt hatte, das Geld an ihn zurückzugeben, und dass jede Vereinbarung zwischen Dick und seinem Anwalt über die Verwendung dieser finanziellen Mittel vertraulich sei. Der Vorwurf des Betruges sei somit unberechtigt. Die Anwaltsfirma hatte zugestimmt, einen gewissen Betrag als Teil einer Vereinbarung zu bezahlen. Wie Smith jene Gelder verwenden wollte, sei eine Angelegenheit, die nur ihn und Dick angehen würde. Dick argumentierte, dass der Entschluss seines Anwalts, sein eigenes Honorar zu reduzieren und Dick einen Teil davon zurückzugeben, eine private Vereinbarung und kein Betrug sei. Zudem hätte Dick jede Zahlung, die er erhielt, in seinen Einkommensteuererklärungen angegeben. Das FBI gab nie eine Erklärung in Bezug auf diese Behauptungen ab, trotz wiederholter Aufforderungen, juristisch nachzuweisen, dass eine solche Zahlung eine betrügerische und illegale Aktion sei. Das FBI verlangte und erhielt trotz des Einspruchs von Dick dessen Steuererklärungen, Aufzeichnungen seiner Kommunikation mit seinem Anwalt sowie weitere finanzielle Informationen. Es hatte Dick eine Disziplinarstrafe angedroht, wenn er die Herausgabe verweigert würde.
Dick erhielt auch aufgrund der zweiten Untersuchung niemals eine Disziplinarstrafe. Allerdings wurde er von den gegen ihn erhobenen Beschuldigungen auch niemals entlastet. Das FBI behauptet einfach, dass ab 2011 bis zum heutigen Tag eine Untersuchung gegen ihn laufen würde. Die Dauer der Untersuchung ist ungewöhnlich und aus verschie-

denen Gründen beunruhigend. Wenn Dick eine strafbare Handlung begangen hat, ist die Verzögerung des FBI darauf zu reagieren unentschuldbar, denn die Behörde hätte die Pflicht dieses Fehlverhalten in angemessener Weise zu bestrafen. Dick glaubt, dass die Untersuchung niemals enden soll, und nur ein Mittel der Vergeltung ist.

Das FBI hörte nicht damit auf, Dick nachzustellen, und der zeitliche Rahmen der persönlichen Aktionen gegen Dick passt zu den ständigen Schikanen der Regierung Obama gegen diverse »Verräter« aus den Reihen der nationalen Sicherheitsorgane, wie den ehemaligen Angestellten der NSA, Thomas Drake, William Binney, Russ Tice und Kirk Wiebe; Jeffrey Sterling von der CIA, Peter Van Buren vom Außenministerium, und weiteren Personen, sowie dem Druck, den das Justizministeriums auf Jim Risen von der *New York Times* ausübt, damit er seine Quellen bei den Sicherheitsorganen bekannt gibt.

Dicks Konflikte mit dem FBI wurden zunehmend aufreibender. Die Probleme spitzten sich 7. Mai 2013 zu, als er sich auf dem Schießstand des FBI in Quantico, Virginia, eine Verletzung zuzog und das FBI *Fox News* darüber informierte, dass Dick als potentieller Amokläufer verdächtigt würde, und dass das Hauptquartier des FBI in Washington sein Ziel sein könnte. Die Geschichte war gelogen, aber der Schaden war immens. Die Geschichte von Dick und der gegen ihn ergriffenen Maßnahmen, die gegen ihn ergriffen wurden, weil er »zu viel über den 11. September wusste«, ist nicht einzigartig. Beamte von dutzenden Behörden auf Bundes-, Landes- oder lokaler Ebene können ähnlich erschütternde Geschichten erzählen.

Nur wenn jene, die die Wahrheit über die kriminellen Verschwörungen staatlicher Stellen berichten – selbst wenn sie mit Israel und Saudi-Arabien in Zusammenhang stehen – in angemessener und fairer Weise behandelt und nicht mehr als Verräter angesehen werden, können sich die Vereinigten Staaten allmählich von den Schrecken des 11. September erholen.

Register

9/11-Kommission 228

A

Abdülhamid II. 10
Able Danger 45
Abramoff, Jack 119
Adams, Christine 142
Adham, Kamal 53
Aish HaTorah Jeshiva Fonds 115
Alarcón, Salvador 171
al-Assad, Hafiz 53
al-Ghamdi, Saeed 49
al-Haznawi, Ahmed 49
Alkatri, Rimon 80
Allianz Vereinigtes Thorajudentum 115
al-Nami, Ahmed 49
Al Nusra Front 18
al-Nusra, Jabhat 18
Al-Qaida 22, 28, 34, 55, 81, 229, 259
al-Shaalan, Nawwaf bin Fawwaz 45
Al-Shehri, Waleed M. und Wail 65
AMDOCS 107
American Airlines 50
American Airlines Flug 11 141
American Airlines Flug 77 143
American Muslim Council 120
Amir, Yigal 257
Amoudi, Arian und Al 121
Amoudi, Mohammed Al 120
Anderson, Peter 133
Anhörung, Protokoll einer 180
Anhörung, Sitzungsprotokoll einer 204
Anklageschrift der Israelis 69
Antar, Eddie 75
Aras, Tevfik Rüstü 12
Argov, Uri 116
Arian, Sami al 120
Ashcroft, John 27, 87, 223
ASHCROFT, JOHN 66
Atatürk, Mustafa Kemal 11
Atta-Mamoun-Darkanzali-Zelle 228
Atta, Mohamed 131
Atta, Mohammed 51, 65, 89, 128
Ausspähung von öffentlichen Gebäuden und Büros 156
az-Zawahiri, Dr. Aiman 121

B

Baboolal-Gafoor, Maureen 176
Babson, Jennifer 133
Bandar, Prinz 54
Barak, Roy 70
Barkan, William 172
Bath, James 42
Begin, Menachem 258
Ben-Avi, Itamar 13
Ben-Sadon, Or und Yossi 82
Bental, Isaak 116
Bey, Djavid 12
Bill Lloyd 62
Binalshibh, Ramzi 122
Binney, William 269
Blair, Tony 228
Bliss, Rae 134
Bloomberg, Michael 77
Bongo, Omar 52
Bosnia Defense Fund 55
Brier-Haephrati, Ruth 117
Budiman, Agus 122
Buren, Peter Van 269
Busby, Larry 148
Bush Exploration Company 47
Bush, Familie 44
Bush, George H. W. 246
Bush, George W. 42, 49, 234
Butler, Lawrence 235

C

Cahen, Zeev 139
Calmanovic, Michael 107
CAMERA 21, 85
Cameron, Carl 29, 138
Canadian Immigration and Refugee Board 179
Cannistraro, Vince 71
Cara, Elisha 172
Carnaby, Roland »Tony« 245
Chennault, General Claire Lee 129
Chertoff, Michael 75, 227
Clabes, Brandon 139
Cohen, David Jacob Levi 75
Cohen, Ohad 227
Cohen, Schmulik 77
Cohen, Shmuile 76
Cohen, Yonatan 227
Comverse 111
Conch Republic 131
Corpus Christi 147
Corzine, Jon 77
Crazy Eddie 76
Crazy Eddie's 75
Cuellar, Henry 249
Cunningham, Glenn D. 34

D

Damari, Yisrael 116
DEA 27, 85, 177
DEA-Bericht 28
DeCarlo, Scott 62
Dekkers, Rudi 128
Desert Storm 47
Diamandis, Alex 137
Dick, Michael 33, 259
Diegelman, Robert F. 113
Dönme 9
Drake, Thomas 269
Dwek, Isaac 74
Dwek, Solomon 79

E

Eastword Bound 173
Eberle, Dale 159
Eggen, Dan 85

Elmakias, Moshe 164
El Príncipe 41
El Salaam Moschee 50
Emerald Green Apartments 125
Etra, Donald 234

F

FAA 82
Flugausbildung 108
Flying Tigers 129
Foster, Cecil 245
Foster, Charles 245
Foxcom Wireless 118
Franklin, Larry 145

G

Gaffney, Donald F. 234
Garcia, Hipolito F. 252
Geldwäscheoperationen 75
GEOINT-Symposium 250
Giuliani, Rudolph 66, 230
Goldman, Lloyd 77
Goldman Sachs 77
Green, Gene 159
Grinberg, Guy 179
Gruevski, Nikolai 235

H

Hadley, Stephen 223
HAIM, BEN 78
Haim, Eliahu »Eli« Ben 77
Halevy, Efraim 126
Halevy, Ephraim 229
Halkin, Hillel 12
Harken Energy Corporation 47
Harrath, Muhammad Ali 56
Hempher, Mr. 16
Hernando De Soto Brücke 164
Herzl, Theodor 10
HIDTA 111
Hilliard, Wally 128
Hitler 13
Homeland Security 151
Hopsicker, Daniel 51
Horizons Apartments 125
Huffman Aviation 127
Hussein, Saddam 15, 53

I

Ibn Saud 11
INS 177, 180
INVSUPPORT 37
Israel 9

J

Jacksonville Regional Domestic Security Task Force 150
Jacob, Iftash 238
Jacobson, Randall und Paul 113
Jemaah Islamiyah 81
Jeschiwas 74
Jisraél Beitenu 79
Juden, sephardische 9
Judical Watch 50

K

Kabar, Rifat Salim 16
Kach Partei 257
Kahane, Rabbi Meir 257
Kantor, Gal 138
Kanz Bank 45
Karatschi 34
Kassin, Saul 74
Keller, Amanda 126, 132
Kelman, Uri Zoshe 172
Kennedy, John F. 130
Kerik 134
Kerik, Bernard 130
Khafefa, Almad 107
Khalifa, Ahmed 107
KHOU-TV 30, 85
Kohl, Helmut 253
Konenut, Kitat 258
König Hussein von Jordanien 255
Kosmetik- und Hautpflegeprodukte vom Totem Meer 239
Kunststudentin, israelische 225
Kurzberg, Silvan 69

L

Laden, Osama Bin 42, 229
Laden, Salem Bin 42
Ladenverkäufer, israelische 239
LANIADO, ROY 204
Lawon, Pinhas 255
Lewin, Daniel C. 140
LGC Wireless 118
Lieberman, Avigdor 79, 257
Likud Partei 258
Liste der israelischen Kunststudenten 92
London, Jack 115
Lügendetektortest 71
Lupolianski, Uri 115

M

Manning, Patrick 175
Marquez, General Miguel Maza 171
McConnell, Mike 115
McDermott, Thomas 115
McGreevey, James 35
McNamara, Barbara 115
McVeigh, Timothy 66, 253
Medellín-Kartell 41
Mehmed IV. 10
Mendez, Jonna 248
Midhar, Khalid Al 125
Miller, Nicole 142
Mintz, John 85
MobileAccess 119
Mofaz, Shaul 115
Mossad 24, 35, 116, 228, 233, 245, 246, 257
Moving Systems Incorporated 164
Mueller, Robert 88
Muffadal, Abdullah bin Ibrahim al 17
Mukhabarat 15
Murrah, Alfred P. 253
Muslimbruderschaft, ägyptische 127
Muwafaqs 56

N

Nasr, Kateb al 255
Nassiri, Nemotollah 53
National Security Agency 166
Netanyahu, Benjamin 24, 73, 79
Netanyahu Gruppe 230
New Jersey 73
Ney, Bob 119

Nicati, Claude 55
NICE 107
Nichols, Terry 253
Nicht-Verpflichtungspolitik 69
Nobody Beats the Wiz 76
North, Oliver 48
NSA 269
NSA-Programm 114

O

Obama, Barack 79
O'Brien, Dave 62
O'Brien, Dave 32
Ohana, Yaron 139
Olmert, Ehud 230
Omaha 146
Omari, Abdulaziz al 125
O'Neill, John 33, 259
O'Neill, Paul 55
Operation Desert Storm 15
Operation Palme 45

P

Pascha, Ayyub Sabri 16
Pentagon City Mall 146
Pickard, Thomas 87
Pollard, Jonathan 24, 82
Powell, Charles 54
Powell, Hugh 54
Prinz, Rabbi Joachim 12
PROMIS Softwareprogramm 117

R

Rabin, Jitzhak 257
Refik, Ahmed 14
Regev, Mark 24
Reisler, Ayelet 164
Resnick, Anthony David 172
Reynolds, Morgan 90
Rice, Condoleeza 223
Riggs Bank 54
Risen, Jim 269
Robbins, Ace 148
Rodriguez, William 89
Rothschild, Baron Walter 17
Rove, Karl 121
Russo, Anthony 134

S

Sadat, Anwar 53
Safari Club 53
Safra, Edmond 76
Sandpiper Appartements 126
Saud, Abdul Aziz Ibn 16
Saudi-Arabien 9
Saud, Prinz Nayif al 41
SAVAK 53
Savimbi, Jonas 52
Schabbatai Zwi 10
Schas-Partei 80
Seal, Barry 130
Semsi Effendi 13
Senior, Yukov 179
Serfaty, Hanan 125
Shaphyr, Shalom 116
Sharia, Ansar al 255
Shehhi, Marwan al 65, 125
Shehri, Mohand Al 89
Shehri, Walid Al 125
Silverstein, Larry 77
Skyway Aircraft Leasing Corporation 47
SOFER, EINAV 180
Solly, Dale 168
Southwest Harbor 149
Stanley-Teppichmesser 66
STELLAR WIND 114
Stephens, Jackson 129
Stepkovich, Pauline 71
Sterling, Jeffrey 269
Strassmeier, Gunther 253
Sugarboard, Ian 119
SunCruz 51
Suqami, Satam Al 140
Sweeney, Madeline Amy 140

T

Talat, Mehmet 14
Taylor, Robert F. 62
Telegramms des amerikanischen Außenministeriums 239
Tenet, George 126, 138, 231, 246
Thatcher, Margaret 116
Thomas, Bill 118
Tice, Russ 269
Tinker Air Force Basis 139
Topas, Naor 139
Trajkovski, Boris 235
Turan, D. Mustafa 16

U

United Airlines Flug 93 142
United Airlines Flug 175 143
Urban Moving System 50
Urban Moving Systems 32, 35, 63, 70, 230
URBAN MOVING SYSTEMS INC 38
USCG Group 151

V

Verrazano-Narrows-Brücke 158
Virginia Ritz-Carlton Hotel 146
Visumbetrug 239

W

Wahhab, Abdul 16
Wahhabismus 15
Wahhab, Muhammad ibn Abdul 16
Watermann, Tsvi 138
Weiss, Arye 77
Weissman, Keith 145
Wells, Tziporah 234
Wells, Yechezkel 232
Wiebe, Kirk 269
World 33
World Trade Center 90, 130, 259

X

Xanadu Projekt 77

Y

YEHUDAI, AMIT 180
Yochai, Legum 125
Yordanovski, Sasho 236
Yosef, Ovadja 80

Z

Zim American Israeli Shipping Company 33